WEEB ECONOMY

ウィーブが日本を救う

日本大好きエコノミストの経済論

ノア・スミス
Noah Smith

片岡宏仁 + 経済学101 訳

日経BP

ウィーブが日本を救う

日本大好きエコノミストの経済論

序文 Preface

なぜ「WEEB ECONOMY」を提唱するのか

5秒で日本への移住を決断

大学を卒業して間もない頃、ある日、友人がなにやら両手で後ろに隠し持って歩み寄ってきた。

「こいつを見たらさ。5秒後には、日本に行こうって決意しちゃうと思うよ」

「へぇ、見せてよ」

背後から取り出して彼が披露してくれたのは、『Fruits』だった。ファイドン・プレスから刊行された本だ。ページをめくってみると、そこには日本のストリート・ファッションの写真が所狭しと並んでいた。それは、青木正一が創刊した雑誌『FRUiTS』掲載の写真から選りすぐりを収録した本だった。青木正一の『FRUiTS』は、1990年代の東京・原宿や大阪アメリカ村発で世間にブームを巻き起こしていた鮮やかで創造的なファッションスタイルを収集して記録していた。

友人の言ったとおりだった。雑誌を目にしてから5秒後には、もう日本に住みたいという気持ちになっていた。そして、その年のうちに私は移住した。2003年のことだ。

2000年代半ば、欧米人が日本に移り住む理由と言えば、大体、次の3つのどれかだった。(一)多くの人は、経済的な機会を求めて日本に移り住んだ。まだまだ豊かで繁栄している経済大国だと認識されていたからだ。(二)一部には、日本の伝統文化に魅了されて移住する西洋人もいた。そして(三)アニメ・マンガ・TVゲームといった日本のポップカルチャーの輸出品を愛するあまりに日本に引き寄せられた人々だ。そうした人たちは、この頃からだんだん増えてきていた。

かくいう私は、この3つのどれにもうまく当てはまらなかった。当初、私が日本に引き寄せられたのは、2000年代のアングラ文化だった。『バトルロワイヤル』『下妻物語』『PiCNiC』などの映画や、椎名林檎、The Pillows、あふりらんぽ、ボアダムスなどの音楽、村上龍などの作家、デザインフェスタギャラリー原宿で見つかるタイプのアンダーグラウンド・アート、そして、『FRUiTS』で目にするようなストリート・ファッションに心惹かれて、私は日本にやって来た。

アニメも見たけれど、いかにもなアニメよりは、『フリクリ』や『魁!!クロマティ高校』のような風変わりな作品やパンクを主題にした作品を好んで見た。

大阪に着くやいなや、アンダーグラウンド・シーンにどっぷり浸かった。その熱気は、想像を超えていた。大阪のアングラに触れながら思い出したのが、自分が憧れながら育ったアメリカのスラッカー文化だ。

あの文化とまるっきり同じように創造的で反抗的でありながら、同時に、スラッカー文化に時折見られた薬物濫用や暴力や鼻につく気取りが、日本のアングラ文化にはなかった。

私が気に入ったのは、このアングラ文化だけではなかった。当時出回っていた日本についてのステレオタイプで信じ込まされていたイメージとは大違いで、ごく普通の日本社会は、はるかに開かれていて外からやってくるものを受け入れやすく、それでいて体制順応的とはほど遠かったし、抑圧的でもなかった。

多くの点で、日本で過ごした20代前半の経験が、自分の人格を形成した。あのときまで、自分はちょっと温室育ちめいたところがあった。静かな小さい街で育ち、その後はスタンフォード大学のキャンパスで4年を過ごしただけだった。

私は2005年から翌年にかけて、JETRO（日本貿易振興機構）大阪本部で仕事をした。大阪は、私が真の意味で独立した生活を送る経験をした初めての場所だった。当時、人生の岐路にあって難しい選択を迫られていた。学部で物理学を学んだあと、「変化が必要だ」と決心したのはいいが、一体、なにがやりたいのかわからずにいた。だが、日本で過ごした時間のおかげで、経済学に転進しようと決意できた。

日本にやってくる前に、日本経済がいかにひどいことになっているかという話をさんざん耳にしていた。アメリカのメディアでも山ほどそういう話がされていたし、他でもなく日本の人たちからも聞かされていた。

しかし、いざ自分の目で見てみると、２０００年代中盤の日本経済はうまくやっているように見えた。１９８０年代の熱狂的なバブル経済の日々はとっくに過ぎ去っていたが、日本株式会社は小泉首相の指導の下で復活を遂げていた。生活水準は上がってきていたし、仕事も見つけにくくはなかった。全体的に、楽観的な感覚があった。

物質的な豊かさはわずかに下がってはいたけれど、日本がもともと持ち合わせていた強みがその分を埋め合わせていた。安全な都市、素晴らしい交通機関、豊富な住居物件数、創造的な文化がそれだ。そのおかげで、生活の質でサンフランシスコのベイエリアと並んでいた。

一方で、日本人の友人たちは、会社の仕事文化が息苦しくて、非生産的なことも多いことにイラだっていた。多くの人たちはもっと大きな夢を望んで、キャリア上昇のさらなる機会を求めていたのだが、そんな機会がどこに見つかるのか知っている人はほぼいなかった。

かつてスタンフォードで浸っていたテック系スタートアップの文化は、日本には存在していないも同然だったし、ソフトウェア産業をまるごとないがしろにしているようにも思えた。

「経済学に転進しよう」という決断を後押しした1つには、「日本の助けになりたい」という気持ちもあった。「Ph.D をとって一目置かれる経済評論家になれば、いつか日本経済がバブル時代の栄光をいくらかでも取り戻す助けになるアイデアを提案できるんじゃないか」と、想像したのだ。

年月が経つにつれて、その使命を果たさなければとますます切迫して感じられる一方だった。ミシガン大学で経済学研究をしていた２０１０年頃も、ニューヨーク州立大学ストーニーブルック校で金融論を教えていた２０１２年頃にも、日本経済がますます躓《つまず》き、よろめいていく様子をまじまじと見ていた。２０００年代中盤に安定して進歩していたのも束の間、やがて日本経済に本格的な停滞がはじまった。高齢化、中国との競争、企業の硬直ぶりが、いっそう重く日本経済にのしかかってきた。

輸出志向の外国からの対日直接投資と助っ人Weebたち

ブルームバーク時代から、私は日本経済について多くのブログ記事を書いている。その一部は、本書に収録されている。そうした記事のなかには、肯定的なものもあれば、批判的なものもあるけれど、大半はひたすら記述に徹している。

一国の経済を扱う壮大な包括理論をまとめようと試みる評論家は多い。だが、自分としては、それを否定こそしないが、いろんな細部に目を向けるほうがもっと面白いと思っている。日本は停滞しているとはいえ、自国の経済やその各種制度がうまく機能していることも多い。そういう様々な強みを見過ごしていては、生産的な議論にならないだろう。

あるとき、日本の外務省の人にこう言われたことがある。

「あなたの書くものは、『親日』か『反日』かに分類できない。欧米の書き手では珍しい素晴らしい讃辞だと思った。

ただ、日本に関する自分の論評には、つねづねひどく不満をおぼえていた。いまや第二の故郷のように感じている国に成長と進歩を蘇らせるための骨太なアイデアをいつまでたっても考えつけないような気がした。求めていたのは、単純かつ劇的なアイデアだ。「日本の生活水準を絵空事でなく実質的に変えられる、実行可能で明快な助言は一体、どういうものだろう?」

2022年、それが閃いた。その前年、輸出志向の外国直接投資を軸にポーランドとマレーシアがいかにして経済を築いていったのかについて、ずっと書き続けていた。「そんなことはできっこない」と多くの専門家たちが言っていたことを、両国は成し遂げた。外国直接投資の威力が過小評価されていたのは、明らかだった。それから2022年と2023年に、台湾の積体電路製造(TSMC)が熊本に半導体工場を建設するのを、それも同社のアメリカ工場よりも迅速かつ効率的に建設していくのを見ていて気づいた。「日本を考えるときに見落としていたものは、これじゃないか?」

輸出志向の対日直接投資にもとづく経済戦略を従来の経済モデルに加えるのに、日本は完璧な条件を揃えている。日本には高技能労働力が豊富で、世界屈指の優れた教育制度を備えている。それでいて、豊かな国にしては労働コストが低い。サプライヤー（供給業者）が織りなす既存のネットワークは強固だ。

アメリカと違って、ことあるごとに開発を阻止するのではなく逆に開発を促進する規制・行政制度がある。ヨーロッパと違って、日本にはまだまだ成長への渇望があるし、中国と違って、日本には自由な社会がある。

それになにより、日本は教育水準の高い外国人たちが愛する場所だ。私自身の日本への個人的な親近感には少し異例なところがあるけれど、アメリカや台湾のテック系産業に身を置く知人たちのほぼ誰もが、日本に渡って長期滞在するのを大いに喜んでいる。

実は日本に移住して企業・工場・支社を設立するのは容易なのだと気づく人が増えていけば、実行に移す人も多くなるだろう。

とにかく日本に欠けているのは、輸出志向の外国直接投資がもたらす機会を理解することだ。あまりに長いあいだ、外国直接投資といえば、日本の国内市場に売り込むために外国企業が日本企業を買収することばかり考えられてきた。有用性が疑わしいタイプの外国直接投資しか、念頭に置かれていなかった。けれども、ポーランドやマレーシアが自国のために活用した輸出志向の外国直接投資は、それとまるきり異なる。

本書の書き下ろしパートである第1部では、従来の企業エコシステムに打撃を与えることなく、新しい輸出志向の外国直接投資部門を日本が加えられるという主張を展開している。それには、外国人たちが日本に抱いている愛着心に訴え、彼らを招き入れて日本国内に事業を構築してもらうのが最良の方法だ。そのために必要なことはただひとつ、輸出志向の外国直接投資を宣伝し促進する日本政府の大きな後押しだけだ。

思えば、このアイデアを明確に表現する絶好の立場に私はいた。多くの点で、私は日本経済の復活に喜んで貢献するタイプの外国人の典型例だ。そう、実のところ、こうして書き綴っているのは、他でもなく自分のことだ。

アメリカでは、スラングの「Weeb（ウィーブ）」が、日本に特別な興味と関心を抱いている人たちを言い表す言葉として定着している。「Weeb」で思い浮かぶ典型は熱烈なアニメファンや日本のポップカルチャーに熱を上げている人たちで、私はそれには当てはまらない。ただ、もっと一般的な意味でなら、私もWeebだと思いたい。

とはいえ、2000年代中盤にはWeebなんて物珍しかったが、今や何百万、何千万にも増えた。そうしたWeebたちには、自分の才能や資本を持っている人も大勢いる。これが、「Weebタレント」、「Weebキャピタル」だ。もちろん、Weeb起業家もいる。

私はWeebの1人として、人生をこんなにも豊かでより良いものにしてくれた国に、ささやかな形でも、日本経済復活のアイデアでお返しができたらと願っている。

目次

Contents

第2部 変容する日本社会

第6章 東京は新しいパリだ

第3部 ノーベル賞受賞者から見た経済学の現在

第1部

WEEB ECONOMY

ウィーブ・エコノミー

第1章 日本よ、再び未来を取り戻せ

Chapter. 1

I want the Japanese future back

1 日本が未来を失ったのは2008年。1990年ではない

——Japan lost the future in 2008, not in 1990

「日本は今でも未来だ」

私が日本に住んでいた2000年代半ば、日本はまだ、「未来」の国のような場所だった。3G折りたたみ携帯電話はまだカメラの画像こそ粗かったが、アメリカで手にするどんな機種よりもはるかに先進的だった。

大半のアメリカ人がまだ旧式のブラウン管テレビを使っていたのに、日本の家庭には、液晶ディスプレイやプラズマテレビが置かれていた。台所には、自動炊飯器をはじめ、見

たこともない家電がいろいろあった。

日本製のノートパソコンは、アメリカで自分が使っていたものより高性能ではるかに耐久性に優れていた。ウォシュレット付きのトイレはまるで宇宙船の設備みたいだったし、デジタルビデオカメラは、映画品質の動画を撮影できた。「こんなことができたら」と夢にも思わなかった、奇跡に近いテクノロジーに溢れていた。

それに、日本の都市ときたらどうだろう！　林立するビルの壁面をいくつもの巨大スクリーンが飾る様子は、ＳＦ映画が現実になったような情景だった。どこにいても歩いて行ける距離には鉄道の駅があり、どこにだって行きたい場所に行けた。電車は清潔で、キビキビと定刻どおりに運行していた。しかも、車内には電子スクリーンがあって、声で次の到着駅を案内してくれた。

アメリカでは自動車が轟音を響かせて走っていたというのに、日本では自動車はもちろんバイクまでも静かに走行していた。そのアメリカでも、最も革新的で未来っぽい車といえば、日本車のトヨタ・プリウスだった。

21世紀が幕を開けた最初の10年、日本が新世紀に突き進んでいたのと対照的に、アメリカはまだ20世紀を引きずっていた。サイバーパンクＳＦの名手ウィリアム・ギブソンが、２００１年に雑誌「ＷＩＲＥＤ」にこう書いている。[*1]

世界で2番目に豊かな経済大国は、10年近く停滞を続けた今でもなお……世界でも飛び切り豊かな場所らしく見える。でも、エネルギーは変わってしまった。……だが、どうやらあの狂乱めいた勢いがついに戻ってきたように感じられる。

……今夜、この電気的キッチュ、このランダムに重なり合うメディア・マーケティングの狂騒がもたらすこの混沌として安定したネオンの只中で、いかにも日本らしいことを日本人がやっているのをまじまじと眺めて、答えを見出した。

——日本は今でも未来だ。この目眩《めまい》が消え去ったとしても、それはたんに先走って加速した変化のトンネルを抜けてはるか向こう側へと駆け抜けてしまったというだけのことだ。これほど確かな足取りで、これほど快適にこの新世紀に到達した最初の都市に——地上でまぎれもなくもっとも現代的な都市に——中心がある……ようやく21世紀に帰ってきたのだ。

私が実際に経験した一番古い記憶にある2000年から2005、6年頃までの日本は、あの有名なバブル経済崩壊から10年以上経過した日本だ。その点に留意してほしい。私が冒頭で触れた光景は、1980年代半ばの「いけいけゴーゴー」的な時代の追憶ではない。

小泉純一郎が政権についた2001年時点で、すでに日本の「失われた10年」は過ぎていた。再び完全雇用が達成され、日本は緩慢ながらも安定した経済成長に復帰していた。

〈図表1-1〉
日本の1人当たり名目GDPの伸び率

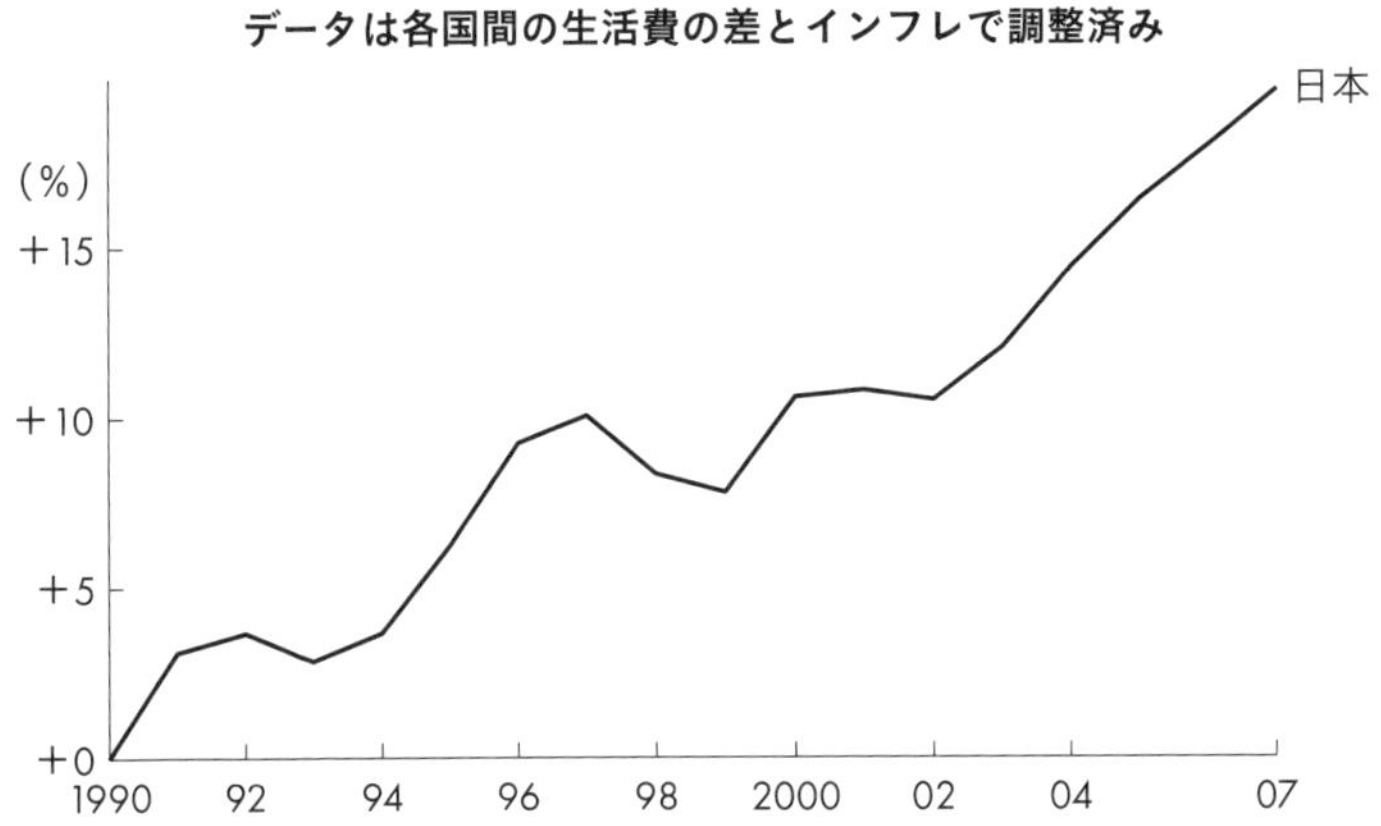

注／データは2017年価格の国際ドルで表示
出所／世界銀行（2023年）

バブル時代の後遺症にもかかわらず、１９９０年から２００７年までの間に、国際的な物価水準で測った日本の１人当たり国民所得は20％増という立派な伸びを見せていた。

確かにアメリカや西欧よりは緩慢な伸びだったとはいえ、その原因は主に日本の急速な高齢化で退職者の割合が増えていったことによる。労働者１人当たりのＧＤＰで見ると、この期間に日本は他の先進国に劣らない伸び率を保っていたし、アメリカを上回ってすらいた。

この伸びは、普通の日本人にも感じられるものだった。単に素敵なガジェットや巨大スクリーンだけの話ではない。日本の住宅は一貫して大きくなっていっていた。戦後、海外から「ウサギ小屋」と言われてき

〈図表1-2〉
労働生産性の伸び率

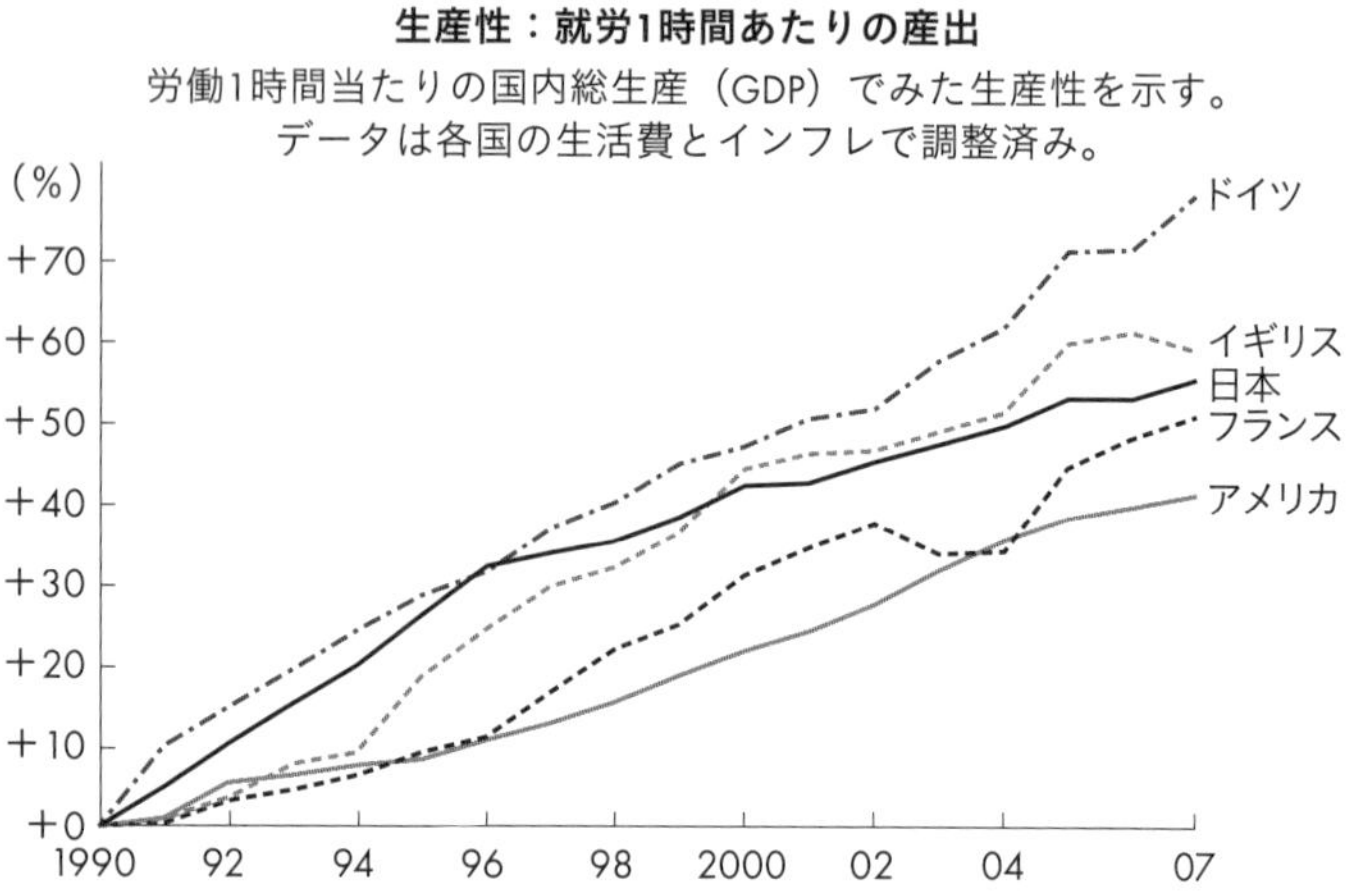

データは各国の生活費とインフレで調整済み。

注／データは2017年の国際ドルで表示。1時間当たりの数値。
出所／Feenstra et al.（2015）, Penn World Table（2021）

た小さな住宅も、ヨーロッパ人が満喫しているのとほぼ同サイズの住居に変化を遂げていた。

日本の食のシーンも優れていた。料理人や起業家たちが輸入食品を活かして世界最良のレストランシーンを創り出していたし、イオンなどの大手スーパーの半調理済み食品によって自宅での調理に革命がもたらされた。

スポーツジムやカフェなど誰もが利用できる各種の場所は、質と量の両面を向上させていた。文化面でも、日本はまだ最先端にあると感じられた。活気に溢れたストリート・ファッションシーン、アニメ・漫画の黄金時代、創造力にみちた音楽の奔流、そしてニコニコ動画をはじめとするウェブサイトで繰り広げられたネット文化の爆発が、そこにはあった。

２００８年こそ転換点

こういうことを目の当たりにするにつけ、こんな疑問を口にしても不思議ではないだろう。

「日本のいわゆる『失われた10年』は、本当に失われていたの？」

日本経済のキャッチアップ成長はとっくに終わっていたし、スイスやシンガポールのような飛び切り豊かな国に比べると日本の生活水準は少しばかり下回っていたが、一流国としての立場は確かだったし、まだ社会階層を上方に移動しやすい国だった。創意と活力に溢れ、テクノロジーでも文化でも最先端を走っていた。しかも、２００８年のいわゆるリーマン・ショック、つまりアメリカがみずからの不動産バブル崩壊によって経験したような深い苦しみを伴う混乱もなく、日本はバブル崩壊を乗り越え、未来を走り続けていたのだった。

ところが、２００８年以降になると、日本から未来が失われたように私には感じられる。２００８年から２０２２年にかけて日本の生活水準の上昇はわずか６・５％に過ぎない。

また、そのささやかな伸びにしても、ひとえに労働投入量が増えたのが原因だ。女性・高齢者・若者が働き出したことによるもので、労働生産性が向上したからではない。それ

〈図表1-3〉
日本の1人当たりGDP

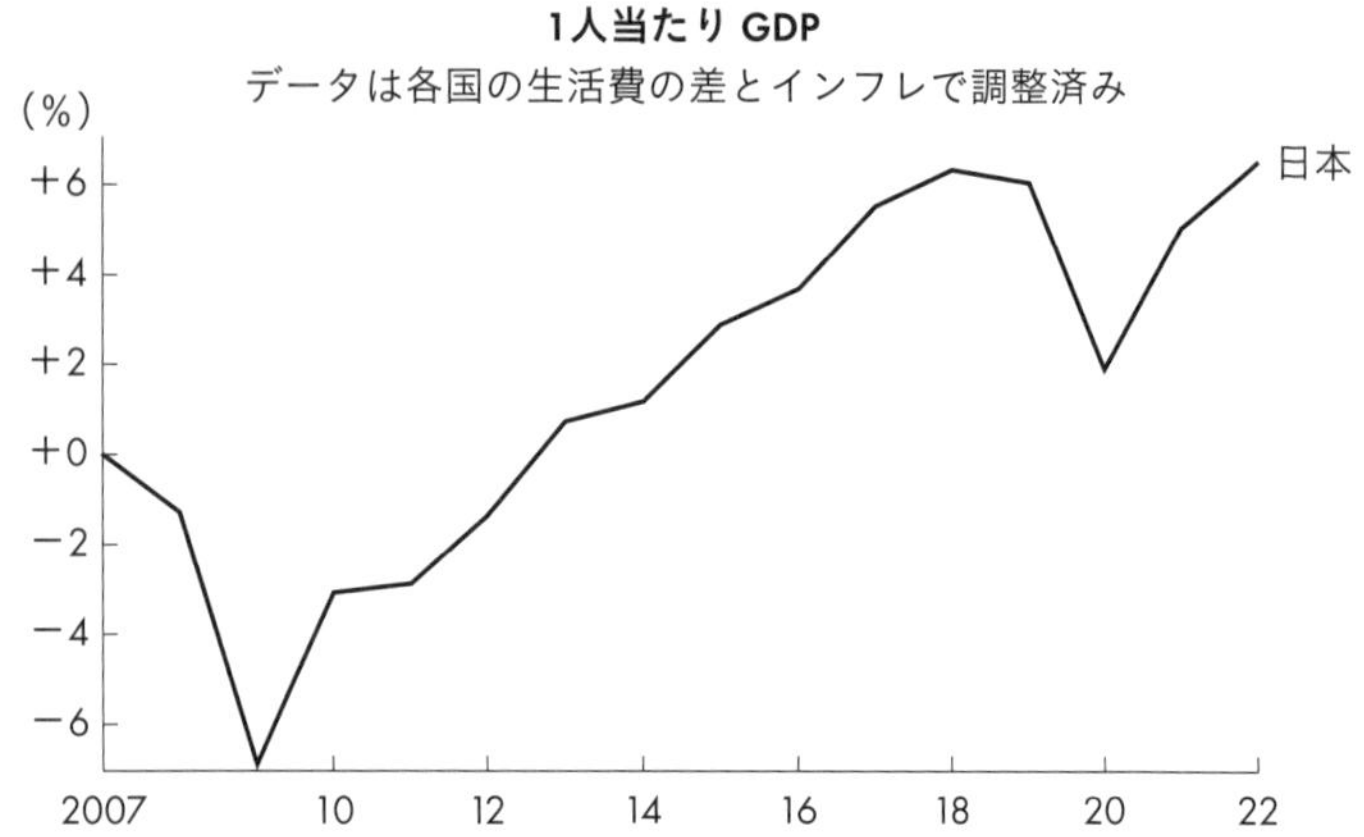

注／2017年価格の国際ドルで表示
出所／世界銀行（2023年）

どころか、２０１９年時点で日本の労働者の１時間当たり産出量は２００７年を下回っており、他の先進国から大きく後れを取っている。

なぜ日本の停滞は２００８年に始まったのだろう？

理由ははっきりわからない。考え得る理由を挙げるなら、グローバル金融危機[*2]、２０１１年３月に東北地方を襲った東日本大震災と原発事故、原子力発電所の停止、急速な高齢化、ベビーブーマー世代の退職、中国との競争激化などがある。もしかすると、これら全部が組み合わさって停滞したのかもしれない。ともかく、理由が何であれ、２００８年こそ転換点だった。

だからと言って、日本があらゆる面で停滞していたわけではない。日本の大都市は

〈図表1-4〉
労働生産性

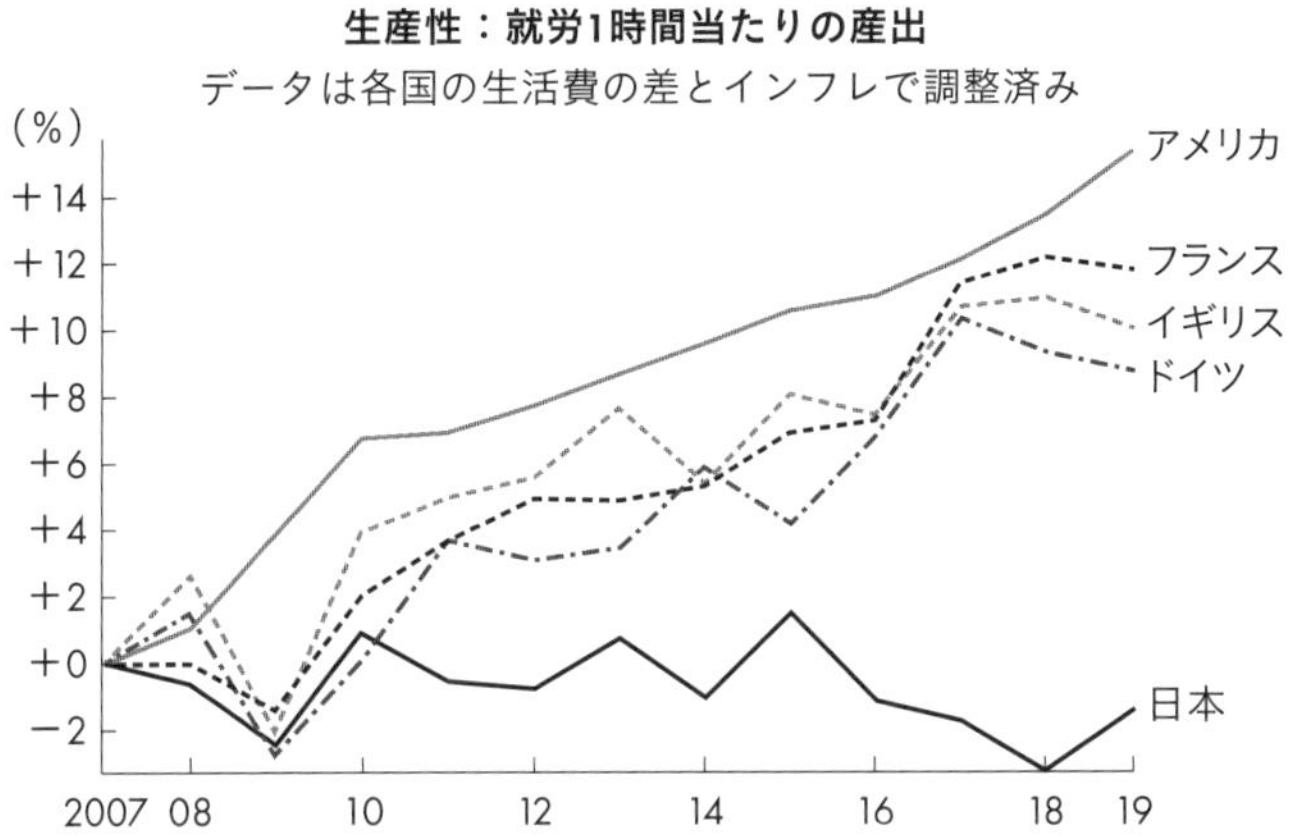

出所／Feenstra et al.（2015）, Penn World Table（2021）

発展を続けていたし、レストランや店舗も改善し続けていた。ただ、毎年、日本を訪れるたびに、２００８年以前に感じた未来志向の活力が失われていっているのがはっきりと感じられた。

日本の消費者向け電子機器はもう最先端ではなく、アップルやその他の海外ブランドに追い抜かれてしまった。バッテリー駆動の電気自動車（EV）への転換に日本の自動車メーカーはもたつき、革新的な中国の競争相手にグローバル市場を奪われる危機に瀕している。

アメリカの家庭用機器は日本製品に追いつき、追い越した。いまや、アメリカの住宅は、マルチ電気圧力鍋、ノンフライヤー、低温調理器、モニター付きドアホン、スマートスピーカーなど先端商品を備えてい

〈図表1-5〉
実質賃金指数（2015年平均＝100）　2019年1月発表

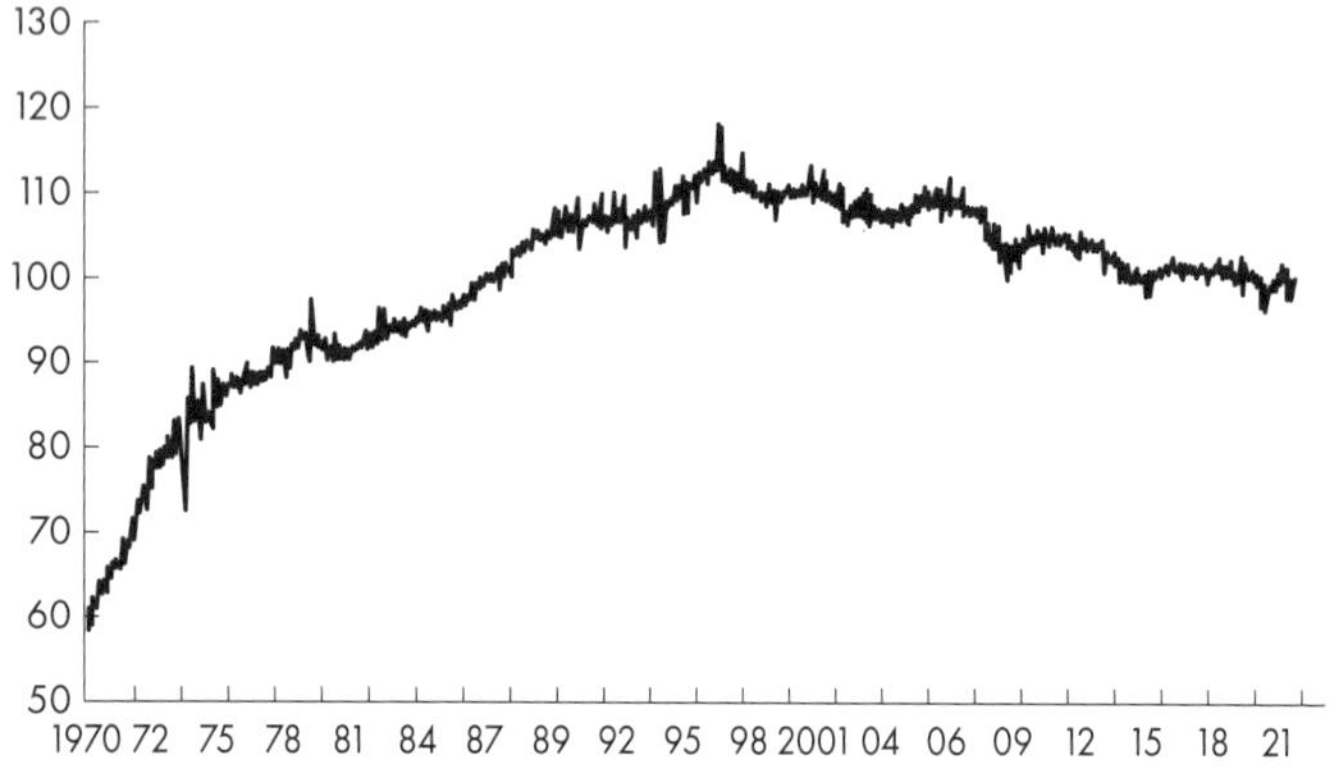

出所／厚生労働省「毎月勤労統計調査」

る。日本のトイレは相変わらずずっと上を行っているし、空気清浄機など日本に特有のイノベーションもいくつかは生まれているが、日本の住宅は２００７年頃のまま変わっていないようだ。

これは家具を考慮に入れない比較だ。家具に関しては、アメリカのほうがずっと高品質だ。

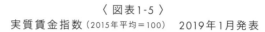

だからと言って、日本が住むのに悪い場所だというわけではないし、豊かな国でなくなったわけでもない。悪いどころか、生活するうえでのいろんな美点、つまり治安や人々の友好的な態度、美観、インフラ、比類なき買い物体験などのおかげで、日本は途轍もなく心地よい場所になっている。

いろんな点で、他の豊かな国々は日本に及ばないことも多い。それに、日本で暮らしながら、外国人がリモートで勤務時間を自分で設定しながら働いてアメリカ人並みの給料を稼いでいるなら、日本はまるで楽園のように感じられる（実際、後で述べる論点でこのことは大いにものを言う）。

とはいえ、平均的な日本人にとって、日本での生活費を賄うのは大変だ。実際、平均実質賃金は１９９６年から下がってきている。

しかし、状況は実のところそんなに悪くはない。合成効果がかなり関わっているからだ。労働時間の減少、高給をもらっていたベビーブーマー世代の退職、パートタイム労働者が労働力に参入したこと、等々。

実は１時間当たり賃金は穏やかながら上がっている。また、２００２年以降に女性の雇用が増えてきたことで、副収入が加わった多くの家庭の金銭的な逼迫はいくらか緩和している。ちょうど、１９８０年代から１９９０年代のアメリカと同じことが起きたわけだ。

でも、家庭の単一収入からダブルインカムへの移行は一度しか起こらない。最終的には、停滞している労働生産性と全体として低調な経済成長によって、平均的な日本の家庭にとって生活は重く苦しいものであり続けるだろう。

日本の低成長も一因となって生じている円安によって、輸入は引き続き高くつく。高齢者の割合も一貫して上がり続けるなかで、日本に暮らす就労年齢の市民たちは、同じ生活水準を維持し続けるためだけに、より骨折りをしなくてはいけなくなるだろう。労働生産性が向上しない限りは。

「未来」であることは、単に素敵なガジェットを持っていたり、ビルをおしゃれなスクリーンが彩ったりするだけの話ではない。突き詰めていけば、テクノロジーの進歩、新製品やより良い生産プロセスの開発が、その国の生活の質の向上をもたらす源だ。日本が「未来」の先導者の立場を取り戻せたなら、もっと多岐にわたる製品分野でテクノロジーの最先端に到達できたなら、そこに住む人はもっと生きやすく充実した生活を確保できる。

あれこれのアイデアや提案を持ち出す前に、まずは経済の停滞についてどんなふうに考えるべきかという話を少ししておいたほうがよさそうだ。

日本の資産バブルが崩壊したあとの時代に、ここぞとばかりに日本の経済と社会のほぼありとあらゆる側面についてひどく手厳しい批判を浴びせる書籍を多くの著作家が出版した。このジャンルの元祖とも言える著書が、２００２年に出版されたアレックス・カーの『犬と鬼　知られざる日本の肖像』（講談社学術文庫）だ。[*3]

この本は、日本の政策と社会についての様々な不満を総ざらいして詰め合わせたものだ。そういう不満の中には正確なものもあるが、例えば、「都市を開発しすぎたせいで日本はみずから観光産業を殺してしまった」といった話は、今振り返ると、笑えるほどおかしい。

ただ、間違っているにせよ正しいにせよ、カーが書いたような激しい批判は、本心から良かれと思っての言葉に違いない。とはいえ、最終的には逆効果だ。カーが言うような批判を「なるほど、そうだ」と納得して受け止める人たちが全面的な絶望と無力感を覚えてしまうからだ。

逆に、そうした批判に欠陥を見つける人は、心理的に籠城戦モードに入ってしまう。多くの人たちは「日本の経済的な苦境を指摘している連中は、『反日』だ」と思い込んでしまう。どちらにしても、結果は重く立ちこめる全面的な悲観だ。そして間違いなく、日本に蔓延しているのがこの種の悲観だ。

発展途上国としての強みと利点

そこで、この論考では日本の企業文化や官僚、政府の政策、全般的な態度について批判はしない。経済の停滞は事実だが、それを日本社会の失敗と見なすべきではない。むしろ、これを好機と見るべきだ。

日本はいまでも先進国だ。ただ、２００８年以来、長く続いた停滞によって、日本には、い、い、い、い、い、い、い、発展途上国としての強みと利点が生まれている。技術の最先端に後れを取っているということは、新製品・新ビジネス手法・新生産プロセスなどを開拓する苦労を他の国々がやってくれているということだ。その結果、日本には少しばかりキャッチアップする好機がもたらされる。最前線を開拓するのに比べて、キャッチアップするほうがいつだって簡単だ。

１９５０年代から１９７０年代終わり頃まで、日本は戦後の貧困から回復してアメリカにキャッチアップしようと努力した。そのなかで、電子機器・自動車・工作機械といった産業の日本人起業家は、自分たちより優れた評判を確立しているアメリカ企業からテクノロジーのライセンスを取得したり、公表された研究結果を利用したり、アメリカの製品を分解・分析して模倣したりした。

今日、日本のエンジニアや起業家が、台湾やオランダの半導体企業、アメリカのＡＩ、ソフトウェア企業、中国の電気自動車やバッテリー企業などから学べないという道理はないし、やがて彼らを追い越せないという理由もない。

長い間、賃金が伸び悩み、円安も長く続いたことで、日本には発展途上国の利点が生まれている。それは、低コストだ。コストが低くなったおかげで、世界中から投資を集め、輸出を増やす好機が日本に巡ってきた。実際、規模は限られているものの、このどちらもすでに実現しつつある。Nikkei Asia の大林広樹記者が、２０２４年5月にこう書いている。[*4]

円安が進むなかで、日本は化粧品などの製造拠点として再び魅力を増しつつある。また、輸出業者にとってコストが下がったことで、日本産のコメは海外で競争力を高めている。……韓国の化粧品受託製造会社コスマックスは、日本で初となる工場の建設計画を立てている。……コスト競争力の高い場所を求めるグローバル企業から日本は注目を集めている。

こうして変化しつつある環境を活用すべく、一部の日本企業は動いている。……業務用無線システムで世界3位のシェアをもつＪＶＣケンウッドは、アメリカに置いていた生産能力をすべて日本に移管した。……原材料費と人件費が下がったことで、製造コストは30％低下している。

言い方を変えれば、生産性に関して日本が他の豊かな国々から少しばかり後れを取ったおかげで、最先端へのキャッチアップを図ることで急速に成長する好機が生まれている。手早く計算をしてみよう。いま、フランスの労働生産性は日本よりも61％高い。２００９年から２０１９年にかけて年率１・26％で伸びている。日本がこれから30年かけて生産性水準でも生産性伸び率でもフランスに追いつけるとしたら、生活水準が年率およそ２・86％で伸びることになる。この伸びは、１９８０年代にほぼ匹敵する数字だ。普通の日本人は、毎年のように豊かになっていくのを実感するだろう。そうなったら、これまであまりにも長い間、ずっと日本から消え去っていた楽観主義の感覚が戻って来ることだろう。

国際的な基準で見れば、日本の人たちは貧困からほど遠い。それでも、もっと豊かになればきっと嬉しいはずだ。１９５０年代から１９６０年代前半にかけて、日本の家庭は洗濯機、テレビ、冷蔵庫の「三種の神器」を手に入れて大いに喜んだ。その後の数十年には、３Ｃと言われた自家用車・クーラー・カラーテレビの「新・三種の神器」が続いた。

2020年代と2030年代の「神器」は、電気自動車・AIアシスタント・ヒートポンプ・バッテリー駆動家電・個人向け介護ロボットといった未来ガジェットかもしれない。あるいは、より大きな住居に暮らしたり、介護や育児サービスをより安価に受けたり、もっと快適なソファで寛《くつろ》いだりといったことかもしれない。あるいは、まだ発明もされていないものかもしれない。

日本がもっと豊かになれば、余暇を増やして芸術や創造的な活動を満喫する機会も増える。ちょうど、1990年代や2000年代初めがそうだったように。独立系ブランドのファッション・漫画・音楽・映画・アニメのシーンが再び咲き誇ってもおかしくない。

それに、資産というクッションが増えれば、独立系の作家たちはキャリアにおいてもっとリスクの高い選択が可能になる。「丸の内サディスティック」の椎名林檎やゲームソフト「メタルギアシリーズ」の小島秀夫、アニメ「カウボーイビバップ」の渡辺信一郎らに続く世代は、下積み時代にレストランで週60時間働いて糊口を凌ぐ経験をしなくてすむはずだ。

私の経験では、日本の経済問題の分析は得てして「何がいけなかったのか？」という話になりがちだ。2008年の金融危機がいけなかったのか？　中国の台頭がいけなかったのか？　日本の古くさい企業文化がダメなのか？　それとも、政府の政策の失敗が良くなかったのか？

だが、確かに「何がいけなかったのか？」という問いは学者にとって興味深くはあるものの、私の考えだと、いまの日本経済に関して立てるべき問いはそれではなさそうだ。代わりに、こう問うべきだ。

「どうすれば、今の日本をもっと豊かにできるのか？」

これは、若く飢えた途上国の発想だ。先進国もこの発想から得られるものがある、と私は信じている。そして、日本ほどこの発想から多くを得られる先進国はそうそうない。経済成長は、落ちぶれる恐怖に突き動かされて維持するものではない。経済成長は、「明日が今日より良くなるように」と、喉から手が出るような思いで求めるものだ。今の日本は、心から欲するものが増えている。それは悪いことではない。

2 マクロ経済学は脇に置こう。開発経済学の出番だ

——Forget about macroeconomics. It's time for development economics.

未来を取り戻すための日本の戦略を考えるとき、私はマクロ経済学よりも開発経済学に目を向ける。

マクロ経済政策とは、総需要が不足したときに国が使う政策だ。仕事がない労働者や稼

〈図表1-6〉
日本の就業率（15歳～64歳）

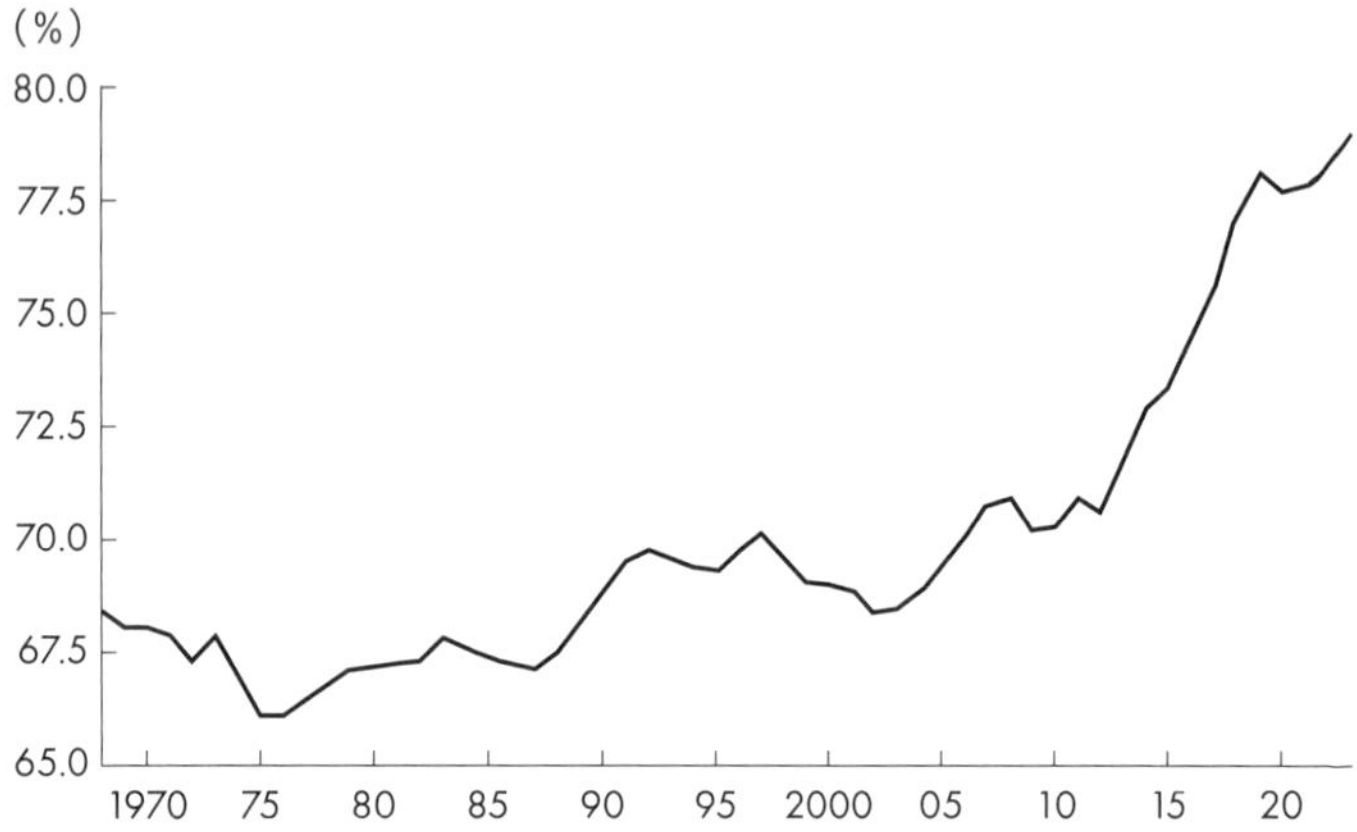

出所／OECD

働していない工場が増えているとき、マクロ経済学の出番がやってくる。先進国では、需要の不足こそ経済成長を脅かす主な要因だ。

そして、需要不足に対処するツールは、金融緩和と財政刺激だ（金融緩和とは、中央銀行が債券その他のいろんな資産を購入すること。財政刺激とは、政府がお金を借りて支出することだ）。

日本の不動産バブルが崩壊した後の１９９０年代、日本政府はこの両方の政策ツールを使って失業率が高くなり過ぎるのを防いだ。２０１０年代には、安倍晋三首相と黒田東彦日本銀行総裁のコンビが、金融緩和と財政刺激を使って、経済を下支えした。

第二次安倍政権で実施されたマクロ経済政策（主に金融政策）は、雇用増加におおむね成功を収めた。*5 戦後日本では、15歳から64歳の成人のうち、ほぼ67%～70%が雇用されていたが、安倍政権下では、これが78%にまで増えている。

主婦やニートも労働力に加わり、早期退職をする人たちが減った。それどころか、多くの高齢者は退職後も働くようになった。

安倍と黒田のマクロ政策によって日本は動き出した。生産性はゼロ成長で高齢化が進んでいたにもかかわらず、2007年から2022年のあいだに1人当たりGDPをどうにか6・5%伸ばせた理由がここにある。

ところが、この手は一度しか使えない。日本の働ける人のほぼ誰もが仕事に就いている現在、新たに労働力に加われる人はもう残っていない。

ということは、日本の経済成長をマクロ経済政策が助ける余地はもう残っていないわけだ。当然、完全雇用は維持されるべきだし、将来の景気後退に対処する必要はある。ただ、日本がこれから人々の生活水準をトップランクにまで引き上げていこうというなら、マクロ経済政策ではなくミクロ経済政策が必要になってくる。

ミクロ経済政策の標準的なツールといえば、規制の改善、税制の変更、イノベーション政策だ。この3つはどれも日本にとって重要だ。また、産業政策も重要だと私は信じている。産業政策とは、特定の産業を後押しする施策のことだ。

かつて日本は「開発国家」[*6]戦略を使って多くの成果を獲得し、戦後の奇跡を成し遂げた。開発志向の国家戦略は、かつてよりは小さいながらも、次の奇跡を現在の日本に起こす助けになると信じている。ただ、21世紀の状況で機能する開発志向戦略は、20世紀にうまくいったものとは違った様相を呈するはずだ。

3 多方面戦略による開発を一度に全部試してみよう！

——Multi-strategy development: Try everything at once!

チャルマーズ・ジョンソン対ボブ・ジョンストン

外から日本を考察した人の著作で、戦後日本の奇跡の経済発展に関する必読の権威ある本が2冊ある。1つはチャルマーズ・ジョンソン『通産省と日本の奇跡　産業政策の発展1925－1975』（佐々田博教訳、勁草書房）[*7]で、もう1つはボブ・ジョンストンの『チップに賭けた男たち』（安原和見訳、講談社）[*8]だ。この2冊は、必ず対にして読むべきだ。というのも、1950年代から1980年代にかけて日本が成功した理由を考察して、正反対の結論に達しているからだ。

ジョンソンはこう考えた。日本の秘伝のタレは、開発志向戦略だ。とりわけ、旧通商産業省（現経済産業省）の果たした役割をジョンソンは重視した。ジョンソンはこう主張する。

日本の超絶に有能な官僚たち、強いプレッシャーのかかる「できない奴は落伍しろ」方式の昇進制度に動機づけられた最精鋭の頭脳たちこそが、日本の奇跡を設計した。ここには２つのカギがあった、とジョンソンは言う。（１）安価な銀行融資によって国内市場向けの生産増強を奨励する政策、（２）外資の流入を制御して国内の重工業を後押しし、その後に電子機器産業を奨励する政策――この２点だ。

対照的に、ジョンストンの考えでは、当時の通産省は経済成長をもたらした真の原動力の邪魔をしただけだった。その原動力は、起業家と発明家だ。ジョンストンの描き出した物語では、ハンディ型小型電卓を開発した佐々木正（シャープ）、世界初のトランジスタラジオを開発した岩間和夫（ソニー）、集積型アモルファスシリコン太陽電池を発明した桑野幸徳（三洋電機）、青色ＬＥＤの発明で、後にノーベル物理学賞を共同受賞した中村修二（日亜化学）といった英雄的なエンジニアたちや、そういうエンジニアを支援した豪胆な起業家たちが活躍する。

ジョンストンによれば、こういう新興企業ではなく名門企業に関心を集中させたことで、当時の通産省は歴史的な発明のうねりを無視したり、さらには妨害してしまったりした。

ジョンソンとジョンストンのどちらが正しいのだろう？　著者らが自説の論拠に挙げている説得力ある多くの話を前提に考えた結果、答えは「どちらも正しい」という結論になる。日本の戦後復興の奇跡は、ただ1つの「決定打」となる開発理論の勝利ではなく、複数の戦略が働いた結果なのだ。

官僚が従来型の大企業を突っついて、しかるべき未来へ向かわせたというのも事実なら、民間の起業家たちが彼らならではの仕事をしたというのも事実だ。ときに、この2つの営みが稀少なリソースを奪い合って衝突することもあったものの、総じて両者はうまく共存していた。

国内での急速な生産性向上と世界市場へのアクセスのおかげで、どちらのタイプの企業がつくる製品にもたっぷりと需要があった。

それどころか、これは幸せな偶然ではなくて、多方面戦略そのものに備わる利点が効いていたのかもしれない。経済学者のリカード・ハウスマンとセザール・ヒダルゴが続けている研究によると、一国経済がどれくらい複雑なのかを見れば、言い換えると、その国で生産されているモノやサービスがどれくらい多種多様なのかを見れば、その国の経済成長がうまく予想できる。

2分されていた日本の産業構造

戦後の日本の産業は、政府主導の大企業部門と、もっと自由闊達な起業部門とに二分されていた。このことが、日本の経済的な成功に寄与したのかもしれない。というのも、この2つのタイプの企業はそれぞれ異なる市場を扱い、それぞれ違った種類の製品をつくりだす傾向があるからだ。

結局、どちらのタイプの企業も20世紀中盤から終盤に成功を収めた。世界に知られたトヨタ自動車やNECのような戦前からの大企業も、ソニーやシャープのような戦後の新興企業も、ともに成功した。このうちどちらか一方が失敗していたら、戦後復興の奇跡はもっと控えめになっていただろう。ジョンソンとジョンストンは、それぞれ別々の真実をとらえ、それぞれが異なる全体像を思い描いていたのだ。

1つの理論にすべてを賭けるな

おそらく、同じ原則がいろんな先進国に広く当てはまるはずだ。アメリカを例に考えてみよう。アメリカ経済は、この数十年にわたって他のほぼすべての先進国よりうまくやってきた。上場企業でとびきり時価総額の大きいアメリカ企業のリストを最上位から順に眺めてみよう。

最初に目に入るのは、アップル（1976年創業）、マイクロソフト（1975年創業）、エヌビディア（1993年創業）、アマゾン・ドット・コム（1995年創業）、グーグル（1998年創業）といった比較的新参の企業だ。しかし、さらに下の方に目を移すと、古くからある企業が登場する。イーライリリー（1876年創業）、プロクター・アンド・ギャンブル（1837年創業）、ジョンソン・エンド・ジョンソン（1886年創業）、ゼネラル・エレクトリック（GE）（1892年創業）などだ。

　起業の盛んな国々ですら、古くからある企業の大半がお払い箱にはなっていない。単に、新しい企業がリストに加わるだけだ。アップルやグーグルはアメリカ経済に非常に大きな価値を加えたが、イーライリリーやGEのような企業に取って代わりはしなかった。そうではなく、多種多様な製品を開発して新しい市場を切り開いたのだ。

　従来からの企業のごく一部は、弱体化して消え去った。しかし、多くは業務をうまく改善し、イノベーションを続け、新テクノロジーに適応し、経営方式を時代に合うように改善し、自社ならではの新市場を探し続けた。ほんの数十年前には猛烈に躍進を遂げた新参企業だったマイクロソフトですら、近年は自らの地位を維持するためにクラウドコンピューティング企業へとみずからを発明し直さなくてはいけなかった。

　ここでの教訓をまとめよう。開発の後押しをうまくやるためには、たった1つの理論に全部を賭けてはいけない。ちょうど、「1つの籠《かご》に卵ぜんぶを入れるな」という投資の格言と同じだ。どれがうまくいくのか事前にはわからないのだから、生産性を向上させるべく、いろんなアプローチやモデルを並行して試すべきだ。

　バスケットボールのチームには、スリーポイントシューターも必要なら、ペイントエリアに切り込んでいくスラッシャーも必要だ。それと同様、一国の経済には開発という課題に挑む複数の方法が必要なのだ。

4 停滞を打破するための挟撃作戦
——Japan's pincer attack against stagnation

株式会社日本に賭ける海外勢

すでに日本の産業が復活の緒についている兆しは、あちこちに見えている。少なくとも、別々の戦略が進行している。大胆に言えば、次の２つだ。

（A）企業統治に様々な変化を起こすことで、既存の日本企業に再び活力をもたらす。

（B）スタートアップを支援することで新企業を発展させる。

原書が２０２０年に刊行された『再興 The KAISHA』（渡部典子訳、日本経済新聞出版、２０２２年）[*9]で、ウリケ・シェーデは、（A）がうまくいっていると論じている。ファナック、三菱電機、富士フイルムといった一部の日本企業がコアコンピタンス以外を売却することでいかにして無駄を省き、能率化を達成したのか、ハイテク部品や素材をつくることでそうした企業が他社に突き崩されにくい利益の上がる輸出ニッチをどうやって創り出したのかが、

〈 図表1-7 〉
日本企業の経常利益率（対売上高）

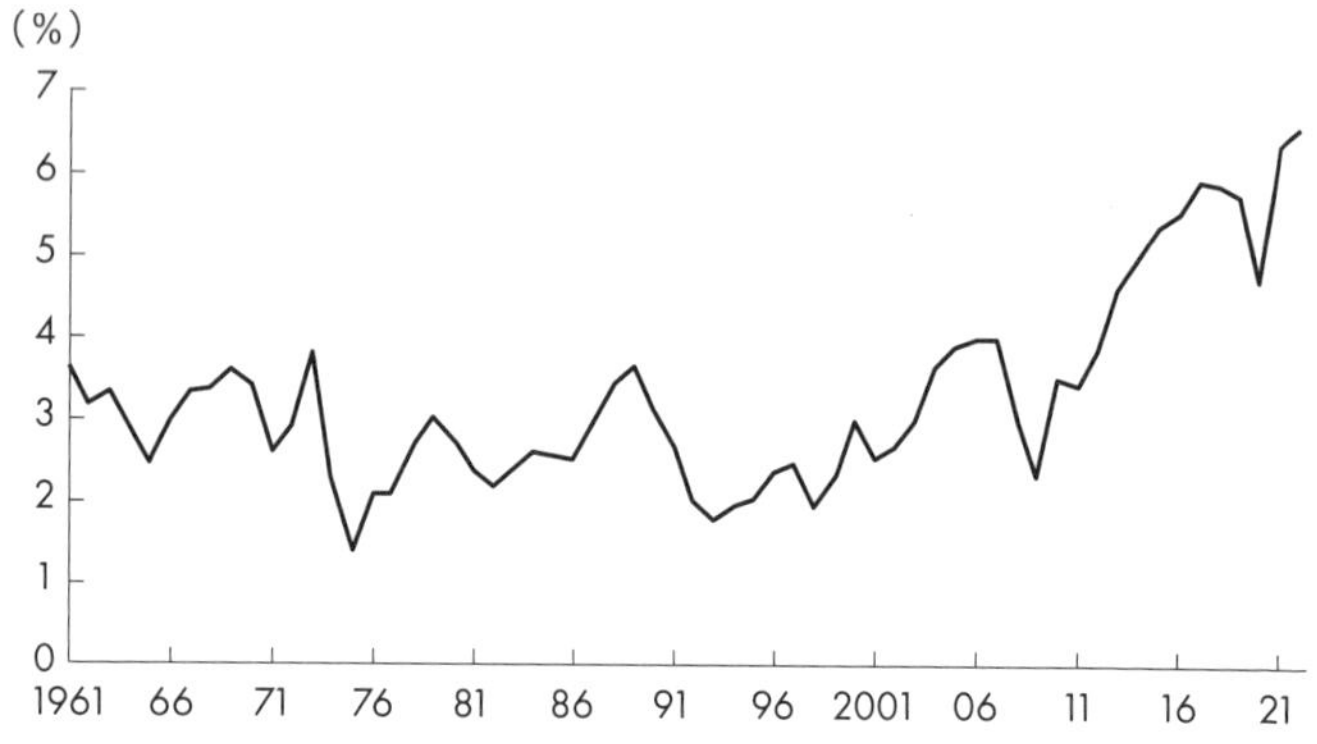

出所／財務省法人企業統計（2023年9月の数値）

〈 図表1-8 〉
東京証券取引所の日経平均株価の推移

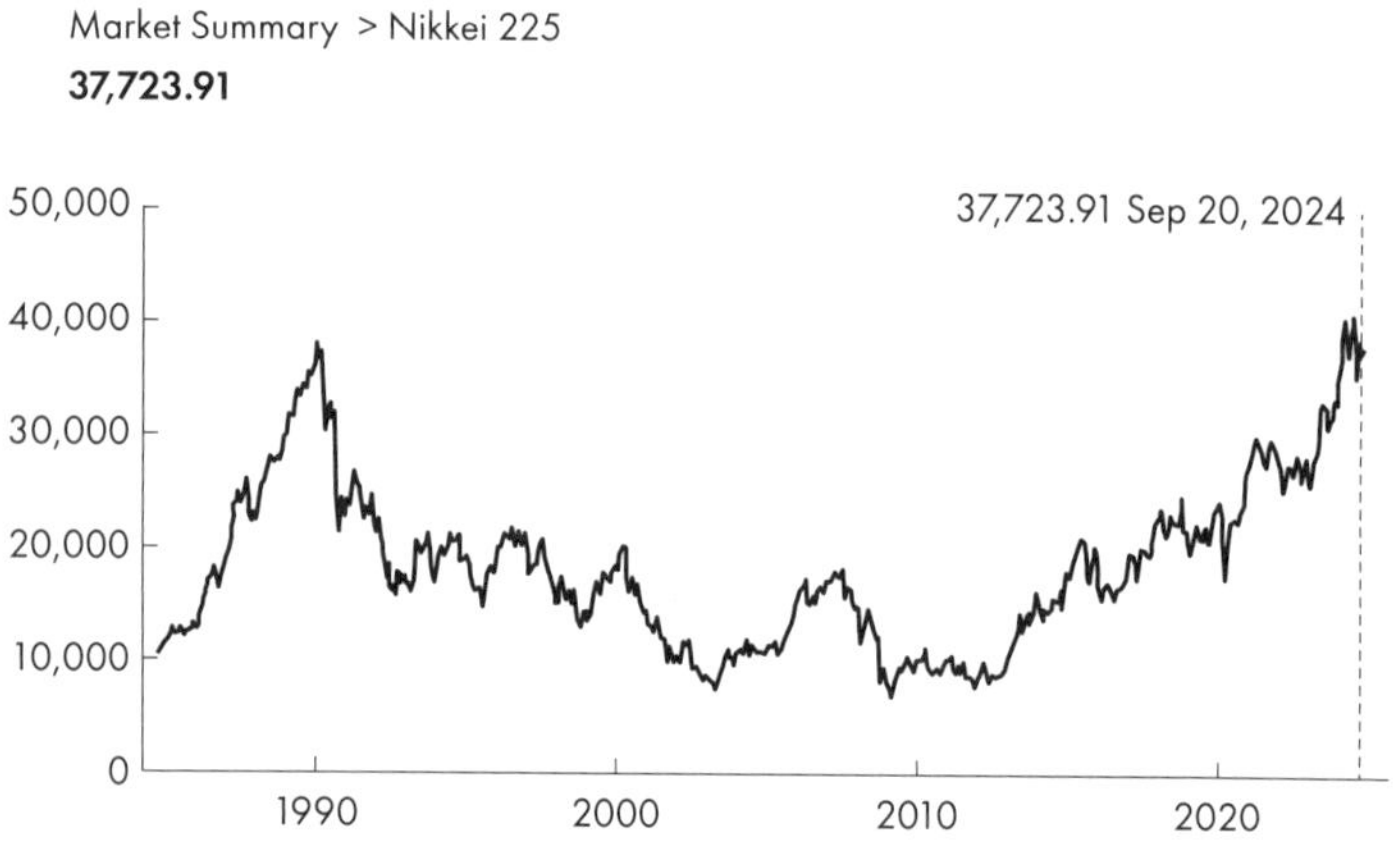

〈図表1-9〉
日本のモノとサービスの輸出比率（対GDP）

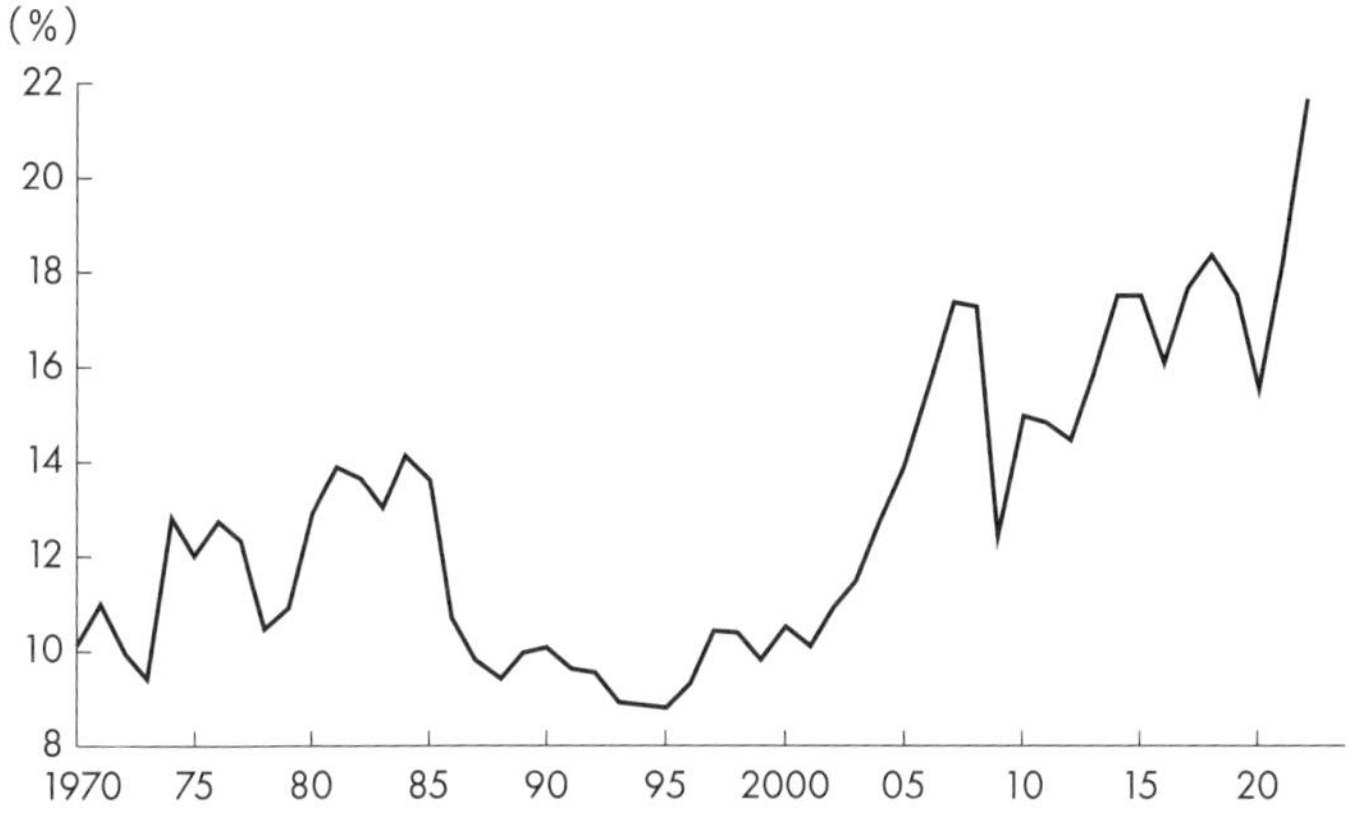

出所／世界銀行国民所得会計およびOECD国民所得会計データファイル（CC BY 4.0）

同書では解説されている。

シェーデは、日本がこうして勢いを取り戻すのに寄与したものとして、日本の新しい企業統治コードやスチュワードシップ・コードといった政策だけでなく、安倍晋三元首相がことあるごとに収益性を強調したことも挙げている。また、ＪＰＸ日経インデックス４００など金融界でのイノベーションも要因として挙げている。この株式指標は、収益性の様々な数値にもとづいて選りすぐられた企業にスポットライトを当てて売り出す働きをしている。

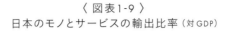

シェーデの見解を支持する証拠はいくつかある。日本の企業収益は、２０１０年代前半から復活している。

ジェイムズ・モンティエらが指摘しているように、この企業収益復活の多くは企業のデレバレッジから来ている。企業の長期的な経済力を示す指標として企業収益にまさる営業利益の方は、もっと控えめな伸びを見せている。それでも、トレンドは間違いなく正しい方向に向かっている。

そして、「株式会社日本」の復活を投資家たちも認識している。日経平均株価（日経225）の指標は近年、過熱気味だ。値上がりペースは、世界の他の株式市場をちょっぴり上回っていて、ようやくバブル期の高みにまで戻ってきている。

シェーデをはじめ多くの人が示しているように、この日経平均の値上がりの多くは、日本株に対する外国からの需要が増えたことによる。つまり、世界は「株式会社日本」に賭けているわけだ。

一方、もう日本は貿易黒字国ではないものの、輸出は増加を続けている。

中途採用、ハイブリッドワーク

その一方で、日本の伝統的な企業文化に変化が起きる兆しが現れている。重要な変化を1つ挙げると、終身雇用から中途採用への転換が進んでいる。Nikkei Asia の報道を引用しよう。[*10]

日本経済新聞社の調査では、今年度に日本企業は求人の37・6%を中途採用で埋める見通しだ。これほどの割合を中途採用が占めるのは、日本の伝統的な終身雇用モデルからの転換としては最大の規模に当たる。……中途採用は2017年度まで10％台で推移してきたが、その後に急上昇して、2022年には30％を超えた。

これまでのところ、各種の調査から日本の転職者の半数強が結果に満足していることが覗える。他にも大きな転換が進んでいる。それは、女性管理職の台頭だ。確かに、安倍元首相が掲げた30％目標にはまだ及ばないものの、女性管理職の割合は一貫して上がり続け、2021年には約15％に達している。

その一方で、ハイブリッドワークも次第に一般的になってきている。最近の調査によると、日本の労働者のうち、週に少なくとも1回はオフィス以外で働いていると答えた人は70％を超えている。

労働の投入量（どれだけ働くか）よりも労働の成果に力を注ぐほうに日本企業が切り替えていくうえで、これは後押しになるだろう。その性質上、リモートワークだと従業員が何時間デスクにかじりついていたかよりも、具体的にどれだけのタスクを完了したかに報いることになるからだ。これは、いずれ生産性の向上の助けになるはずだ。

5 株式会社日本は、緩慢だが変わりつつある

――Corporate Japan is slow to change, but it is changing.

ビジネスニッチを狙うガゼル企業

こうした変化はどれも好ましいし、アベノミクスにとっても「株式会社日本」にとっても成功に数えられるべきだ。しかし、これまでのところ、企業収益・株価・輸出に起きた変化では、全体の集計に出てくる生産性や実質賃金を復活させるにはまだまだ足りていない。シェーデが言う「集合ニッチ」戦略をはじめとして、いろんな戦略が日本には必要だ。

2023年の著書*The Contest for Japan's Economic Future*（未邦訳）[*11]で、リチャード・カッツは日本経済復活の戦略として他と根本的に違うシナリオを描く。

結局、「大企業は一斉に自己変革を遂げるほど機敏ではない」とカッツは懐疑的で、アメリカでは大企業の入れ替わりが激しい点を指摘する。大企業の代わりにカッツが期待を寄せているのが、「ガゼル企業」とも呼ばれる高成長スタートアップだ。

新しいビジネスニッチを革新的な企業がどう開拓するのか。その具体例としてカッツが挙げるのは、人材マッチング企業ビジョナルの南壮一郎や、B2Bのeコマースプラットフォームを運営するラクスル創業者の松本恭攝、リクルートの社内起業（イントラプレナー）

〈図表1-10〉
日本のスタートアップの資金調達

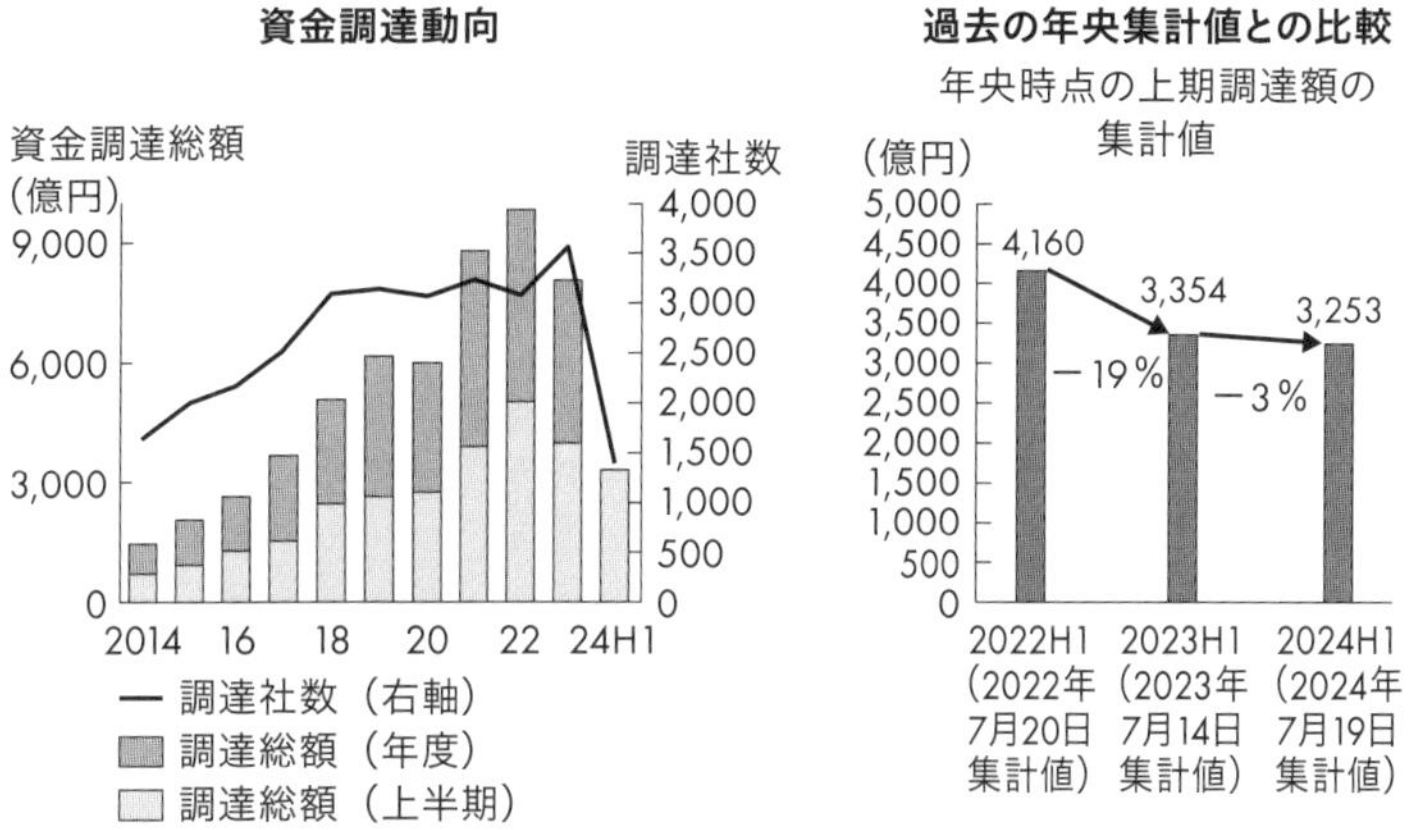

出所／産業革新投資機構（JIC）

的な企業文化だ。

実際、日本のベンチャーキャピタルに資金提供を受けたスタートアップ業界は近年、幾らか盛り上がりを見せている。とはいえ、他の国々でも大抵そうだったように、2022年には打撃を受けてもいる。

カーネギー国際平和財団シニアフェローの櫛田健児が、日本のスタートアップのエコシステムとベンチャーキャピタル業界にどういう変化が起きているのかについて、いい解説を書いている。

櫛田の指摘によると、確かに日本のベンチャーキャピタル業界はアメリカに大きく後れを取っているが、絶対的な規模自体はドイツ、イギリス、韓国、フランスとほぼ肩を並べている。

また、スタートアップの世界は日本で威

〈図表1-11〉
グローバル起業活動調査

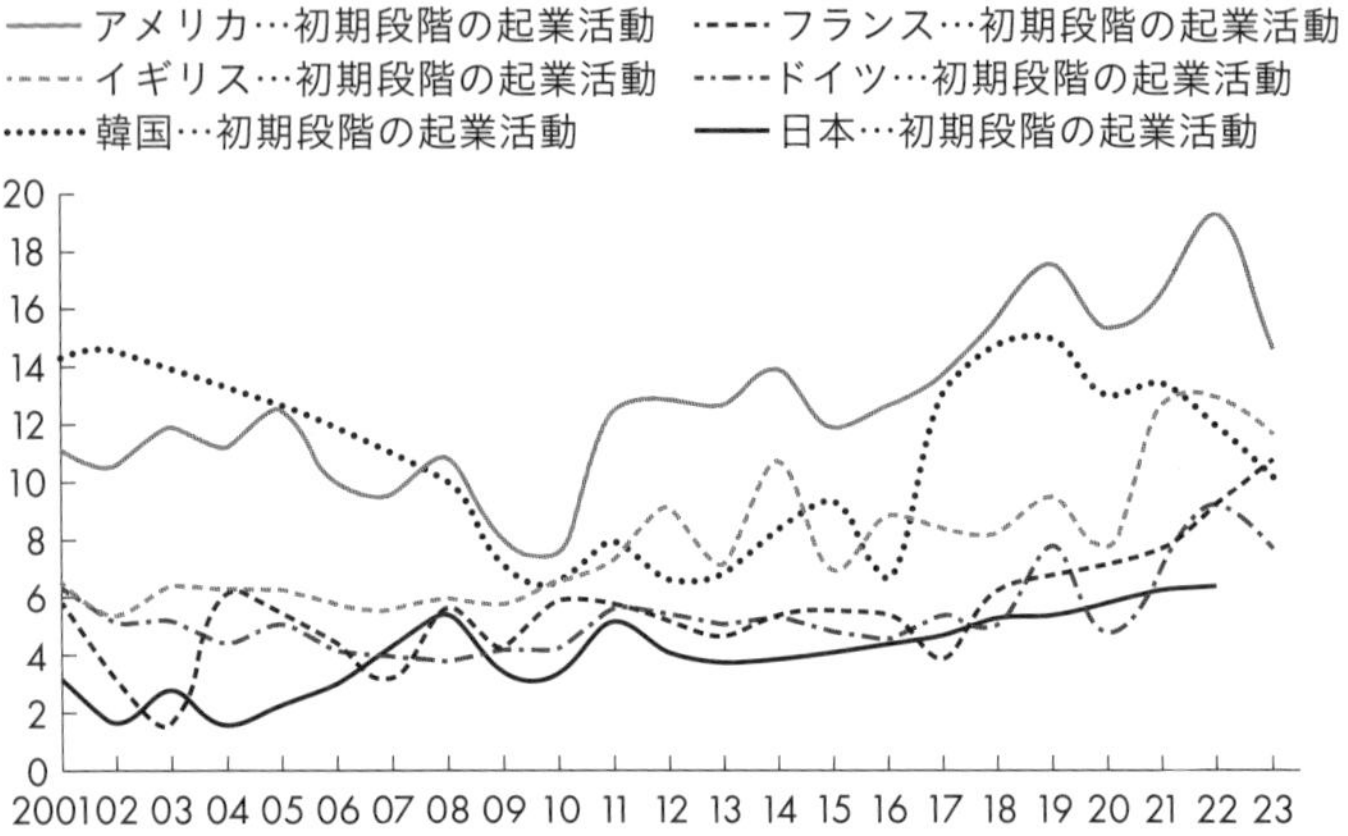

※縦軸は起業活動の初期段階に従事している成人の割合を示す
出所／グローバル・アントレプレナーシップ・モニター

信・人材・自律性を獲得しつつあることも彼は示している。独立系ベンチャーキャピタルが企業所属の企業投資家たちを凌駕している結果、トップ大学や企業からますます大勢の才能がスタートアップ業界に引き寄せられ、創業者となっている。さらに、成功を収めた創業者たちが次は自らも投資家になるという好循環があちらこちらで始まっている。

ただ、本格的な改善はいくらか進んでいるとはいえ、まだまだ日本には起業活動を増やす余地がたっぷり残されている。「グローバル起業活動調査」によれば、2022年時点で、日本は他の多くの先進国よりも起業活動の総量で後れを取っている。

カッツは、高成長スタートアップをさらに後押しできそうな政策変更を具体的にいくつも提案している。エンジェル投資家や有限責任会社に対する税制面の優遇措置、若い企業への政府調達契約、スタートアップへの銀行融資を増やす行政指導、外部のアイデアや技術も活用するオープン・イノベーションを支援する政策、等々。こうした政策変更はどれも検討する値打ちのあるアイデアだし、実施もそんなに難しくないはずだ。

また、失敗した企業を政府が税金で救済する件数を減らす必要もある、とカッツは主張している。私もこれを長らく主張しているし、研究でもこれが問題であることが示されている。実際、日本政府は救済をしない方向に進んできている。私は２０１６年１月にこう書いた。[*12]

これまで以上に業績不振の企業をそのまま倒産するにまかせる意向が日本政府にはあると、政府高官３名がロイターに明かした。これまで報道されていなかった認識だが、硬直した企業から成長をもたらせる企業への新陳代謝を進める必要が差し迫っていることが今回の意向には反映されていると高官らは語った。……この動きにより、労働市場が人手不足になるなかで、とりわけ生産性の高い企業に労働者と投資を振り向けやすくなり、ひいては賃金の押し上げにつながるだろうと高官らは述べた。微妙な問題を語るに当たって匿名を条件に話した。

こうした必要な変化を進めつつ、日本の労働者たちを保護する方法はたくさんある。日本では、業績の振るわない企業を成功している企業に組み込むことで雇用を維持する助けにする国内のM&Aの文化が発達しているし、堅固なプライベートエクイティ産業もすでに発展しつつある。

それに加えて、労働者保護と労働市場の柔軟性の両立をはかるデンマーク式のフレキシキュリティ制度を創設して労働者個々人を助ける提案をしている。これはいい考えに思える。

新興企業と旧来企業の補完関係

こういうふうに日本経済の復活に関して、シェーデとカッツは2つの大きく異なるアプローチを見ている。そして案の定、どちらのモデルが優れているかをめぐっていくらか意見の不一致もある。[*13]

興味深いことに、その論議の構図は1世代前のジョンソンとジョンストンのそれとほぼ同じだ。シェーデはしかるべき市場と製品に向かうよう大企業を誘導する政府の政策に信を置いているのに対して、カッツは独立系の起業家たちに信を置いている。

また、ちょうどジョンソンとジョンストンの場合と同じように、両者とも正しい可能性が高い。確かに、古い大企業と急速に成長中のスタートアップは、銀行融資やエンジニアといったいろんなリソースを奪い合って競合しているし、ときに製品市場で競合することすらある。それでも、突き詰めて言えば、この競合よりもこの2つのタイプの企業同士が互いをどう補完し合うかということのほうが重要だ。

新興企業は、旧来の企業に重要なインプットをもたらす。カッツの有名な例を2つ挙げると、ビジョナルとラクスルは雇用と購入のそれぞれで従来の企業を助けている。もし日本がソフトウェア産業をどうにか構築できたなら、日本の製造企業やサービス企業はそこから大きな便益を得る見込みが大きい。同様の例は他にもいろいろある。

日本の起業家たちは、旧来の企業が見過ごしていた輸出ニッチも利用できるようになるだろう。というのも、見出されたばかりの市場は小さ過ぎるからだ。これこそ、かつてシャープが電卓や液晶ディスプレイでやったことだし、セイコーがクオーツ腕時計でやったことだし、ヤマハがデジタルシンセサイザーでやったことだ（こういう有名製品を開発した当時、いま挙げた企業はスタートアップではなかったが、原則は同じだ）。

ときに、新製品が登場して旧来の企業のビジネスモデルが攪乱されてしまうこともある。でも、多くの場合にそうした新製品は新しい市場を創出し、日本の強みのリストに加わる。

最後に、中途採用が活発になることで、新旧の企業はお互いにいろんなアイデアを分かち合えるようになる。経営のイノベーション・生産技術・物理的なテクノロジー等々が、中途採用者の移動によって共有される。

従業員は、他社に移るときに自分の知識を持ち込む。休むことを知らない人たちや不満を抱いている人たち、大きな野心をもっている人たち、大企業で出世の階段を上っていくのに飽き足らない人たちをスタートアップは引き抜ける。

また、スタートアップで働いているものの、もっと安定した給与やより大きな研究予算やより充実した支援人員を求めている人たちを、大企業は引き寄せることができる。ある意味で、中途採用とオープン・イノベーションによって、1つの産業を丸ごと、1つの都市を丸ごと、もしかすると1国を丸ごと、巨大な「系列」にしてしまえるのだ。

ただ、このプロセスで大いに役に立ち得る企業は、スタートアップと大企業だけでなく、第三のグループもある。そのグループは、日本の経済再開発に対する第三の戦略に対応している。これについては、ここまでに言及してきた明敏な著者たちもまともに論じていない。

第三のグループとはなんのことかというと、日本を生産拠点に活用している海外の企業・スタートアップのことだ。この第三の戦略は、すでに具体的な形をとりはじめている。最初に目を向けるのは、熊本だ。

第2章

Chapter. 2

対日直接投資こそ、パズルの欠けたピース

FDI is the missing piece of Japan's puzzle

1 「熊本の奇跡」が未来への道標

——The Kumamoto miracle points the way

半導体産業復活のシナリオ

半導体産業は、おそらく世界最重要の産業だろう。現代経済のあらゆる高付加価値製品に、コンピュータチップは欠かせない。自動車、ロケット、家電、機械……なにもかもが半導体なしには成り立たない。それに、ドローンなど精密兵器が戦場を席巻する時代にあって、半導体は軍事的にもきわめて重要だ。

また、AIやバイオテックをはじめとする新興テクノロジーでも、半導体は中核的な役割を果たしている（AIが使う莫大な計算リソースには、多くの半導体を使った巨大データセンターが必要

〈図表2-1〉
台湾に依存する先端半導体生産

2019年の半導体ウエハー製造能力の世界シェアを種別と地域別で示す（パーセント）

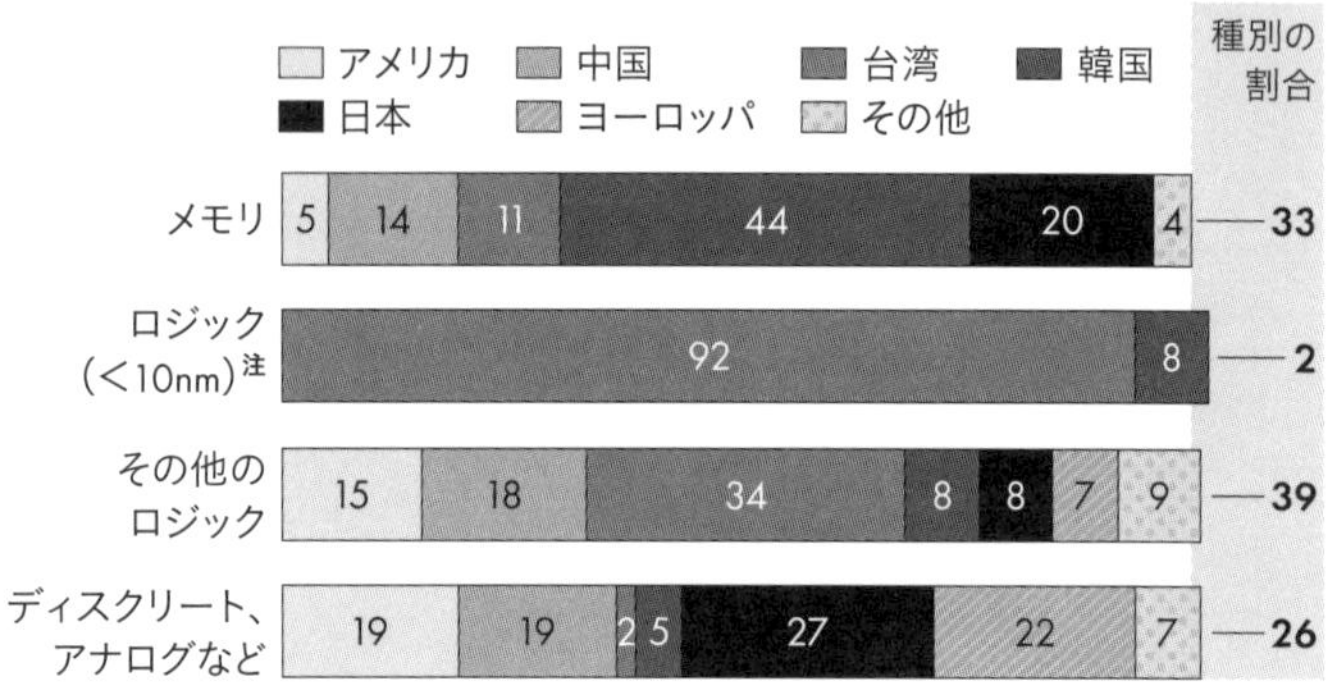

注／2016年以降の最新世代のコンピューティング／プロセシング用ウエハーで、より小さく高速で電力効率に優れる。国別シェアは四捨五入されているため、合計は100パーセントにならない。
出所／ボストン・コンサルティンググループ、SEMI 半導体ファブデータベース

だ）。

結果として、世界の主要経済は半導体産業をめぐる戦いを何世代も続けている。初期には、アメリカと日本が明らかなトップ走者だった。半導体産業の多くは、半導体の設計と専用のツール・原材料の生産が占めていた。そういう上流では、いまもアメリカと日本が強い。とはいえ、プロセスの下流の大半、つまり最先端チップを実際に製造する段階では、すでにアメリカと日本は台湾にリードを奪われている。

具体的に言うと、アメリカと日本を追い越したのは、卓越した台湾企業1社、台湾積体電路製造（TSMC）だ。TSMCは世界最大の製造業者と言っていい。他の企業は、チップを設計したり、そのチップを生産する（きわめて先進的な）工作機械をつくっ

たりしている。

ＴＳＭＣがやっていることは、工作機械を買って驚異的な創意と効率性で活用し、他社が設計したチップを現実の製品にすることだ。ＴＳＭＣは、この「ピュアプレイ半導体ファウンドリ」（純粋な半導体委託製造企業）ビジネスモデルを開拓した先駆者で、これによって成長した。この結果、台湾はチップ製造産業に関して地球上の他のどの国にも勝る半導体製造大国になった。

２０１９年12月、中国武漢から広がったコロナウイルスによる世界的な感染拡大以降、世界の半導体市場のシェアを勝ち取ろうとする競争はいっそう激しくなっている。その背景には、ＡＩ時代の到来に加え、ＧＤＰ世界2位の権威主義国家・中国と民主主義諸国との地政学的な争いがある。

他の多くの国々と同様、日本も自国のファウンドリビジネスを構築しようとしている。その具体的な動きが、ラピダスだ。同社は、２０２２年に大手企業8社による共同ベンチャーで設立され、ＩＢＭからの助力も受けて、２０２７年に2ナノ以下の先端ロジック半導体の開発と量産化をめざしている。現在、北海道千歳市に工場を建設中だ。日本政府は最大９２００億円の補助金を計画している。

ただ、アメリカの状況と似て、ラピダスと並行して第二の動きが進行している。それが熊本県で進むＴＳＭＣのチップ工場建設だ。

2021年12月、TSMCは日本に子会社のJapan Advanced Semiconductor Manufacturing（JASM）を設立して、熊本県で2つの半導体工場の建設に着手した。ソニーとデンソーも少数株主として参画している。日本政府も最大1兆2080億円の補助を行うのに加えて、現地の労働者採用と半導体製造に適した水やその他のインフラ確保でもTSMCに支援を提供している。

熊本第一工場は迅速に完成し、2024年2月に開所した。第二工場も2025年には開所する見込みだ。TSMCは第三工場の2030年稼働開始を検討している。その工場では、より先進的なチップが生産されることになる。

「半導体生産のルネッサンスになる」

日米で進む半導体産業強化策の進展を見ていた人たちは、日本の工場建設の迅速さに目を見張った。アメリカのTSMC工場が当初、工事の遅延に苦しんだのと好対照だ。[*14] 日本で建設が首尾よく進んだのは、現地の様々な組織、サプライヤー、顧客、ビジネスパートナー、政府、大学のおかげだと、TSMCは評価している。

2024年2月24日、熊本県菊陽町のTSMC熊本第一工場の開所式で、TSMC創業者のモリス・チャン（張忠謀）は、「昔は日本での商売はとにかく遅々として進まないと揶揄されたこともあったが、いまは日本のチップ産業復活を心から信じている。今日から日本の半導体生産のルネッサンスになるだろう」と語った。[*15]

日本国内の動きは、ラピダスとＴＳＭＣだけではない。アメリカの半導体企業マイクロンは広島に工場を建設中で、同社の最高のテクノロジーの一部を日本に持ち込んでいる。[*16] サムスンは横浜に半導体開発センターを建設している。こうした投資はどちらも日本政府からかなりの支援を受けて進められているし、日本の企業・大学とも提携している。

国内半導体産業の復活戦略は、外国企業によるこうした投資だけではない。国内勢とも共存できるし、半導体製造機械や素材産業といった上流とも共存できる。だから、外国企業による投資が加わるのは、純粋に国内企業にとってきわめて重要だ。これは、多方面戦略での開発が実際に機能している一例と言える。

だが、まさかそういう例がこれ１つだけのはずはない。

２　ＡＩ業界を泳ぐサカナの群れ

――A school of AI fish

サカナＡＩという可能性

人工知能ブームは、いまソフトウェア産業で起きている最重要トレンドだ。今後何年もそれが変わらないかどうかは未知数だが、ＣｈａｔＧＰＴみたいな大規模言語モデル（ＬＬＭ）やMidjourneyのような画像生成ＡＩや画像認識などの機械視覚システムといった能力は本物だ。いつかどこかの時点でこの分野のバブルとその崩壊が起きたとしても（２０００年のドットコムバブル崩壊と同じことが起きたとしても）、ＡＩは長期的に重要となるだろう。

日本はインターネット・ソフトウェアのブームに乗り遅れた。グーグルやフェイスブックのように国際的に圧倒的な力を誇る消費者向けインターネット企業は、日本には皆無だ。それに、過去数十年というもの、日本企業において各種のＩＴソリューションの採用が進まなかったため、日本のＢ２Ｂソフトウェア産業も伸び悩んでいる。だが、ＡＩ時代が新しい夜明けとなって強力なソフトウェア産業を築き上げる好機が巡ってきている。

このパートを執筆している時点で、日本のＡＩスタートアップのなかでもとりわけ興味深いのがサカナＡＩ（東京・港区）だ。

文章を生成するのにも、画像を生成するのにも、物体を認識するのにも、タンパク質の形状を予測するのにも、あらゆるアプリは１つの大規模統計モデルを使っている。

これに対して、サカナＡＩはそれより小さな複数のモデルからなるグループを使って、同じことを達成している。場合によっては、大型モデルよりもそのほうがうまくできているし、それに加えて、そうした小さいモデルのグループのほうが消費電力がずっと少ない。ＡＩの消費需要が急増しているなかで、これは大事な考慮事項だ。

サカナＡＩには３名の創業者がいる。英国ウェールズ出身のライオン・ジョーンズは、ＬＬＭ構築にいま使われているアルゴリズムを発見した２０１７年の画期的な研究論文の共著者の１人だ。[*17] カナダ出身のデビッド・ハは、元グーグル・ブレインのＡＩ研究者だ。日本人の伊藤錬は元外務官僚で、メルカリで執行役員を務めた経歴をもつ。

サカナＡＩに出資している人々も、これら創業者に劣らず国際的だ。例えば、ＯｐｅｎＡＩを発掘したコースラ・ベンチャーズやラックス・キャピタル、ニューエンタープライズ・アソシエイツ、エヌビディア、そして多くの日本の銀行・テクノロジー企業がサカナＡＩに出資している。最新の資金調達ラウンドでは約３００億円を調達し、２０２４年９月時点で企業価値は約１７００億円に達している。

この金額も、ＯｐｅｎＡＩの22兆５０００億円やAnthropic の推定価値６兆円といったアメリカの巨大ＡＩスタートアップとは比較にならない（１ドル＝１５０円換算）。それでも、サカナＡＩが存在していることで、日本は国際的なＡＩ投資の有力候補地として注目されている。

例えば、エヌビディアは日本に研究開発拠点を設立する意向を発表している。ＯｐｅｎＡＩは東京に支社を開いた。オラクルは、今後10年間に日本でＡＩとクラウドコンピューティングに80億ドルを投資する見通しだ。もちろん、これらを数え上げる以前に、クラウド提供事業の大手としてアマゾン、マイクロソフト、グーグルが日本市場向けサービス提供での投資を検討している。

さらに、アメリカのスタートアップ Spellbrush もいる。[*18] ＡＩ画像生成・デザイン企業 Midjourney と提携している同社は、生成ＡＩを使って日本アニメ調で画像をつくりだす。[*19] これまでのところ、とりわけ人気があって利益が上がっているＡＩ応用法の１つだ。最近、Spellbrush は東京の秋葉原エリアに支社オフィスを設立した。

ＡＩでは日本はまだまだアメリカや中国に後れを取っている。それでも、こうした海外からの投資によってこの分野のプレイヤーであり続けている。

投資と起業家を日本に呼び込む

次の点は、ぜひとも留意しておきたい。サカナＡＩには成功してほしいが、確率的に一番ありそうな結末は倒産だ。というのは、そもそも一般的にスタートアップの大半は倒産するものだからだ。加えて、ＡＩのような急速に変化している新産業では倒産確率はさらに高くなる。

ちょうど２０００年のドットコムバブル崩壊と同じように、ＡＩ業界が丸ごと大きな破綻に向かっている可能性もある。[*20]

だからといってサカナＡＩや日本のＡＩブーム全般の重要性を否定するわけにはいかない。なにより、確かに大半のスタートアップは倒産するが、成功する一握りのスタートアップは大きくて重要な企業に成長していくことがよくある。

ベンチャー投資の肝は、たくさんの失敗を受け入れて一握りの大勝ちする企業を見つけ出すことにある。サカナＡＩの存在感に引き寄せられて日本のＡＩスタートアップ界隈に向けられた海外からの投資と注目は、そういう一握りの成功例を日本にもたらす助けになるはずだ。

ＡＩブームが日本にとって重要である第一の理由は、ブームがあえなく去ったとしても、業界にとっては一時的な挫折にしかならないからだ。ちょうどドットコムバブルが弾けたあとも、景気が回復したのと同じだ。

第二の理由は、倒産したスタートアップも、その国のエコシステムに重要なイノベーションでしばしば貢献するからだ。世界で初めて半導体を商業生産したアメリカのフェアチャイルド・セミコンダクターは他社に買収されて社名は消えたが、半導体技術を進歩させ、元社員たちは後にインテルを設立している。

ジェネラル・マジックは１９９０年代にスマートフォンの発明を試みて破綻したものの、元社員たちはｉＰｈｏｎｅを産み出す力になったのだ。

第三の理由は、サカナＡＩはこんなシグナルを世界に発しているからだ。

「ＡＩよりずっと広くソフトウェア産業全般の国際的な投資先として、日本は有力な候補だよ」

日本は全体的にＩＴ分野で弱い。Ｂ２Ｂソリューション分野でも、消費者向けインターネット企業の分野でも、クラウドコンピューティング提供事業の分野でも、弱い。しかし、半導体分野と同じように、外国の起業家たちと外国からの資金提供が押し寄せれば、日本はソフトウェアの弱点を補強できるだろう。

3 最も重要な対日直接投資とは

——The most important kind of FDI

グリーンフィールド・プラットフォーム投資

ＴＳＭＣ、マイクロン、サムスンによるチップ製造計画、アメリカのベンチャーキャピタルによるサカナＡＩへの投資、ＯｐｅｎＡＩはじめ先端企業の相次ぐ日本支社設立は、どれも海外からの対日直接投資（foreign direct investment、ＦＤＩ）に当たる。ただ、ひとくちに直接投資といっても、種類は１つだけではないし、人々が直接投資について語っているとき、そこで言わんとしているものはＦＤＩと大きく異なるものだったりもする。

実際、この用語はちょっとばかりまぎらわしい。というのも、直接投資にはお互いに無関係な投資カテゴリーがいくつかひと括りにされているからだ。[*21] 海外直接投資（ＦＤＩ）といわれるものは、次の３つからなる。

- クロスボーダー不動産取引
- 海外企業のＭ＆Ａ
- 海外に支社・工場を設立（グリーンフィールド投資）

日本がＦＤＩを増やすよう主張する人たちは大抵、このうちの二つ目、海外の企業による日本企業の買収にもっぱら関心を寄せている。彼らの考えでは、「外国がもっと日本企業を買収できるようにすれば、外国の経営手法が持ち込まれて、そうした企業の生産性が向上するだろう」と見込まれている。

この主張の正否は、私にはわからない。私の認識では、１国の開発戦略の一環としても、その社会政策の一環としても、海外企業による買収に抵抗する理由が、日本の政策担当者たちや企業にはたくさんある。[*22]

外国の買い手は、大量に従業員を解雇して企業規模を縮小するかもしれない。そうなったら、企業を軸にした日本の社会福祉モデルが打撃を受ける。また、アメリカ国内のレバレッジド・バイアウト（ＬＢＯ）であまりにもよくあるように、買収した企業から技術やいろんな資産を吸い取れるだけ吸い取って、すっかり抜け殻にした末に売り払う怖れもある。あるいは、買収したきり放置して、停滞するに任せるかもしれない。

私が主張しているのはそういうことではなく、「日本はグリーンフィールド投資を増やし推進すること、つまり外国企業が日本に支社や工場を設立するタイプの直接投資を増やすことに絞って力を注ぐべき」ということだ。

とりわけ、グリーンフィールド・プラットフォーム投資を日本は促進すべきだ。グリーンフィールド・プラットフォーム投資では、日本国内でモノやサービスをつくってから第三国に輸出するため、外国企業が工場やオフィスを日本につくる。TSMCの熊本半導体工場も、そういうグリーンフィールド・プラットフォーム投資の一例だ。

グリーンフィールド投資からは、外国による企業買収にはない便益がたくさん得られる。1つには、グリーンフィールド投資は大抵、その国の経済に直接足し加えられる。

例えば、外国企業が日本に工場を建設するのも、さらには新オフィスに使う設備を購入するのも、日本人のポケットにお金をじかに突っ込むことになる。また、グリーンフィールド投資は必然的に日本の労働者をさらに雇用する結果になる。新工場を建てても支社をつくっても、そこで働く誰かが必要だからだ。

投資支出や労働者の給与が支払われると、今度はそれによって周辺の現地経済が刺激される。すでに熊本では好景気が到来している。M&Aでは必ずしもこうはならない点に留意しよう。M&Aは単に既存の事業の所有者を変えるだけで、新しい投資も雇用も現地経済への支出も必要としない。

それに、グリーンフィールド投資のほうが、日本の人々に暖かく迎え入れられそうだ。

伊藤、田中、神事（２０２３）の論文では、外国による買収よりもグリーンフィールド投資のほうを日本人が肯定的に感じるとしている。*23

本研究では、日本国内への海外直接投資（ＦＤＩ）について個々人がとる態度を決定する要因を実証的に検討する。その方法には、独自に設計したアンケート調査への回答を用いる。国内への海外直接投資に個々人がもつ選好は、グリーンフィールド投資と合併・買収（Ｍ＆Ａ）で異なり、グリーンフィールド投資に比べてＭ＆Ａの方が人々にマイナスの態度をもたれやすい。外国資本のいわゆる「禿鷹ファンド」に悪いイメージを抱いている人々は、日本国内への海外直接投資に反対しがちな傾向を示す。これは、グリーンフィールド投資よりもＭ＆Ａの場合にいっそう顕著に表われる。

これに加えて、グリーンフィールド・プラットフォーム投資は経済的な実績がとても優れている。これは、多くの発展途上国で起きた経済的成功のカギであり続けている。とりわけ中国では目立つが、他にもポーランドやマレーシアにおいてはグリーンフィールド・プラットフォーム投資の意義は大きい。

中国、ポーランド、マレーシアの先行事例

２００１年に中国が世界貿易機構（ＷＴＯ）に加盟して以降、世界中の企業が大挙して中国に工場を設立した。新たに手が届く存在になった中国の消費者たち十数億人に自分たちの製品を売るためでもあったが、当時は安価だった中国の労働力・土地・エネルギー・資本コストを活用してつくった製品を中国以外に輸出するためでもあった。これを「プラットフォーム投資」という。

規模は小さいながら、ポーランドも類似の戦略をとって低コストとより友好的な規制をもとめる欧州各国（特にドイツ）の工業地帯になった。マレーシアは、アメリカ・シンガポール・日本などからの投資を受けて、電子機器製造の中心地になった。どちらの国でも、外国所有の工場が生産した製品の大半が国外に売られた。

ポーランドもマレーシアも、国内市場が比較的に小さかったからだ。こんなふうにＦＤＩは中国・ポーランド・マレーシアが一大輸出国になる助けになった。

もちろん、２０００年代の中国・ポーランド・マレーシアと現在の日本は、経済状況が大きく異なる。それでも、こうした国々の成功から学べるはずだ。

投資と雇用による直接の便益に加えて、他に2つの主要な利点がグリーンフィールド・プラットフォーム投資にはある。グリーンフィールド・プラットフォーム投資は一国の輸出を増やすと同時に、テクノロジーの移転を円滑に進めることができる。今の経済状況か

ら見て、日本はこの両方を大いに活用できるはずだ。

4 日本は輸出が必要だ

――Japan needs exports

輸出大国という謬見

アメリカ人の間では、日本を輸出大国だと考える人が多い。トヨタ、ホンダ、ソニー、パナソニックといったブランドが国際的に成功したからだ。それに、戦後復興の奇跡がはじまった初期には、日本の官僚組織は輸出を強く奨励した。貴重な外貨を獲得するためだ。しかし、実際には、この根強いステレオタイプの認識はまったく間違っている。

ドイツや韓国と違って、日本は輸出志向経済であったためしがない。日本は長い間、国内に力を注いだ経済であり、その点ではドイツや韓国よりアメリカに近い。

チャルマーズ・ジョンソンが『通産省と日本の奇跡』で振り返っているように、この国内志向は１９６０年代に日本の発展モデルの一角をなしていた。国内企業に安価な銀行融資を確保して国内市場での競争を促進することが、投資率と資本ストックを素早く高める方法であることに通産省は気づいた。

〈図表2-2〉
対GDP輸出比率、日韓米独

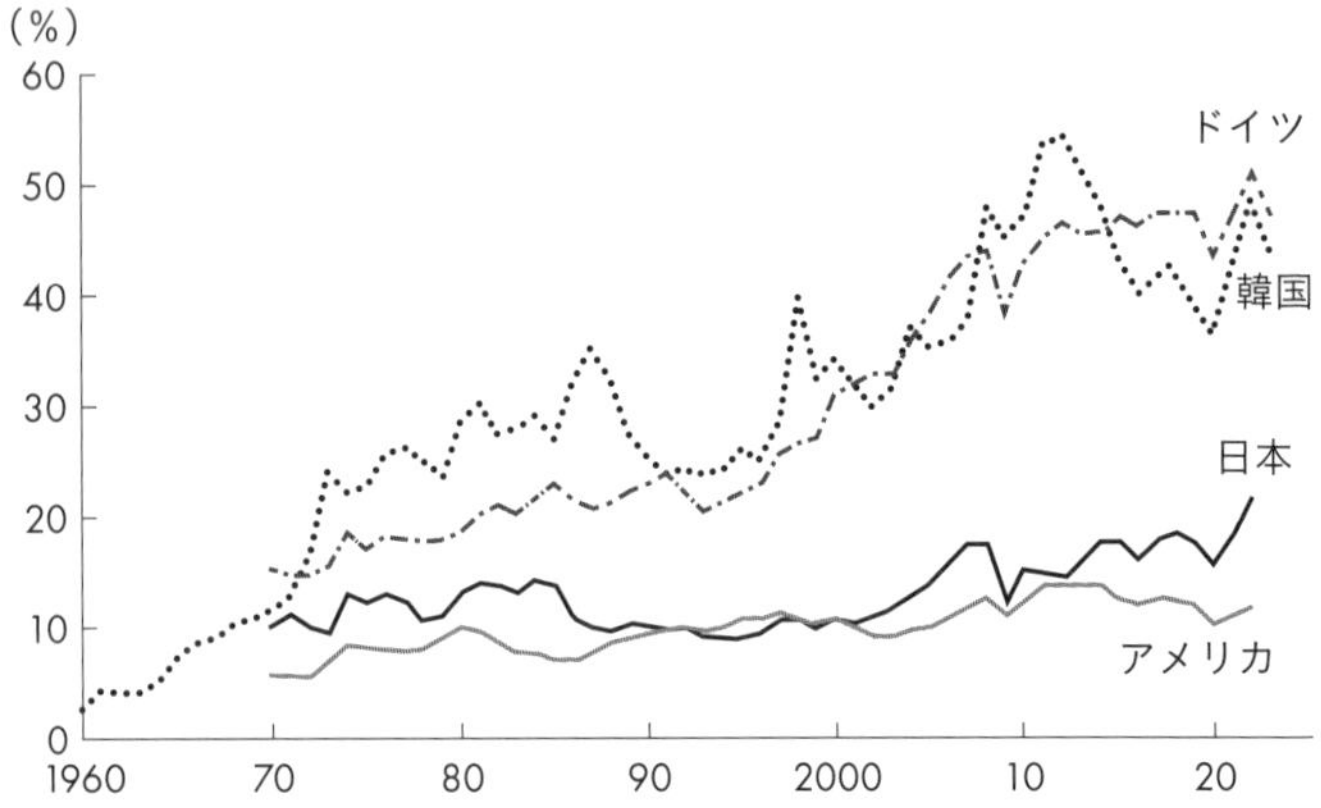

出所／世界銀行データ及びOECDデータファイル

さらに、このアプローチをとると、妥当な水準の輸出を確保できることも官僚たちは発見した。日本企業は国内市場で売れる数量を超える製品を生産し、海外への輸出に振り向けていた。[*24]

輸出が必要な3つの理由

さて、日本は今、切実に輸出する必要に迫られている。輸出に力を入れるべき理由の第一は、輸出が円の価値を高くするほうに働き、結果として日本人が豊かになるからだ。

近年、日本の通貨はドルをはじめ世界各国の通貨に対して劇的に弱くなった。１つの理由は、日本が他の先進国に比べて低金利になっているからだ。低金利を促している要因は、日本の低インフレ率だ（そして、おそらくは日本政府の借り入れコストを低く維持する必要があるこ

〈 図表2-3 〉
日本の人口予測（1800〜2100年）

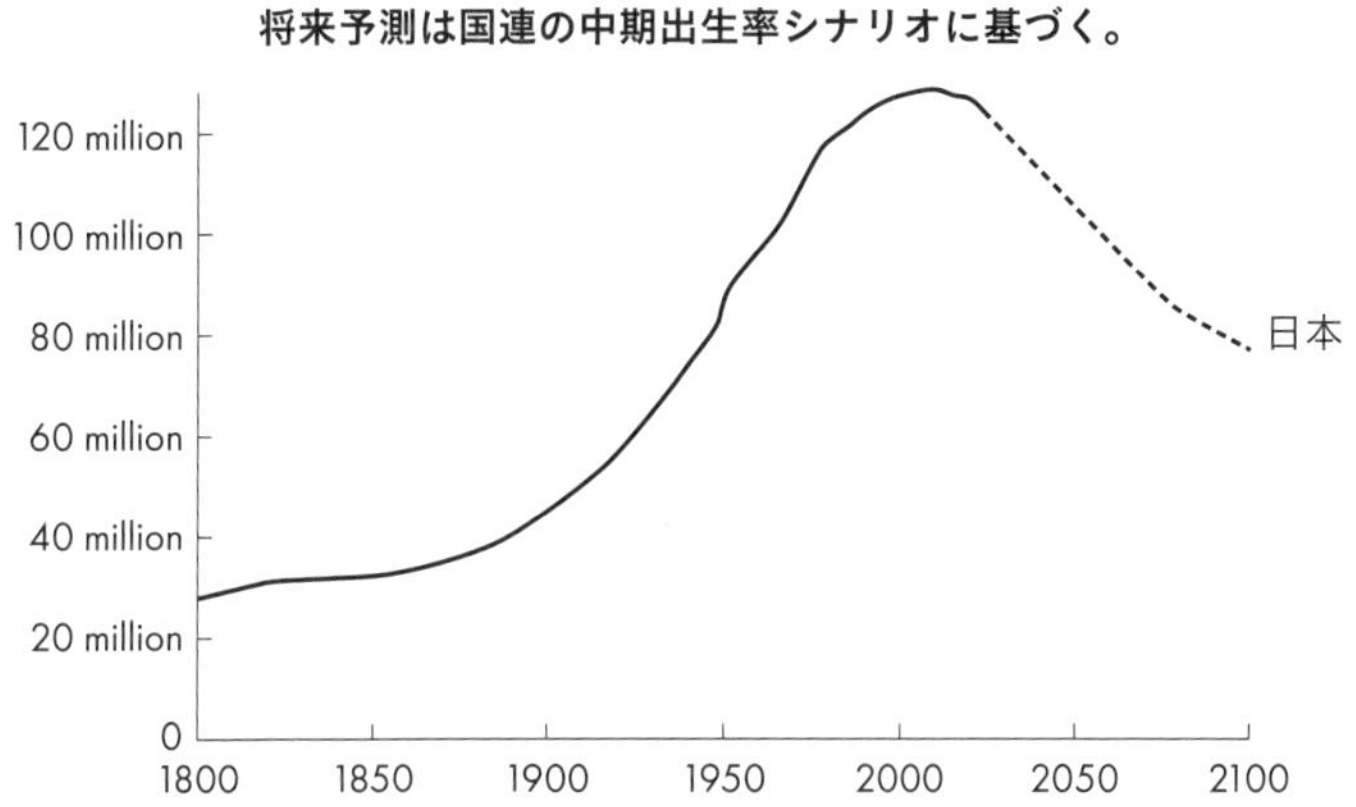

将来予測は国連の中期出生率シナリオに基づく。

注／国別の歴史データは今日の地理的境界線にもとづいて示す。
出所／UN WPP（2024）; HYDE（2023）; Gapminder（2022）; UN WPP（2024）

とも要因になっている。そうすることで、政府の莫大な債務を維持可能にするためだ）。

円安の結果、日本の人々はますます輸入品の対価を払いにくくなっている。日本の輸入品は、食品とエネルギーが大半を占めている。そのため、円安は毎日の生活コストを高めている。日本企業も、エネルギーや必要な部品や原材料を輸入するのに苦労している。

日本政府は、円の価値にテコ入れを図って市場に介入せざるを得なくなっている。[*25]ただ、そういう介入を永遠に続けるわけにもいかない。円高誘導への介入には、外貨を売却する必要があるからだ。いずれ、政府は売るべき外国資産が底をついてしまい、円はいっそう値崩れする。

日本からの輸出品に対する世界からの需要が増えれば、円の価値を高める助けになる。[*26]

なぜなら、日本のモノやサービスを買うためには、外国人は自分たちの通貨を円に交換する必要があるからだ。すると、円の需要が増え、その価値が押し上げられる。多くの輸出品を日本が売れば売るほど、円は強くなっていく。

日本が輸出に力を入れるべき第二の理由は、日本国内の市場が縮小してきていることにある。日本の人口は、21世紀中に大幅に減少していくと予想されている。

移民が大量に入ってくれば、この傾向は減速するかもしれないし、出生率を高める各種の施策でいつかはこの流れを逆転させられるかもしれない。しかし、そんなことが起きるかどうかは未知数だ。仮にいつの日か減少傾向が逆転したとしても、これから長い間、日本は大きな成長市場ではなくなる。

ということは、日本企業だろうと外国企業だろうと、およそ企業にとって昔ほど日本国内の市場で商売するために日本に投資するインセンティブは減るわけだ。投資が減るということは、研究開発（R&D）への支出も減るわけで、日本はテクノロジーの面で後塵を拝することになる。

輸出は、この問題を軽減、いや解決すらできる。輸出用の生産拠点としての日本の魅力が増すほど、日本企業と外国企業の両方にとって日本に投資する誘因が高まる。その投資には、研究開発への投資や新テクノロジーへの投資も含まれる。これは、生産性向上の助けにもなる。

最後に第三の理由として、輸出を増やすのに必要な各種の活動が生産性を向上させるかもしれないことだ。「輸出しながら学ぶ」プロセスに関する研究は、たくさんなされている。外国市場に参入すると、外国人が買いたがっているモノをどうつくればいいのかを日本のエンジニア・製品デザイナー・管理職たちが学んでいく。

これは、いわゆる「ガラパゴス症候群」[*27]に対処する助けになり得る。日本製品が国際的な標準から徐々に遊離していき、日本企業がシェアを獲得できる市場が縮小していく傾向への対策として、「輸出しながら学ぶ」プロセスは役立つだろう。

言い方を変えると、日本を拠点とする企業が、国内資本であれ外国資本であれ、輸出によって規模を達成しつつ価格を押し下げる競争を激化させずに済ませられるということだ。

熊本にＴＳＭＣが工場をつくったり、東京のＡＩスタートアップにアメリカのベンチャーキャピタリストが投資したりといったグリーンフィールド・プラットフォーム投資は、日本がもっと輸出の一大拠点に変化する助けになる。

大久保、ワグナー、八木（２０１７）の研究によれば、[*28]日本にある工場でも外国資本の工場のほうがより輸出が多い傾向がある。それに、イノベーションも多いそうだ。なぜこういう違いが生まれるのだろう。その理由は、企業統治と企業文化に関わりがあると同時に、外国資本の工場が雇用できる従業員のプールにも関わりがある。著者たちはこう説明している。

様々な理由から、外国資本の所有であるかどうかは、その企業が輸出やイノベーションといったリスクをとる選択に影響する可能性がある。特に中小企業の場合には、外国資本が所有していることで、海外市場についてより多くの情報がもたらされる。その企業を所有する外国資本は、投資収益率向上により熱心で、許容するリスク水準がより高いかもしれない。外国所有の企業は、資金調達がやりやすいかもしれない。また、外国資本による所有を認めている企業は、そうでない企業に比べてより開放的な企業文化を経験するかもしれない。そうした開放的な文化は、リスクを取る選択を促進するかもしれない。

ここでの最も単純な説明はこうだ。「多国籍企業、とくに外国人従業員を抱える多国籍企業は、とにかくグローバル市場についてずっとよく知っている」。

TSMCは、エヌビディアやアップルが買いたがっているコンピュータチップがどういうものかよく知っている。ずっとアメリカのAI市場に触れ続けているサカナAIの創業者たちは、アメリカ企業がAIモデルにどういう能力を求めているのかを理解している。

つまり、グリーンフィールド・プラットフォーム投資は、多面戦略による開発・発展の完璧な事例だということだ。日本にやってきて日本市場で日本の企業と競争するのではなく、日本が海外の新しい顧客に新製品をたくさん売る手助けを外国企業がするのだ。

生産性が低い謎

日本の生産性が低水準なのは、研究者たちにとってちょっと不可解な謎になっている。日本銀行の研究者である中村、開発、八木（２０１８）は、こんなもどかしい結論に達している。*29

「最大の問題は、日本企業に『無形資産』がないことだ。ここでいう無形資産とは、物理的でない資産のことで、たとえばブランドの評判、労働者の技能、技術的なノウハウの暗黙知などを指す」

無形資産は多岐にわたる広いカテゴリーで、その構成要素には計測困難なものが多い。そのせいで、無形資産は詰まるところ、いろんな企業がより価値が高いものと低いものとに分かれている要因について経済学者が無知であることを示すラベルになってしまっている。

例えば、日本企業はかなりの額をR&Dに支出しているが、アメリカ企業ほどにはそれに見合う価値を得られていないように見える、と前出論文は述べている。

こうして、謎は相変わらず謎のままだ。ただ、最重要の無形資産が一体なんなのかよくわかっていなくても、企業がそういう資産を手に入れる手助けはできるかもしれない。

前出論文では、ごく標準的で理にかなったアプローチがいろいろと列挙されている。労働力の流動性を高める、企業統治を改善する、進歩に遅れている企業の倒産を許容する、ベンチャーキャピタルの生態系を改善する、といったアプローチだ。これらはどれも理にかなっているし、先に見たように、どれも日本で多少なりともすでに試されているところだ。

でも、ほぼ見過ごされているように思える戦略が1つある。それがＦＤＩだ。工場・オフィス・研究所を日本につくるにあたって、外国企業は多くの無形資産を持ち込む。海外の経営手法、技術的な工夫やノウハウ、他国の顧客やサプライヤー（供給業者）とのつながりなどだ。こうした無形資産は大抵、日本企業にも容易に移入できる。

研究者が念入りに立証してきた方法が1つある。それは、進出企業と現地サプライヤーとのやりとりによる無形資産の移入だ。

無形資産を手に入れる方法

ＴＳＭＣのような企業が半導体工場を日本につくるとき、日本のサプライヤーから専用ツールや部品などをまとめて購入できるようにする。

例えば、信越化学など日本企業が世界シェアの約9割を占める半導体材料のフォトレジストをサプライヤーから調達する。すると、そのサプライヤーは半導体製造ツールの詳細な仕組みを知るようになり、ＴＳＭＣという先進的な半導体企業がなにを必要としていて、どうすればこの会社に役立つことができるのかも知ることになる。こういう種類の知識は、どちらも無形資産だ。

他にもアイデアが伝播する経路はある。それは、従業員の転職だ。ＴＳＭＣの工場は、日本人の従業員を多数雇う見込みだ。そうした従業員たちは、まぎれもない業界トップ企業から半導体製造のノウハウを学ぶ機会を得る。やがて彼らのなかには、日本の半導体企業に移る人たちも出てくるだろう。

そのとき、転職者はその知識を日本企業に持ち込むことになる。この種の知識移転は、昔だともっと難しかった。かつては、日本は終身雇用制度をとっていたからだ。でも、今や中途採用が増加してきて、知識移転が格段に起こりやすくなっている。

これがどんなふうに作用し得るのか、具体例を想像してみよう。

仮に読者のあなたがＡＩ研究者として国内のＡＩスタートアップに勤務しているとしよう。あなたのチームは、ＡＩモデルについて熟知している。あれこれと研究論文を読んだり、自分でモデルを構築してみたりしてきた賜物だ。もしかすると、海外のカンファレンスにも出たことがあるかもしれない。

だが、どうもあなたのつくったモデルは、外国企業のモデルよりいくぶん劣っている。「きっと、向こうは自分が知らない細々とした技をたっぷり持ち合わせていて、それでこっちよりうまくできているのだろう」。

ある日、あなたの企業に新しく研究者が雇われる。なんでも、サカナＡＩから転職してきたという。この新しい同僚は、モデルを円滑に動作させるいろんな技やコツをたくさん知っている。サカナＡＩで数名のトップ研究者たちとともに働いていた経験のおかげだ。

それに、サカナＡＩで過ごしていたおかげで、この同僚は海外のいろんな研究者たちと個人的な繋がりを持っている。そういう研究者にあなたも直接メールして自分のモデルの問題を解決する助けを求めることが可能になった。

おめでとう！　こうしてあなたは無料で暗黙知を手に入れる。あなたの会社の無形資産は増えたのだ――。

グリーンフィールド投資の可能性

この例が作り話に思えた人は、ちょっと考えてみてほしい。日本が産み出したとりわけ有名な発明のうち、どれほど多くの発明が外国人とのやりとりや海外の知識の吸収を通してもたらされただろう。

キヤノンは、１９８０年代にアメリカのヒューレット・パッカードと協力してレーザープリンターを生み出した。ヤマハは、ジョン・チャウニングというスタンフォード出身のエンジニアの助けを得てデジタルシンセサイザーを開発した。あの有名な発明家・佐々木正は、実用に耐える電卓を世界で初めて発明する際、アメリカの特許のライセンスを取得してその助けにした。[*30]

こうした事例は、どれも『チップに賭けた男たち』に登場している事例だ。つまり、20世紀後半には日米間に密接な繋がりが存在したことから、活発な国際的研究コミュニティがつくりだされ、そこでアイデアが国境と企業をまたいで飛び交っていたのだ。

実際、ＦＤＩに関してはこれが一貫したパターンだという証拠もある。戸堂（２００６）[*31]と清田（２００６）[*32]の研究のどちらでも、ＦＤＩで投資を受けた側の国で生産性を引き上げるプラスの波及効果が一貫して生じ、その波及効果がＲ＆Ｄ支出と密接に関連していることがわかる。

日本経済を観察した人々は、日本が他の先進国の人間と接触しなくなっているらしい様子を落胆しつつ述べている。近年、海外で研究する日本人はあまりいないし、実際に海外で研究している日本人たちも、ごく短期間しか海外で過ごさない傾向がある。海外で働きたいという日本の若者は、減ってきている。

日本の科学者が海外の科学者と共同研究する件数も減っていて、レベルの高い研究成果の減少につながっている。国際的な研究コミュニティ自体は大きくなってきたのに、日本の存在感はますます希薄になっている。

こうしてどんどん内向きになっていく傾向をひっくり返す流れをつくることが、グリーンフィールド投資には可能だ。直接投資によって海外の研究者・経営者たちが日本にやってくることで、日本の人たちが国外に出向くことなく彼らの知識を吸収できるようになるからだ。日本はＦＤＩを歓迎しているが、他にもできることはまだまだある。

中韓を超えた対日直接投資

戦後経済復興の初期に、日本はあらゆる種類の直接投資を保護主義的な理由で制限していた。まだ成長の初期段階にあった日本企業に国内市場を確保するためだ。当時、これは典型的な政策だった。アメリカも、発展の初期にはこれと大差ない「幼稚産業」保護策をとっていた。

１９６０年代後半から１９７０年代前半にかけて、日本は直接投資にかけていた制限を大幅に緩めたが、まだ外国企業による買収を阻む制度的な障壁はたくさんあった。そういう障壁の大半は、日本の金融制度や企業統治制度、それに文化的な抵抗によるものだった。理論上は１９７０年代以降は外国企業にとってグリーンフィールドＭ＆Ａをやりやすくなっていたはずだが、実際にそれに踏み切った外国企業はほとんどなかった。理由として考えられるものはたくさんある。慣習の力、国によって規制に相違点があったこと、文化の違い、一般的に日本は保護主義経済だというステレオタイプな考えがあったこと、等々。

しかし、最も重要な理由は、おそらくとにかく日本が自ら進んで自国を生産拠点に利用

〈図表2-4〉
外国直接投資純流入分のGDP比（1973-2022年）

外国投資家から当該国への外国直接投資の純流入額を示す。

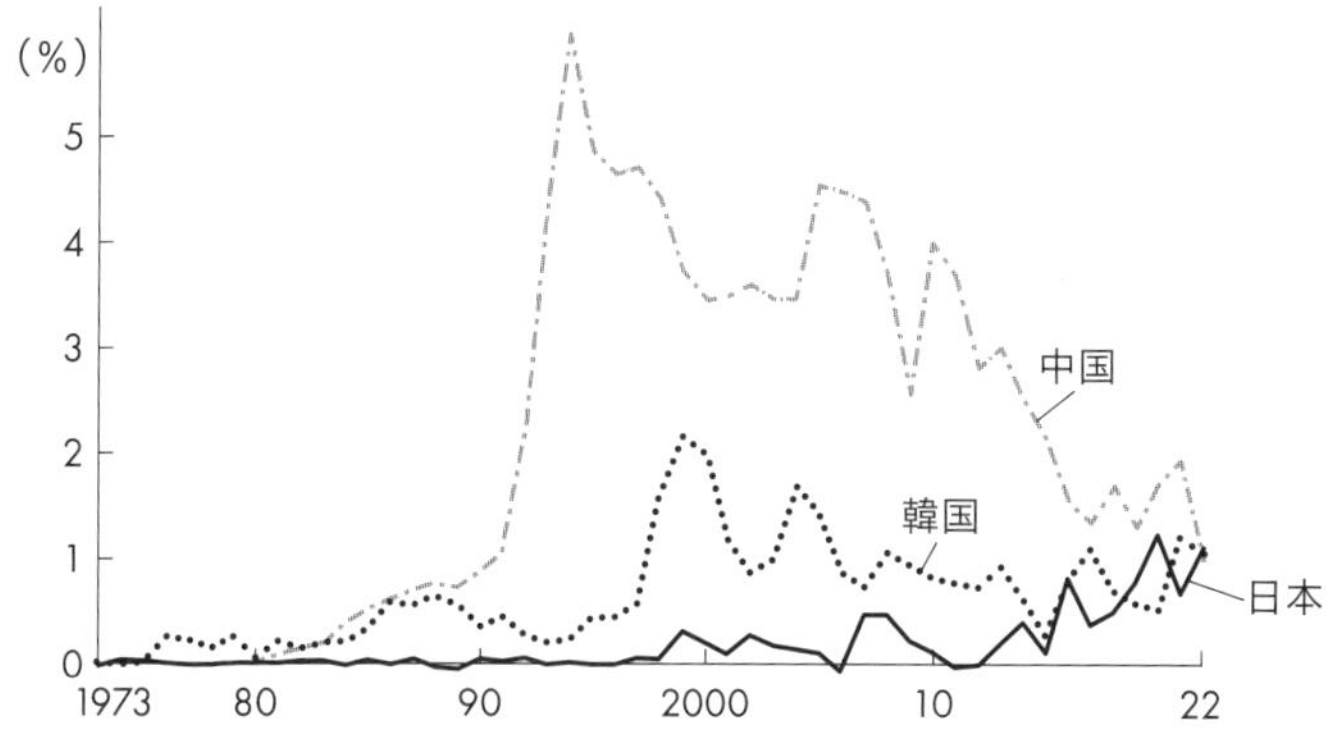

出所／複数ソースのデータを世界銀行（2024）がとりまとめた

するように外国企業を勧誘しなかったことだ。この点は、中国・ポーランド・マレーシアと違う。

それでも、２００３年以降、こうした状況はゆっくりと変わってきた。小泉純一郎政権（2001年4月〜2006年4月）は、海外にもっと日本への直接投資を増やすよう求めた。各種の規制は少しだけ緩められたし、税制面のインセンティブも設けられた。こういう施策は小さなもので、最初はたどたどしかったが、やがて力を増していった。

対日直接投資の政府目標は、近年では当初よりもずっと大胆になっている。２０２３年には、１００兆円（執筆時点の為替レートで約6900億ドル）の直接投資を引き寄せる目標を政府が設定した。今や、対日直接投資を推進する必要性について政治家たちがたびたび語るよ

〈図表2-5〉
日本へのグリーンフィールド投資（上位5分野）
（公表ベースの投資額の3年移動平均）

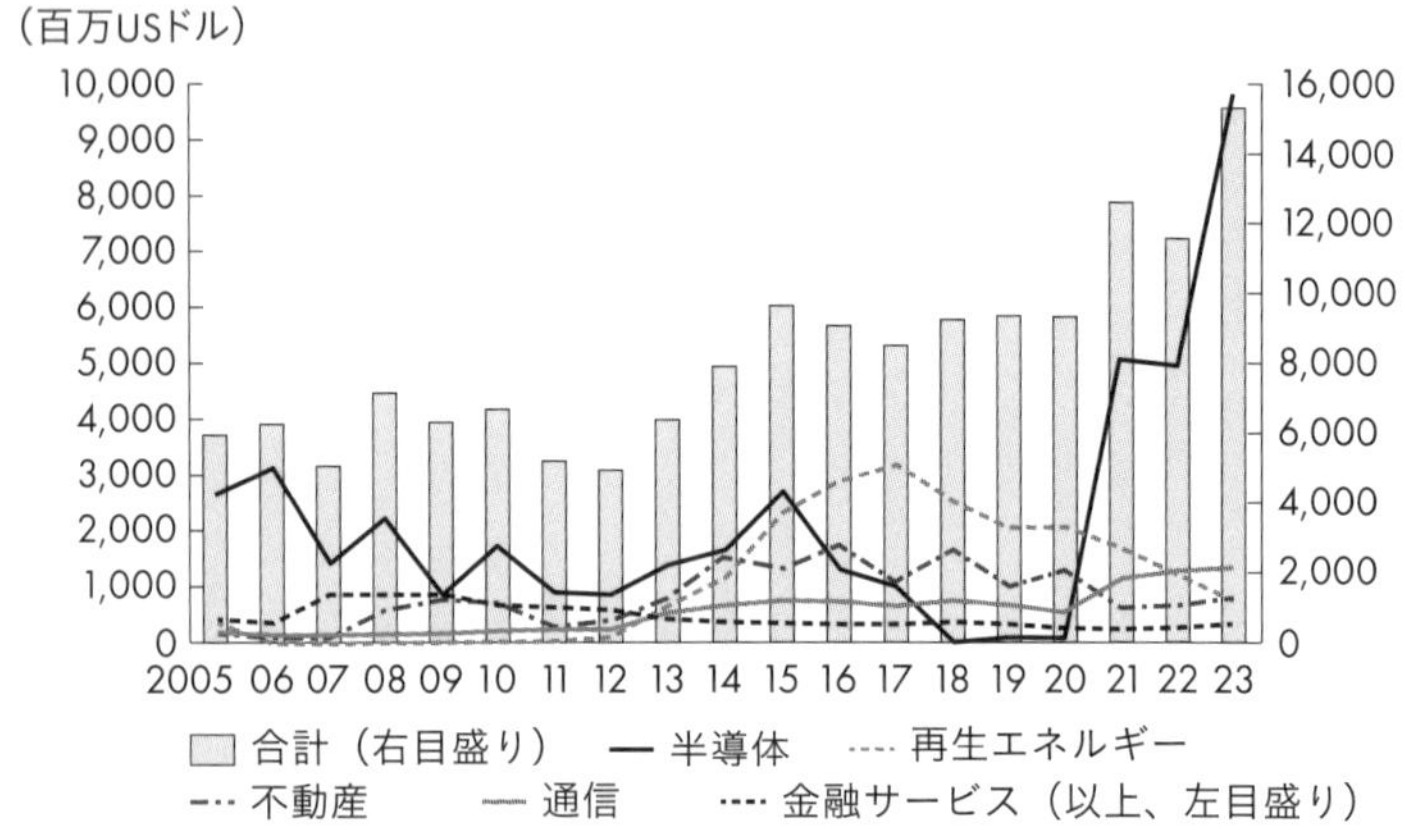

注／2023年分については，8月公表値のデータを示す
出所／日本貿易振興機構（JETRO）

うにまでなっている。
移民に関する法律が変更され、高度技能の専門職が日本に永住するのもずっと容易になった。２０１４年に対日直接投資推進会議が設置されるなど、海外から直接投資を引き寄せるために政府はいろんな手を打ってきた。[*33]
素晴らしいことに、この計画はうまく機能しているようだ。２０２２年、経済規模に占める割合で見た日本への直接投資の流入を差し引きの正味で見ると、中国や韓国のそれよりもごくわずかながら大きくなっている（図表2－4参照）。
他にも心強いことがある。この海外からの直接投資の増加の原動力になっているのは、グリーンフィールド投資らしい。対内Ｍ＆Ａ案件数は横ばいになっている一方で、グリーンフィールド案件数は急増している。

また、半導体産業がこの増加の原動力になっているため、そのうちのかなりの割合が輸出に回る見込みが大きい。

ただ、これは立派な進歩ではあるものの、対日直接投資に関して日本ができることはまだたくさんある。なにより、１年でＧＤＰの１・１％は大きな改善だが、経済を様変わりさせるほど大きくはない。ポーランドは５％以上、フランスは３・８％、アメリカは１・５％だ。

現在の日本のグリーンフィールド投資の大半は、ただ１つの産業に集中している。半導体産業だ。他の部門でも日本が同じくらいの水準の投資を呼び込むことができるなら、半導体産業が不況になったときの日本経済の保険となるし、もっと広範な前線でテクノロジーの力量を高める機会も生まれるだろう。

他にも日本がハイテクの低コスト生産プラットフォームになり得る高付加価値産業はたくさんある。すぐに思い浮かぶところだと、航空宇宙・バイオ医薬品・バッテリー・エレクトロニクスの４つがそういう産業だ。

言い換えると、これまでに挙げた熊本のＴＳＭＣやサカナＡＩをはじめとしたいろんな事例は、対日直接投資の黄金時代が可能だという重要な証明だ。しかも、これらはほんの始まりでしかない。

5　なぜ外国人は日本に投資するのか

——Why do foreigners invest in Japan?

円安、低賃金、サプライヤー、安全保障

伝統的に、ごく一部ながら外国人が日本に投資したがる理由といえば、グリーンフィールド投資であれ、M&Aであれ、日本という豊かで大きな市場を活用することにあった。

この動機はいまでもある程度は残ってはいるが、日を追って徐々に弱まってきている。しかし、日本が輸出プラットフォームとしてますます魅力を増している理由はたくさんある。もっと直接投資を呼び込みたい政府高官や実業家たちにとって、そういう理由を理解することは絶対に不可欠だ。モノを売るなら、顧客がそれを買いたがる理由を理解しなくてはいけないからだ。

一番明白な理由は、円安だ。日本円が安くなると、日本で生産されたモノはなんでも世界市場でもっと競争しやすくなる。それに加えて、2つ目に何十年にもわたって停滞していた実質賃金が逆に光明にもなる。実質賃金が低くなっているため、日本の高技能労働力が相対的に安く見えている。さらに、3つ目の理由は、日本の高品質なサプライヤーが深く入り組んで織りなしているネットワークだ。

それに加えて、国家安全保障上の観点もある。中国の外交政策がいっそう攻撃的になっ

てきているなかで、アメリカをはじめとして先進諸国は中国から生産拠点を移そうとしはじめている。

アメリカ政府はこれを「友好国移転（フレンドショアリング）」と呼び、企業は「デリスキング（De-risking）」と呼んでいる。だが、どちらも原則は同じだ。極めて重要なハイテク製品を中国の製造業者に依存しているところに戦争が勃発してしまう事態には、どの企業だって陥りたくはない。[*34]

海外企業が日本に進出したがる本当の理由

そこで中国に代わる生産拠点を探すと、日本が当然候補に挙がって来る。中国に比べて国内市場は小規模だし、費用も高くつくが、比べものにならないほど安全だ。それに、中国と異なり、日本はスパイ活動を行って外国企業の知的財産を盗み取ろうとはしない。伝統的に他の西側先進諸国よりも中国投資に意欲的だったドイツですら、以前に比べると近年は及び腰になってきている。相当数のドイツ企業が、生産拠点の日本への切り替えを検討中だ。また、米国防総省は弾薬を日本で生産するだけでなく、最先端兵器の開発も日本で行う計画を立てている。

さらに、日本には長所がある。それは、効率的な政府だ（非効率な政府を相手にしないといけない経験のない日本の人々は、この長所を十分に理解していないかもしれない）。

多くの西側諸国では、環境アセスメント法その他のお粗末な規制で、土地利用が悪夢のような様相を呈している。なにか建設しようと計画を進めると、環境規制や安全規制をすべて通っていても、さらに何年にもわたって住民訴訟によって裁判所から求められる書類の提出をくぐり抜けなければいけない。そのため、工場建設にはとんでもなく莫大な費用と時間を要する。とりわけ、英米や他の英語圏の国々は、開発に敵対的だ。

その点、日本の制度は分別があって効率的でもあり、司法制度よりも官僚制度に立脚している。地域社会にもいくらかは役割を認めつつ、建設計画が円滑に承認されるような仕組みになっている。

また、あれこれ建設することを日本が厭わなかったおかげで、良質のインフラがたっぷりと残されている。それに、外国投資家たちの必要に応じて迅速に対応し、さらにインフラを創出する能力もある。

もう1つ、海外の企業や人間が日本に投資したがる非常に大きな理由がある。最終的には、この理由は他のすべての理由を合わせたものより重要だ。ところが、私の経験では、この理由を知っている人はごくわずかだ。対日直接投資推進の任に当たっている政府高官も含めて、大半の人は認識していない。

重要なカギを握るその理由とは、世界中の人たちが本当に日本のことが大好きで、日本に住みたがっているということだ。

第3章

Chapter. 3 Why everyone loves Japan

なぜ誰もが日本を好きなの？

1　世界が日本のすべてを好きなことに、日本人は気づいていない

——The world loves everything Japanese, but Japan doesn't realize it

日本のポップカルチャーが世界の若い世代のミームに

2015年、当時勤務していたブルームバーグ・オピニオンの指示で、私は日本経済の状況を取材しに日本を訪れた。上司の助けもあって、興味深い議論を交わす数多くの機会が得られた。

金融庁の人とは新しいコーポレートガバナンス・コードについて話を交わし、ゴールド

マン・サックスでは女性の労働力参加について議論し、外務省の職員とは貿易協定の話をし、とある経済学教授とは財政の持続可能性の話をした。しかし、あれから何年も経った今でも頭から離れないのが、漫画にも強い大手出版社のマネジャーA氏との会話だ。

そのミーティングでは、文化的な輸出を増やす日本の施策について知ることが私の狙いだった。何十年にもわたって、欧米での報道でずっと話題になっていた事柄だった。

いざA氏に話を聞いて、仰天した。彼の話によると、海外市場で自社の漫画・アニメの売り上げを増やす戦略や計画を持っていないと言うのだ。

「どうして？」

その理由について彼が語った説明は、私には輪をかけて驚きだった。彼はこう断言したのだ。

「アメリカ人は、アジア人の顔なんて見たがらないよ」

私はショックのあまり、口をぽかんと開け、A氏の顔をまじまじと見つめて、こう言った。

「そんな現実からかけ離れた話は、他で聞いたことがないですよ！」

そのとき、手元に国際的な統計はなかったが、アジア発のカルチャーがアメリカを席巻しているのは知っていた。日本の漫画はアメリカの書店で着実に売り上げを伸ばしていたし、Kポップの人気は爆発していた。全米各地で開催されるコスプレ大会はすでにサブカ

〈図表3-1〉
アニメ産業の国内・海外市場比較（単位 億円）

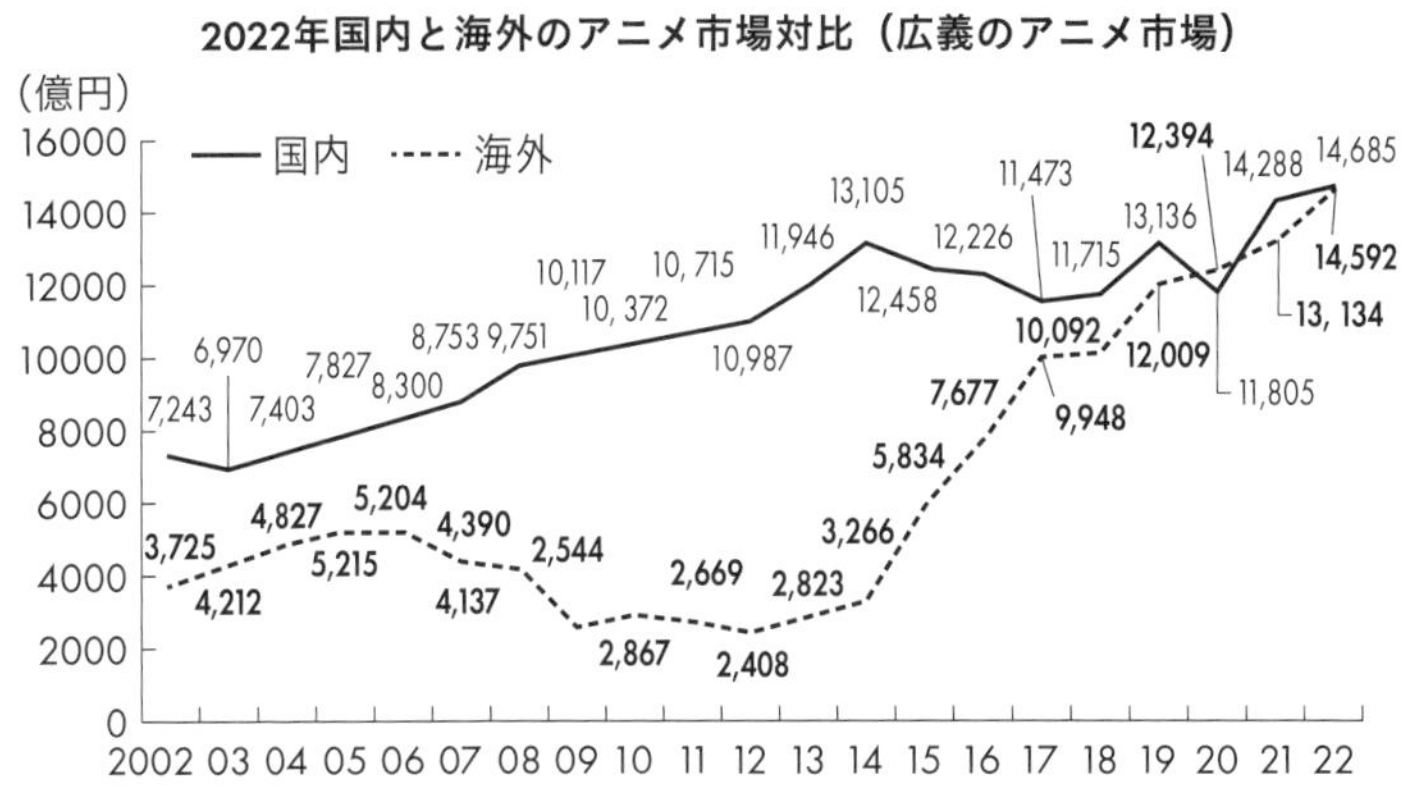

出所／日本動画協会のアンケート調査

ルから主流の仲間入りを果たしていた。海外のアニメ売り上げが、その後の長い上昇トレンドを始めようとしていた。

２０１５年当時、こうしたトレンドがすでに明らかになっていたが、それからその流れは加速する一方だ。２０２４年にディズニープラスでネット配信された時代劇ドラマ『将軍ＳＨＯＧＵＮ』はエミー賞で史上最多の受賞を果たし、年が明けた２０２５年１月にはゴールデングローブ賞のテレビ部門の作品賞、主演男優賞など４部門で受賞した。

また、韓国映画『パラサイト』が２０２０年アカデミー賞の作品賞を受賞したのに続き、２０２４年には日本映画『ゴジラ－１・０』と『君たちはどう生きるか』が、アカデミー賞の視覚効果賞と長編アニメーション賞をそれぞれ受賞した。韓国のＢＴＳは世界的に人気の音楽グループだ。

このように、「アジア人の顔」こそ、世界が見たがっているという証拠には事欠かない。もっと正確に言えば、日本と韓国の想像力の産物を世界が求めているという証拠はいくらでもある。

ただ、こういう事例を挙げていっても、アメリカをはじめ世界の多くの国々で他でもなく日本のポップカルチャーがどのように若者世代のミーム（meme）として共通言語になり、その共通言語でお互いに交流し、自分を定義し、世界を理解しているのかということは、十分には伝えられない。

２０２３年、私はサンフランシスコで新しいアパートに引っ越したのだが、そのとき、引っ越しを依頼した会社のスタッフが、私に日本のアニメの話を振ってきた。また、サンフランシスコのベンチャーキャピタリストの豪邸で食事をしたとき、「日本のアニメでも見る？」と聞かれた。

大学生だった２０００年代に数学の家庭教師をしていたとき、子供を勉強に集中させるのに手こずったことがある。子供たちがノートにアニメキャラを描くのに夢中になっていたからだ。

「Notice me, senpai!」

恋愛対象に激しい感情を抱くヤンデレ女性キャラクターのセリフとしてミーム化したと言われる「Notice me, senpai!」（「気づいてよ、先輩！」）のような日本のアニメの定型セリフは、アメリカ人の語彙に入り込んでいる。

スタートアップの友人らのオフィスに出向くと、決まって棚には日本の漫画本が並んでいる。オンラインで見知らぬ人たちと議論を交わすとき、相手のアバターはだいたいアニメキャラの顔だったりする。

これは単なるエピソードではない。２０２４年前半に「Polygon（ポリゴン）」というゲーム系のウェブサイトがやった調査では、Z世代の42％が毎週、日本のアニメ番組を観ているのに対し、アメリカで最も人気があるスポーツと言われるアメリカン・フットボールのNFLの試合を観ている人の割合は25％でしかない。[*35]

もっと若い回答者だと、生活の基本的な側面の多くに日本のアニメが影響を及ぼしているという結果となっている。スタイル、アイデンティティ、友人関係、さらには恋愛にも影響しているそうだ（この調査はアメリカ限定とはいえ、私の知る限り、同じトレンドが世界で進行している。ヨーロッパやブラジル、英語圏でもアニメを観る層が拡大している）。

というか、アメリカ人の生活に日本が及ぼす影響はますます大きくなってきていて、もはやポップカルチャーという域を遥かに超えている。この20年で日本食はますます人気を高めている。ニューヨークでは、ありきたりなレベルでもあちこちのラーメン屋に行列ができて、ブロックをぐるりとまわっていたりする。日本ではごく普通のレベルであっても、「ＷＡＧＹＵ」は全米で垂涎《すいぜん》の的《まと》になっている。*36「おまかせ」は高級料理の頂点になったし、「懐石」「居酒屋」といった単語は、説明抜きで通じる英語の標準的な語彙に定着しつつある。抹茶は贅沢品になった。高級店では、「京都の日陰栽培農園で生産された最高級抹茶」を謳い文句にしている。

日本食レストラン以外ですら、日本語の名称や日本もどきの装飾をときに使って、実態以上の格がありそうな雰囲気を醸し出そうとしている。そうやって、大幅なプレミアム料金を請求できるようにしているわけだ。近頃は、サンフランシスコの高級カフェ・レストランで柚子風味のメニューを提供していないところを見つけるのは難しい。

地球はウィーブ惑星に？

これは食品に限った話ではない。裕福なアメリカ人が買い物をする高級家具店では、日本製の陶磁器その他いろんな品々がプレミアム価格で販売されている。もっとお手頃な店だと、ダイソー、ユニクロ、無印良品が大流行りだ。

草間彌生のような日本人アーティストたちは、高級文化《ハイカルチャー》の代表格になり過ぎて、ネットフリックスのドラマでパロディになるほどだ。流行りの先端をいくおしゃれでは、ファッ

〈図表3-2〉
アンホルト・イプソス国家ブランド指数（2023年）

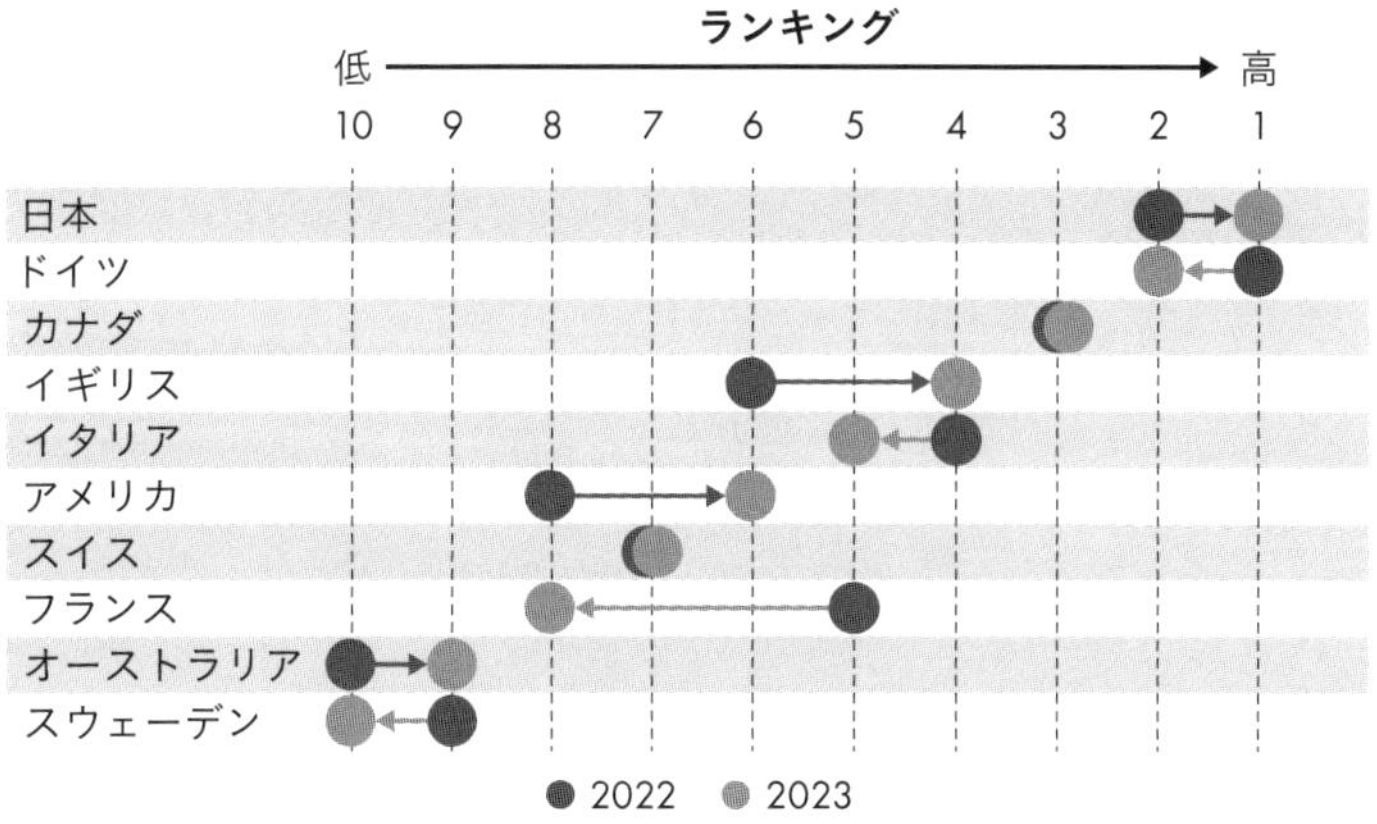

注／アンホルト-イプソス 国家ブランド指数（NBI）は、20カ国の18歳以上の成人を対象に、毎年オンラインで6万件以上の調査を実施。

ショニスタたちがノートパソコンやバッグにB-SIDE LABELのステッカーをぺたぺた貼っているのを目にする。

食の場合と同じく、日本のファッションやデザインを上辺だけ真似れば上流感と趣味の良さを醸し出せてしまう。いまどきは、ニューヨークのセント・マークス・プレイスやサンフランシスコのハイトストリートに行くと、あちこちで看板にカタカナをあしらったブティックを目にする。店内に並ぶ品々は日本のものでもなかったりするけれど、もう関係ない。[*37] アメリカの流行りのブランドは、"baggu" みたいに日本風の名前を名乗りがちだ。

私はよくこんな冗談を口にする。

「アメリカは今、大転換の真っ只中にある。19世紀から20世紀には、高級品と言えば

『なんでもフランス風』だったが、21世紀は『なんでも日本風』だね」

日本の国際的な名声・威信は、いろんな国際的調査やランキングにも見てとれる。2023年、アンホルト・イプソス国家ブランド指数で日本が1位になった。[*38] この指数は、先進諸国の国際的な認知度を測るもので、かれこれ15年続いている。

英BBCによる同様の国際調査でも、日本はしょっちゅう1位か2位につけている。[*39] 最近、USニューズ・アンド・ワールドレポート誌の「Best Countries in the World（世界国家ランキング）」で、日本は総合2位になった。[*40] このランキングは、様々な主観的指標を組み合わせていろんな国々の国際的魅力を評価している。

また、「VOGUE」や「WIRED」を発行しているコンデナスト社による調査では、日本が1位になっている。[*41]

私の経験では、日本人の大半はこういう評価全般に疎い。日本の文化を海外で後押ししようとした日本政府のいろんな試みは失敗したにもかかわらず、地球は今や「Weeb」惑星になっている。

この現象は、ボトムアップで有機的に生まれた現象だ。単純に、日本文化はアメリカをはじめ世界の多くの地域で人々を惹きつける特別な魅力をもっている。

2　日本人が知らない間に生まれた日本に関する最重要単語Weeb
——The most important word about Japan that Japanese people don't know

ネット掲示板の侮蔑語から名誉ある言葉へ

実は、出版社マネジャーA氏との会話で驚いたのは、彼が「Weeb（ウィーブ）」という単語を知らなかったことだ。私は現在まで、Weebを耳にしたことがある日本人に出会ったことがない。

Weebの意味を説明しようとすると、実は少しばかり苦労する。インターネットスラング由来の単語だからだ。その由来は、「Weeaboo（ウィーアブー）」を短く縮めた単語から来ている。古いネット掲示板で考案された単語で、日本文化に首ったけの非日本人を指す言葉だった。

今でも、Weebを辞書で引くと、過剰に日本に執心している人たちを指す侮蔑語と説明してあったりする。しかし、Weebが侮蔑語でなくなってずいぶん経つ。日本語のオタクや英語でそれに近い意味のNerdと同じように、Weebも当初こそ誹謗中傷する言葉だったものの、やがて反語的な名誉の称号に変わっていく。他のいろんなスラングと同様、

Weebも今やずっと緩く、気軽な意味で使われるようになった。

今でも、昔ながらのハードコアのWeebたちはいる。各地のアニメ大会を賑わせたり、コスプレ・コンテストに出場したり、とにかく『ファイナル・ファンタジー』シリーズをぜんぶ日本語のままで遊べるように日本語を学んだりする人たちだ。

こういう熱烈なマニアたちがつくっている熱気盛んできわめて独自なサブカルチャーは、世界中に広がっている。[*42] 本書第2部に収録している他のエッセイでは、こうしたサブカルチャーの解説を試みている。

最近は、例えばハイキングを楽しんでいることから、「ハイキング・オタク」を冗談交じりに自称したり、紅茶について詳しい人を「紅茶Nerd」と言ったりする。それと同様、英語圏の人たちは、日本と日本が産み出したモノ全般を好むという理由でWeebを自称し始めている。

こういう緩く一般的な意味で言えば、アメリカはWeebの国になった。そういう国は、他にもどんどん増えてきている。また、より一般的な意味での世界的なWeebのトレンドは、日本がハイテク・イノベーションの世界的中心地としての位置を取り戻す助けになり得るだろう。

3
誰もが日本に来たがって、行こうと思えば行けることに気づいた
――Everyone wants to go to Japan, and they're starting to realize they can

海外からの観光客ラッシュ

日本に暮らしている人なら誰でも、２０００年頃からの海外からの観光ブームについて知っている。そして、その数字は今でもまだ伸びている。２００７年に日本にやってきた観光客は８４０万人だった。２０１９年までにその数字は４倍近くまで増え、さらに新型コロナウイルスのパンデミック後にまた急速に盛り返している。

２０００年代前半、日本政府は意図的に観光を後押しした。しかし、２０１２年以降のブームは、政府の目標を遥かに超えてしまっている。訪日客が多過ぎて地域のインフラを圧迫しつつあるし、人がごった返し過ぎているし、現地の人たちは「一体、いつになったらこの洪水は引いていくのやら」という思いを抱いてもいる。

これまでのところ、外国人が日本に飽きてきている兆しは見当たらない。２０２４年の観光関連のいろんな数字は、２０１９年の最高水準を超える勢いを見せている。欧米からの訪日客が増加し、中国からの訪日客減少を穴埋めするどころか、それを上回っている。

〈図表3-3〉
訪日観光客数の推移（単位100万人）

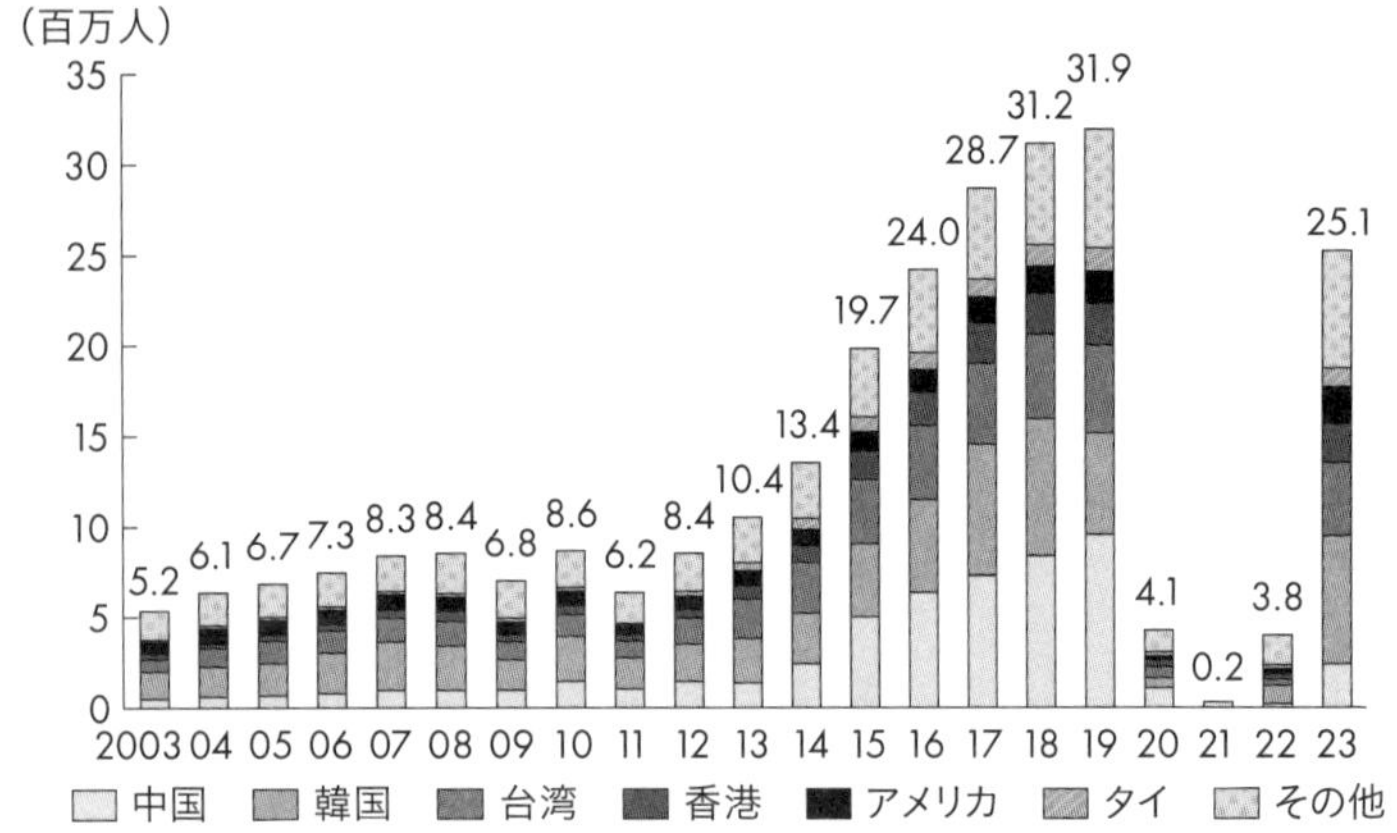

出典／日本政府観光局（JNTO）

私個人の周りでは、サンフランシスコにいるほぼ誰も彼もが日本に行ってきたばかりだったり、これから行こうとしていたり、「そのうち行きたい」と言ったりしている。なかには、1年に複数回日本に行くようになった人たちすらいる。

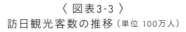

観光から移住・投資へ

いずれ、過剰な観光ブームとその公害についてなにか手を打たないといけなくなるだろう。ただ、外国から日本への観光旅行ブームのおかげで、いくつか重要なことが達成されている。そのどれもが、日本への投資を促進するうえで役に立つ可能性がある。

第一に、日本観光ブームによって世界の多くの人たちが日本に親しみを覚えるようになっている。かつては謎めいた世界の果ての場所だった日本が、今ではいくらか休暇がとれたら訪れてぶらぶらできる場所の１つに加わった。

また、すっかりお馴染みになって飽きられて海外での文化的な威信・名声を落とすどころか、現在の観光ブームによって外国人は日本の食事・アート・文化への愛をただただ深める一方であるように思える。

第二に、観光ブームを受けて日本各地の都市、特に東京はもっと外国人に対してユーザーフレンドリーになる必要に迫られてきた。英語その他の多言語標識はどんどん増えてきたし、商店主やレストラン経営者はみんな日本人でない客への対応に慣れてきている。

第三に、かつてはよくあった「閉鎖的で外国人嫌いの国」という日本のステレオタイプのイメージは、観光によって急速に打破されつつある。日本がいかに開放的で自由で友好的で温かい国なのかを、外国人たちは自分の目で見て体験して理解できる。

大半の人にとって、ステレオタイプのイメージとは違う日本の実態を知ったからといって自分の生活にこれといった変化は起こらない。でも、ごく一部の人たちはその次の認識を促される。単に訪れるだけではなく、日本に住んで働くこともできると認識する人たちが次第に現れている。

日本へ移り住むのは、より貧しいアジア諸国の出身者が今でも大多数を占める。特に、ベトナム人とフィリピン人が目立つ。ただ、国際送金サービスのRemitlyが２０２０年に行った調査では、アメリカ人とカナダ人の移住したい国のランキングで日本が1位になっている。[*43]

日本に移り住んだアメリカ人のいろんなエピソードが、あちこちで聞かれるようになった。不動産ニュースのウェブサイトMansion Globalの報告によると、「[日本の]魅力に惹かれて、今や永住地や海外の別宅を探して日本へ流入するアメリカ人たちの人数が緩やかに増加中」だそうだ。[*44]

私個人の話をすると、サンフランシスコのテック業界で顔を合わせた人の多くが日本への移住について語ることに驚いている。すでに実行に移した人たちも、わずかながらいる。その代表例として、サカナＡＩの共同創業者が挙げられる。ベンチャーキャピタルのLux Capital（ラックス・キャピタル）のウェブサイトによると、ライオン・ジョーンズは「日本を訪れてその魅力に惹かれ、２０２０年に東京に移住した」と記されている。[*45]

一方、同じ共同創業者デビッド・ハはトロント大学卒業後、東京大学で博士号を取得し、グーグルに移る前までゴールドマン・サックス日本法人に勤務するなど、キャリアの大部分を日本で過ごしてきた（2025年1月に行ったデビッド・ハへのインタビューを137ページ以降に収録した）。

こうしたケースは、欧米人に限らない。ますます多くの台湾人が日本で働きたいと望むようになっている。ＴＳＭＣの従業員が日本に暮らしたいという要望をもっていたことが、同社の熊本への投資の決定に一役買っていたのかどうかは定かではないが、マイナス要因でなかったことは間違いない。

これが、観光ブームがもたらす影響の最後の項目につながる。観光ブームをきっかけに、「世界がどれほど自分たちの国を大好きになっているのか」に日本の人たちがようやく気づくようになる。確かに日本ではWeebなんて単語はまだ知られていないかもしれない。でも、Weebが意味している現象そのものは、次第に意識されつつある。

とはいえ、世界が日本を大好きになっていると知るのは容易だが、ではどうしてそうなっているのかを理解するのは段違いに難しい。難しいどころか、この問いへの単純でわかりやすい答えはない。

日本が世界のなかで無二の魅力をもっている理由について、可能な限りの推測を立てることならできる。ただ、それにはデータと学術研究の領分を踏み越えて憶測とアマチュア社会学理論の領分に飛び込む必要がある。はじまりは、都市計画への日本独自のアプローチだ。

4 日本の都市が愛される理由

──Why people love Japanese cities?

点と点を繋ぐだけで空間のないアメリカの都市

過剰な海外からの観光客に対処すべく日本がこれまでにとった戦略は、東京や京都から小さな街や地方に観光客たちを誘導することだった。この戦略は失敗した。日本の大都市こそ、外国人がわざわざ見に訪れている目的地だからだ。

もちろん、日本の河川や山々は美しい。小さな街も鄙《ひな》びた魅力がある。寺院や神社も素晴らしい。だが、日本が世界中のどんな国とも違うものになっている理由は、その大都市にある。

海外で暮らしてみた人でない限り、アメリカの都市に暮らすことがどんな感じなのかはわからないかもしれない。ニューヨーク市の中心部に暮らしているのでなければ、その生活は点から点へと行き来する孤立した経験になりがちだ。自宅という点、職場という点、あとはお店・レストラン・バー・クラブ・公園といった「第三の場所（サードプレイス）」の点の行き来に終始する暮らしだ。

大抵、車で移動し、たまには自転車に乗ったりする。お金がなければ、バスに乗る。こうした点が散在する空間全体は、人間にとってはまるで空白に感じられるかもしれない。

車で通り過ぎるいろんな看板や建物は目に入るが、大抵、目的地に到着することばかりに気を取られている。こうして、都市はいろんな点がつくるネットワークになり、堪能すべき空間にはならないのだ。

こういうタイプの生活も、ときには心地良い。でも、それでは幸運な出会いの余地がほとんどない。お互いに頻繁に訪れるカフェやバーでもない限り、友人や知人とばったり偶然に出くわす機会は滅多にない。

興味を惹く新しいレストランや店をたまたま見つける機会は、ますますなくなる。偶然に出会う代わりに、人々はウェブサイトや口コミや広告を利用する。それに、もちろん、見ず知らずの人たちとの偶然の出会いも滅多に起こらない（それが吉と出ることも凶と出ることもある。当人がどれくらい外向的か次第だ）。

歩きやすさと密度が特徴の日本の都市

日本にやってきたアメリカ人が、まるで別世界に踏み入ったような感じを受ける理由に、歩きやすさと密度の2つがある。日本にやってきたアメリカ人は、車を運転するストレスや駐車場を見つける手間なしにどこへでも行けることを体験して、これまでほぼ知らなかった種類の自由を味わえるようになる。

例えば、駅まで徒歩8分なんて日本人は「遠すぎる」と思うかもしれないが、アメリカ人にとってはひょいと隣の部屋へ行くのも同然の近さに思えるかもしれない。それに、目的地に向かう途中でも遥かに多くの人たちに出会うし、食べたり買い物したりすることで興味を惹く場所にもずっとたくさん出くわす。

故郷のアメリカでは、通勤時間はただひたすら目的地をめざすばかりだったのに、日本では通勤時間が半分くらい楽しみの時間になっているのだ。

もちろん、日本の都市は高密度で歩きやすい都市というだけではなく、他にいくらでも美点がある。清潔で静かで安全なところも際立っているし、世界でもとりわけ時間に正確で便利な電車が走っている。

日本の都市インフラは、常に優れた状態にある。抜かりなく効果的に維持管理されているおかげだ。でも、こういう美点はそんなに日本独自というわけでもない。チューリッヒ、シンガポール、ストックホルム、ソウルもみんなこういう美点を備えている。日本の都市は、それに加えて、なにか特別なものを持っている。

特別なものとは、商業地域の密度だと思う。[*46] 東京にあるレストランの数は、ニューヨークやパリと1桁違う。それに、小売り店の店舗数も、おそらく同じように桁違いのはずだ。小規模な事業は、日本の都市の生命を支えている。それに、いろんな点で日本の中流階層の支えでもある。これには文化的な部分もあるかもしれないが、少なくとも一部は意図的な政策の結果でもある。

日本の土地利用規制では、混合用途地区の店舗規模に制限がかけられている。これによって、小規模商店が多数を占めることになっている。

また、日本政府は小規模事業を始めたい人たちを大いに支援している。これには、様々な支援金も含まれる。こうした支援と文化的な職人芸とが組み合わさって、日本の独立系レストランや店舗が質の面でも独自性の面でもしばしば際立っているのかもしれない。

雑居ビルという垂直イノベーション

渋谷・新宿・銀座といった東京の中心部の繁華街では、商業密度がとりわけ圧倒的に高くなっている。ここで、日本はさらなる秘密兵器を活用している。それは、垂直性だ。大半の都市、具体的にはニューヨーク、ロンドン、パリ、さらに香港などアジアの巨大都市ですら、店舗・レストランの大半があるのは地上1階で、上層階には集合住宅やオフィスが配置されている。

ところが、日本は特別なイノベーションを持ち合わせている。それが雑居ビルだ。雑居ビルでは、複数階にレストラン・店舗が混在して入居している。[*47] こうしたビルには、特別な特徴が2つある。

（1）ビル側面に上層階まで看板が掲げられていて、（2）通りから直接エレベーター・階段を経由して上層階の店舗に入ることができる。

雑居ビルは、日本の都市に2つの特別なことをもたらしている。まず、雑居ビルによって新宿などの超絶的な密集度の飲食・ショッピング区画で、ごく狭い面積に信じられないほどたくさんの小売店が密集できる。また、雑居ビルなら、ふと通りかかった人たちがそうした小売店・レストランに道路からごく簡単に入ることが可能だ。

そのおかげで、日本の商業地区を歩く体験は、魔法にでもかかったように幸運な出会いに満ちている。これは、ニューヨークなどの都市を歩く体験とはまるで異なる。日本の商業地区には、探索すべき場所があまりにも数多く詰め込まれている。

また、こうして店舗が密集しているため、市街の中心部のごく近くに住宅地があっても、驚くほど閑静で生活しやすい。多くの徒歩の通行者が、超高密度の商業地区に引き寄せられているからだ。[*48]

もちろん、雑居ビルは日本の都市に独特の美をもたらしてもいる。ビルの側面に縦に連なった色とりどりの電飾看板を悪趣味・古くさいと感じる日本人もいるかもしれないが、外国人の目には独特の美を創り出していると映る。その電光の森は、蠱惑《こわく》的でありながら、心をときめかせてもくれる。

日本の電光都市景観は、人工的なものというより光の木々や光の雲海のように感じられる。ラスベガスのギラついた光とはまるで違うし、見る者を威圧するニューヨーク・タイムズスクエアの刺々《とげとげ》しさとも大違いだ。外部の人間の視点をとらないと値打ちがわからない日本の特徴の1つが、これかもしれない。[*49]

パリの地位を脅かす冒険の場

本質的に、日本の都市は冒険の場だ。東京で、福岡で、名古屋で、日々ドアから外へと出かけると、素晴らしい飲食店やおしゃれなブティック、愉快なバーに新たに遭遇する。新たな友人、新たなビジネスパートナー、さらには恋人にすら出会う。[*50] それでいて、この冒険は安全で快適だ。日本の都市に危険はめったにない。それどころか、不便すらそうない。

こんなお得な組み合わせを提供してくれる都市は、世界にそう多くはない。伝統的に、こういう役回りで世界の人々が思い浮かべる都市といえば、パリだ。でも、第6章「東京は新しいパリだ」で書いているように、東京が、そして他の日本の都市も、そのパリの地位を奪いつつあるのかもしれない。

ただ、日本の都市の独特な様相は、外国人たちがこの国に引き寄せられる大きな理由になっているものの、説明の一部でしかない。特に、日本のいろんな製品やポップカルチャーを愛している人たちの多くは、日本を訪れたことなんてないのだから、都市の特質だけでその魅力を説明するのはムリだ。

5「もうひとつの近代」としての日本
——Japan as alternative modernity

小さな違いの集積

一体、日本文化の具体的にどのような特徴がこれほど無二の魅力を外国人に訴えているだろう。これをどう明晰に言葉にしようとしても、きっと最初から無理な話かもしれない。ひとつには、文化は言葉で記述するには複雑すぎる。

いろいろと言葉を連ねてみても、つねに退屈で曖昧模糊としたものにしかならないし、大抵はくだらないステレオタイプに陥ってしまう。それに、一国の文化が愛されていると言っても、どの側面が魅力をもっているのかは受け手によってまちまちだろう。[*51]

また、政府も企業も市民も一国の文化を意図的に操れるわけではないのだから、そんなことをやろうとしてもムダに終わるだろう。それよりも、外国人にとって日本文化といえば一般的にどんなものだと思われているのかを認識することは有用だと思う。私の考えでは、日本文化が体現しているのは〈もうひとつの近代〉だ。

政治と経済の観点で言えば、日本は西洋の一部だ。日本は民主制で資本主義の先進国であり、アメリカやヨーロッパと同様の人権思想が広まっている。日本はアメリカ・EUと活発に貿易をしていて、どちらとも科学的・知的な強い繋がりをもっている。日本は中国やロシアのような抑圧的な権威主義体制ではないし、イランのような神権政治でもアラブ首長国連邦のような貴族政でもない。

他方、幾千万もの小さな点で、日本は文化的にはアメリカともヨーロッパともはっきり異なる。というより、他のどことも違っている。様式、行動パターン、社会的な慣習、美的な感性が違う。同僚・友人・家族との付き合い方も違う。日本のいろんな組織、会社、学校、官僚組織は、どれも他国の似たような組織と少し異なる形で物事を進めている。ブランド品の嗜好、新しくカメラを買ったときの説明書の読み方といった日本文化のほんの小さな部分すら、うまく言葉にはできないけれど、認識しやすい形で他国とは異なることが感じられる

こうしたいくつもの小さな違いが高密度に集まって、ほぼありとあらゆる日本製品にそうした違いが現れている。日本の人にとって、「アニメ」と言えばアニメーションの漫画のことだが、世界の他の地域で「アニメ」は日本特有のスタイルを表す。見れば即座にそれとわかって完全に独自なあのスタイルだ。[*52]

欧米文化からの避難場所？

アート・デザイン・建築・ファッションに広く及んでいる日本の影響力は、その職人文化から来ている部分もあるが、それだけではなく、日本の人たちがとにかく他とちょっと

違ういろんな種類のデザインをつくりだしがちなところからも来ている。

　言い換えると、日本という場所は、他の自由で民主的な先進諸国ととてもよく似ていながら、違った感じがする。世界中の人にとって、日本は西ヨーロッパから始まった近代の世界標準バージョンに代わる、〈もうひとつの近代〉を体現しているのだ。

　ヨーロッパから派生した社会の豊かさと自由を重んじつつも、ヨーロッパから派生した文化に抑圧を感じたり飽き飽きしたりしている人たちは、日本とそのいろんな製品に目新しさと避難場所を見出している。

　そういうわけで、世界がこんなにもＷｅｅｂになっているのに、ただひとつの理由なんてありはしない。そうではなく、幾千万ものいろんな小さい理由がある。日本に海外からの直接投資を促進したいと望んでいる人たちに、私ならこう言いたい。

「こういういろんな理由を理解して整理するのは、単にそういう理由の存在を利用するよりもずっと難しい」

第4章 Chapter. 4 「助っ人」Weebがやって来る

Weebs to the rescue

1 Weeb起業家

—— Weeb Entrepreneurs

起業比率が高い移民

ここまでは、外国人の日本愛がより良い直接投資の増加にどう繋がり得るのかを少し曖昧なままに話を進めてきた。実は、これが起こる経路は基本的に3つあると考えられる。起業家、労働者、金融の3つの経路だ。

まず、起業事情から検討しよう。日本のテクノロジー方面での停滞を分析した人たちの多くは、アメリカ人に比べて日本の人たちがいかに自分の事業を始める率が低いかを指摘している。アメリカにはこの点に関して切り札がある。それは移民だ。

Azoulay et al.（2022）によれば、移民のほうが自国生まれのアメリカ人より2倍近く事業を起こす率が高い。[*53] National Foundation for American Policy（アメリカ政策全国財団）による2018年の研究では、トップ企業では移民創業者の占める割合がさらに大きいと指摘する。[*54]

本研究では、国内の時価総額10億ドルのスタートアップ企業91社のうち50社、すなわち55％に少なくとも1名の移民の創業者がいることを明らかにする。これらスタートアップ企業の4分の1近く（91社中21社）に留学生として初めてアメリカにやってきた創業者がいる。……91社中75社、すなわち82％で少なくとも1人の移民が主要な経営陣や製品開発職に就いて会社の成長とイノベーションを支えている。

また、移民の2世も起業比率が高い。フォーチュン500企業の半数近くが、移民またはその子供たちによって創設されている。それどころか、アメリカ屈指の大企業を連ねたリストを眺めていくと、移民がアメリカの総人口に占める割合を超える影響を及ぼしていることが明らかになる。

アップルのスティーブ・ジョブズはシリア系移民の息子、エヌビディアのジェンスン・フアンは台湾生まれ、グーグルのセルゲイ・ブリンは子供の頃に旧ソ連から移住してきた人物で、テスラとスペースXのイーロン・マスクは南アフリカの出身だ。

どうして移民たちはこれほど起業する率が高いのだろうか。そもそも移民だという選別が一役買っているのは明らかだ。敢えて他国に自ら移り住もうとする意欲がある人たちには、自発性が高くてリスクを進んで取るタイプが多いはずだ。それに、移民は総じて技能水準がより高い傾向があるし、相当な金銭的リソースを持って移住してくる人たちもいる。

それに加えて、移民のほうがその国で生まれ育った人よりも選択肢が限られている。名門大企業の安定した高給の仕事に就くことは、移民にとってずっと難しいから、自分で商売を始めるほうが理に適っている。

この傾向は、日本においてもはっきりと見てとれる。在日コリアンの人々は日本で多くの大企業を創始している。例えば、ソフトバンク、ロッテ、ABCマート、ガンホーといった企業がそうだ。[*55]

Weebドリームが起業家を引き寄せる

データは容易に手に入らないが、「アメリカン・ドリーム」は移民たちの計算上、大きな意味をもっているに違いない。アメリカは起業に前向きな新参者を歓迎し、勤勉に働いてリスクを取れば誰でも豊かになれる場所と見られてきた。

これと同じような評判をすぐに日本が勝ち取る見込みはないが、それはそれでいい。日本に必要なのは、とにかく起業家をめざす人たちに訴求する独自のジャパニーズ・ドリームだ。日本に移り住んだときに、「成功した未来はきっとこうなっている」と彼らが自分に言い聞かせられる物語を日本は用意する必要がある。その夢には、もちろん金銭面の成功も含まれる。だからこそ、全体的なビジネスの生態系と並んで、資金調達と成長機会がとても重要だ。

ただ、ちょうどアメリカン・ドリームといえば、「白い木製フェンスに囲まれた郊外の大きな一軒家」が付き物なのと同じように、ジャパニーズ・ドリームもライフスタイルの要素をアピールできる。

より若い世代の移民系起業家たちは、世界でも極上の都市で冒険と刺激に溢れた生活を送り、子供時代からずっと憧れてきた文化に浸りきることを夢見ることができる。言い換えれば、日本は「Ｗｅｅｂドリーム」を起業家たちに提案できる。

世界を席巻しているＷｅｅｂの潮流は、起業家階級を拡大することで日本の助けになり得るだろう。もちろん、シリコンバレーが渋谷を選んでまるまる移って来たりはしない。ロンドンにもバンガロールにも移りそうにないのと同じだ。

ただ、東京で成功を目論むやり手起業家たちがほんのひと握りでもいれば、その人数以上の大きな影響力を持ち得る。そうした有能な起業家たちは追加投資を呼び込み、大きな話題を作り出せる。

彼らは、アメリカのトップ研究所から主要なテクノロジーを日本に移転できる。彼らは活力と新しい事業モデルのアイデアと資金調達方法をもたらして、自分たちと似た日本の起業家たちを触発できる。それに、日本の起業家たちに外国資本との繋がりを作り出せる。また、彼らはこれまで日本の起業家たちが参入を考えたことのなかった輸出市場も開拓できるはずだ。

やがて、こうした動きが波及していき、大きなうねりになるかもしれない。今日、ごく少人数のWeeb起業家たちが日本にやってくることで、やがてその友人たちが後に続きやすくなり、それに触発されて世界中のWeebたちの一世代まるごとが日本への移住を検討してもおかしくない。

今、日本に殺到している観光ブームで起きていることは、本質的にこういう連鎖だ。10年以上かけてWeebの口コミがゆっくり広がって次第に勢いがつき、ついに弾みがついてドンと大きくなった。明日、Weeb起業家の大群が押し寄せてきても、何ら不思議ではないのだ。

2 Weebキャピタル

——Weeb Capital

海外のベンチャーキャピタルが動く

高成長企業には、大胆で鋭敏な創業者がいるだけでは足りない。多くの、本当に多くの資金調達が必要だ。単に初期段階で資金が必要なだけではなく、その後も規模拡大を試みる中で巨額の資金が必要になる。長年にわたって日本を観察してきた人たちは、口々にこう言ってきた。

「日本では、特に序盤から先のスタートアップの資金調達が弱い」

最近の日本経済新聞の分析では、これを「第二のデスバレー」と呼んでいる。[*56]

日本経済新聞社の分析により明らかになったところでは、日本の創業間もない企業は、アメリカ・ヨーロッパの同様の企業に比べて継続的な資金調達に苦戦している。成長に必要な資金調達の機会が著しく不足していることに理由の一端がある。

日本のスタートアップ企業は、上場後に資金調達がうまくいかずに成長が停滞してしまう「第二のデスバレー」に直面している。……この現象の背景には、未上場企業に資金を提供するリスクを取れる投資家が不足していることがある。このため、日本のスタートアップ企業は、初期段階での上場を余儀なくされている。

外国からの資金調達がこの点で助けになる。アメリカをはじめとするスタートアップに好意的な国々のベンチャーキャピタル、プライベートエクイティ・ファーム、さらには銀行も、スタートアップに序盤から先の段階で大規模な資金提供を行うのに慣れている。こうした資金提供者が日本に関心を持てば、単に日本国内の金融機関を補完するだけでなく、後期段階での大規模投資でどうリスクを管理すればいいのかを彼らに教えることもできる。

それどころか、いまこそ絶好のタイミングかもしれない。ベンチャーキャピタルは、かつては極度に地域限定型の業界で、対面での会合が資金調達に必須だった。しかし近年、特にパンデミック後に、ベンチャーキャピタルは各地に支社を設立し、シリコンバレーをはじめとするアメリカの伝統的なテック系ハブの外にいろんな機会を探すように変わっている。

ベンチャーキャピタル取引全体のうち、サンフランシスコのベイエリアが占める割合は、２０２３年には20％未満にまで落ちている。それにベンチャーキャピタルは海外での多様化を始めている。２０１０年代には、その多くが中国に向かっていたが、米中のデカップリング時代になってトレンドは完全に逆転した。

一方で、インドその他のアジア各地へのベンチャーキャピタル投資はいまも堅調だ。それに、日本に関心をもつ世界的ベンチャーキャピタルが増えてきている。Nikkei Asia の報道によると、以下のようだ。*57

海外ベンチャーキャピタルが日本のスタートアップへの投資に乗り出している。地政学的な緊張関係に伴って中国が投資対象として魅力を減らすなか、日本のスタートアップへの投資額は、1月〜6月の期間で前年比7割近くの増加を見せている。……海外プレイヤーによるベンチャーキャピタル投資は、前期で総額225億円に上る（1億5200万ドル）。これは69％の増加だ。……この金額は、日本へのベンチャーキャピタル投資のおよそ2割を占める。これには、国内投資家によるものも含む。……海外プレイヤーによる投資の増加ペースは、全体の4％増加というペースを遥かに上回っている。

重要な後期ベンチャーキャピタルのベイン・キャピタル・ベンチャーズは、日本への投資額の倍増を検討している。サカナAIに投資しているビノッド・コースラは、日本がAIハブになると予測している。日本へのスタートアップ投資のプレーヤーは、アメリカ勢だけではない。台湾・韓国のベンチャーキャピタルも、日本への投資の大幅拡充を計画している。

日本に資本が引き寄せられる要因は、なんだろうか。もちろん、日本の国内市場がいまなお大きいことも1つの要因だし、かつてテクノロジーの旗手だった歴史も一要因だ。日本政府も支援している。政府が外国のファンドと共同投資することもよくある。だが、それだけではない。ラックス・キャピタルがサカナAIに投資を公表したとき、発表文にこんなパラグラフがあって興味を引いた。*58

日本が新たな世界的なAI軸の中心的なハブとなり、競争の激しい分野の先頭集団を走る企業に、域内及び国際的に傑出した人材を引き寄せていくと考えています。世界有数のインフラと羨望される生活の質、そして高技能の現地労働力を備えた日本において、サカナAIが陸続と登場しているAIスタートアップの波で先駆けとなることを我々は期待しています。［ラックス・キャピタルパートナーの］グレイス［・イスフォード］は、海外勤務の家族の一員として幼少期に日本で暮らしていた時期があります。我々としては、最も優秀な技術人材をますます日本が受け入れるようになった移民制度を活用していっそう多くの人々がやってくることを待望しています。

これは、日本に個人的なつながりをもつベンチャーキャピタリストが日本の潜在的な力に賭けている一例だ。起業家たち当人と同じく、投資家たちも日本への個人的な親近感から日本に引き寄せられることがしばしばある。

なにより、日本への投資によってベンチャーキャピタルには頻繁に訪日する理由、ひいては日本に移転する理由が生まれる。それにベンチャーキャピタルみずからが行くところには、お金もついてくる。「Ｗｅｅｂドリーム」は、いま日本のスタートアップ生態系が国内で得られずにいる資本の呼び水になり得る。

3　Ｗｅｅｂタレント

——Weeb Talent

世界最高峰のＡＩ人材を雇う条件は「日本で暮らす」

低出生率で人材プールが縮小していくなかで、かれこれ10年以上にわたって日本政府は高度技能移民を引き寄せようと試みてきた。２０１２年には「高度人材ポイント制」を導入し、２０１７年にはそういう高度技能労働者が永住権を取得するための要件を大幅に緩和した。[*59]

ところが、２０１０年代に多くの高度人材を引き入れる試みは、ずっと上手くいかなかった。どうしてうまくいかなかったのだろう。

もちろん言語は障壁になっているが、それを言うなら、多くの国も事情は同じだ。それよりもっと日本に固有の問題は、伝統的な終身雇用制度がさらなる障壁になっている点だ。キャリアを重ねていくにつれて安定して昇給を繰り返していくと期待されている制度のため、若い従業員は給料が安い場合が多い。

対照的に、アメリカでは若く才能ある従業員は所得中央値より数倍多い給料を得られる。グーグルのソフトウェアエンジニア新入社員なら、20万4000ドル（3060万円、1ドル150円で換算）くらいの給与を得ている。[*60] アメリカの個人所得中央値の約5倍だ。エヌビディアのハードウェアエンジニア新入社員は、15万3000ドル（2295万円、同）を得ている。[*61] どちらも、大学を出たばかりの新卒採用の職だ。

世界の若者がどれほど日本に住みたがっていようと、終身雇用制度の日本企業がこうした世界最高の給与水準に立ち向かって人材の奪い合いをするのは難しい。生活費が安上がりなのを考慮に入れてもだ。外国人労働者が日本の伝統的な終身雇用制度を活用できる見込みは薄い。そうなると、高度技能の外国人を日本に引き寄せるには、キャリア早期からもっと高い給料を支払う必要がある。[*62]

この点で海外からの対日直接投資（FDI）が助けになり得る。総じて、外資系企業の日本支社は終身雇用制度を採っていない。そのため、海外の若い労働者にもっと高い給料を提示できる。

例えば、グーグル東京オフィスは、ソフトウェアエンジニア新入社員におよそ11万5000ドル（1725万円、同）を支払っている。日本の生活費が安上がりなのを考えると、この金額ならかなり競争力がある。

さらに「Weebドリーム」を計算に入れると、日本がグローバル人材の奪い合いでいい線をいく可能性はある。生成AIを使ってゲーム制作などを手掛けるSpellbrush のチームに「どうして東京にオフィスを設立したの？」と訊ねたところ、彼らはこう答えた。

「とんでもない高給を払わずに世界最高峰のAI研究者たちを雇用できる方法は、日本で暮らして働く機会を提示することしかなかったんだよ」

4　もっとWeebを獲得する方法

――How Japan can get more Weebs

ついに、成否を握る問いに辿りついた。

「日本がその国際的な魅力である〝Weebドリーム〟を活用して、さらに海外からの直接投資を獲得し、輸出を増やし、さらにグローバル人材を引き入れるには、どうしたらいいのか？　政府と企業はすでに頑張っていること以外に、どんなことができるだろう？」

ほんのいくつかだが、アイデアがある。

アイデアその1――「ビッグプッシュ」

「日本で暮らしたい」という巨大な需要が、満たされないまま世界中に存在してることをとにかく認識することが大事な第一歩だ。こういう需要があるということは、政府と企業が今、外国からの直接投資（FDI）と最高レベルの人材の獲得に向けて利用しているリソースをもっと大幅に増やしてもいいわけだ。それでもきっと元が取れる。

対日直接投資を大きく促進する方法のお手本なら、2006年の観光立国推進基本法からスタートした観光振興の取り組みが格好の事例だ。

この取り組みは、10年近くかけてようやく顕著な成果が現れはじめた。辛抱強く一貫して続けることが肝要だ。ひとたびトレンドが確立されたら、予想を超える成果が得られる見込みが大きい。

直接投資を促進したい日本の政府機関、日本貿易振興機構（JETRO）や経済産業省、内閣府や都道府県は、取り組みの強化と多様化を図り、日本の魅力を世界に訴求する新しい方法を開拓していくべきだ。それに、民間部門との提携も進めたほうがいい。

国内のベンチャーキャピタル、合弁企業の立ち上げを望む日本企業、そして直接投資の恩恵を受ける上流の産業（たとえば半導体製造機器の産業など）との提携が期待される。

こうした多様なタイプの企業は、それぞれに独自のマーケティング経路を見出せるし、標準化された投資パッケージや合弁企業パッケージを外国の投資家たちに提示できる。ちょうど、日本の航空会社が格安チケットや標準化された観光ツアーパッケージを提供しているのと同じ要領だ。

加えて、すでに日本に投資している外国人たちの協力も仰ぐべきだ。アイデアは口コミで広まる。ほんの一握りの人数でも、影響力の大きい外国人が日本での投資や生活について知り合いに伝えたなら、さらに多くの人が日本進出を検討するはずだ。

一例を挙げると、ソフトウェア起業家パトリック・マッケンジーがそういう人物だ。日本での事業や生活について語った彼の著作は、アメリカにいる他の人たちを触発して、本腰を入れて投資先・移住先として日本を考えるきっかけになっている。[*63]

現在、直接投資の対象として日本を売り込む際には、そのビジネス環境・人材・安全性が強調されている。そういう定番のセールスポイントに加えて日本での生活の描写も盛り込めば、「Ｗｅｅｂドリーム」の力をもっと活用できるはずだ。

それには、日本で実際に暮らして働いている外国人の映像や写真を発信するのがなによりの方法だろう。アメリカでも日本でも、諺《ことわざ》に言うように、「百聞は一見に如《し》かず」というやつだ。[*64]

アイデアその2――「ジャパン・ライフ・パス」の創設

日本への観光旅行は、標準化された観光パッケージが存在しているおかげでずいぶんと楽になっている。そうしたパッケージでは、日本旅行に出かけようと思っている外国人に「ポチ」っとボタンを押せば選べる解決策を用意している。これで、航空券やホテル、観光ツアーを個別に予約する手間が大幅に減っている。

それに1981年に導入された「ジャパン・レール・パス」を利用すると、日本中をこれ1つで電車旅行できる。ジャパン・レール・パスは海外では有名だ。これが存在することと自体、日本観光の広告になっている。

- 住む場所を探す
- 携帯電話のプランを見つけて契約をする
- 銀行口座を開く
- 住民登録をする
- 税務申告をする

こうしたことで、時に困ることがある。

これを手助けするには、日本政府が「ジャパン・ライフ・パス」をつくる手がある。政府が不動産業者、電話会社、銀行・税務申告サービス業者と提携して、外国人が日本に来たら、手続きする際に手助けしてもらえるようにする。

当然、「ジャパン・ライフ・パス」をつくったとしても、ありとあらゆる外国人が利用できるものにはならない。そうではなく、一定の条件を満たしている人たちに利用してもらえばいい。

例えば、当人の会社がグリーンフィールド投資で日本に大きな投資をしている人や、大きなグリーンフィールド投資をする明確な計画をもっている投資家なら、このパスを入手できるようにするのだ。

また、「ジャパン・ライフ・パス」で特別な日本語授業も提供したほうがいい。受講できるのは、パスの保有者だけに限定する。これは、外国人起業家・投資家・従業員の語学スキル向上に役立つはずだし、それだけではなく、人脈形成にもきわめて有用だろう。

また、語学教室に日本人投資家や起業家をゲストスピーカーに招き、人脈を広げたり、仕事の人間関係を作ったりする一助にする手もある。

さらに、これと同じ要領で外資系スタートアップや日本法人向けの「ジャパン・インベストメント・パス」もつくるべきだ。このパスは、小さくて急速に成長中の企業が必要としている法律・会計サービスをパッケージにして提供する。

例えば、法人設立、就労ビザ取得、税務申告、会計処理をやってくれるサービスをパッケージにする。

さらに、現地での人材採用のような事業発展のためのサービスもパッケージ化して提供する。すでにベンチャー・ジャパンのようにこういうパッケージを提供している民間企業もある。日本政府は、こうしたサービスに公的な承認を与えるだけでいい。[*65] 実際、東京・渋谷区では、これと似たことを「Shibuya Startup Deck」という名称で実施している。

こういう「パス」を用意する目的は、日本に投資したい外国人がもっと日本で暮らしやすくすることだけではない。こういうパスがあれば、マーケティングにも役立つ。「ジャパン・ライフ・パス」という名称はキャッチーで覚えやすいし、どういうパスなのか名前から見当がつきやすい。それに、有名な「ジャパン・レール・パス」に似ている。これから日本に投資するかもしれない投資家がこの名前を耳にするだけで、すぐに、「ああ、外国人が日本への移住と投資をもっと簡単にできるようにしようと日本政府が意図しているんだな」と分かる。

アイデアその3──銀行口座開設の簡素化

日本で事業を立ち上げた外国人に、最も大変な思いをしたことは何だったと訊ねると、決まって同じ答えが返ってくる。

「銀行の取引がなによりきつい」

投資家・経営者・エンジニアがアメリカに移住すると、大抵、1日で銀行口座が開設できる。これに対し、日本では普通預金口座を開設するのに6カ月かかる。近年は、マネーロンダリング対策が導入されたため、いっそう開設手続きが煩雑になった[*66]。

それに加えて、日本の銀行サービスでは印鑑が必要になる。外国人が日本に移住して印鑑を手に入れようとすると、まず日本での居住場所を決める必要がある。つまり、日本に移住して日本に投資して事業をやるには、長い時間と大変な労力がかかる。これは、対日直接投資にとっては大きな障壁だ。

アメリカではこれほど煩雑な口座開設手続きがなくてもマネーロンダリング対策で効果を上げているのだから、日本にだって同じことはできるはずだ。銀行口座開設は迅速にできたほうがいいし、国外からでも印鑑を入手できるようにすべきだ。

金融庁と財務省は、外国の投資家や日本に投資する企業の従業員がボタンを「ポチッ」と押すように迅速に銀行取引を完了できるプロセスに変える具体的な行動計画を策定すべきだろう。

アイデアその４――Weeb地域社会

移民の中には、背水の陣の覚悟で現地の文化にすっかり浸りきるのを好む人たちもいるし、逆に同じ出身国の移民の集まった「飛び地」（外国人コミュニティ）の都市・地域に移り住んで他の移民と一緒にいくらか過ごせるほうがいいという人たちもいる。そうした飛び地は、人脈づくりを円滑にするし、その国の生活の広告塔の役目をしている場合もある。例えば、カリフォルニア州アーバインはアジア系移民の移住先として人気になった。[67]

実際、日本でもすでにそういう飛び地がつくられはじめている。熊本では、TSMCの台湾人従業員のためのインフラ整備が大規模に進められている。単に電車や住宅が整備されるだけでなく、インターナショナルスクールや台湾のエスニックな小売店が建ち並ぶ「台湾タウン」なども、これに含まれる。

東京では、渋谷区が外国人のスタートアップを支援する独自の対応を進めている。前述の「Shibuya Startup Deck」や起業教育クラス、交流・人脈づくりの場、さらには起業家向けの特別ビザを用意している。鹿児島県種子島など一部の小さな町も、デジタル・ノマドたちの移住地になることをめざしている。

政府がこういう飛び地の創出を奨励できる方法は、少なくとも2つある。第一に、政府が特定の地方自治体と提携して渋谷区のような起業支援を実施したり、熊本のようなインフラ整備を行ったりするやり方がある。

第二に、外国人にサービスを提供する不動産業者・学校・デイケアセンターやデベロッパーと協力して、特定地域に集合してもらうやり方もある。外国で子持ちの家族生活を送るのは大変だ。高所得移民の子持ち家族にとってとても生活しやすい地域は、人材を集めるマグネットになり得る。そういう地域の一例が、東京・品川区の田町だ。[68]

5「Weebドリーム」の維持

――Sustaining the Weeb Dream

小さな独立系小売店・横丁・雑居ビルが重要

前のセクションで提示したアイデアは、どれも外国の起業家・投資家・労働者たちが「Weebドリーム」を実現しやすくするために設計されている。ここでは、「Weebドリーム」の存在が大前提だ。

これまで日本は、世界中にWeeb現象を巻き起こしたり、維持したりするために何も特別なことをしなくてよかった。「アメリカン・ドリーム」と同様、「Weebドリーム」も完全に自然発生的なボトムアップで生まれた現象なのだ。

どこかの時点で、この「Weebドリーム」の個性が失われ、その国際的な魅力が薄れてしまうことがないとはいえない。差し迫った危機ではないが、「Weebドリーム」が萎《しお》れて枯れることのないように、日本を特別なものにしている多様な特質を維持する方法について政府は考えたほうがいい。

一案として、小さな独立系の小売店を継続的に支援するやり方がある。百花繚乱、とても個性的な店やレストランが無数に存在しているおかげで、日本各地の都市は特別なものになっている。

ただ、その多様性を維持するのは少子化の時代には難しいかもしれない。すでに東京の有名なファッション街の原宿・表参道では、多くの独立系ブティックが消えてグッチやＺＡＲＡといった退屈な国際チェーン店に取って代わられている。

他方、『東京の創発的アーバニズム：横丁・雑居ビル・高架下建築・暗渠《あんきょ》ストリート・低層密集地域』（学芸出版社、２０２２年）の著者ホルヘ・アルマザン慶應義塾大学准教授らが記録しているように、近年、東京その他の都市では、雑居ビルや横丁をあれほど個性的にしている外壁の看板や道路からの入りやすさを欠いた屋内型モールを大手デベロッパーが好むようになっている。

しかしながら、海外から人々がやってくるのは、新宿の思い出横丁や靖国通り、ゴールデン街といった場所に行きたいからで、渋谷ヒカリエや東急歌舞伎町タワーや麻布台ヒルズを訪れたいからではない。

もちろん、だからといって政府が大型モールを禁止すべきでもない。そうではなく、日本をこれほど独特にしている地域の店舗・企業やショッピング街への支援を政府は強化すべきなのだ。

それには、渋谷区にある恵比寿横丁のような新しい横丁タイプや新しい雑居ビル・商店街などを計画しなくてはいけない。そのために、独立系の小売店への支援を継続・強化すことが必要だ。そうした小売店には、外国人が立ち上げたお店やレストランも含まれる。

宿泊に課徴金、アーティストに支援を

「Weebドリーム」を脅かすものは、他にもある。皮肉にも、盛り上がり過ぎた観光が脅威になる。多くの外国人にとって、日本旅行は魔法のように素敵な体験だ。ところが、観光客がごった返し過ぎると、どこかの時点でその魔法が失われてしまう。そこで、観光振興と「Weebドリーム」維持という2つの目標のバランスをとるため、こう提案したい。

東京や京都のような大都市で、海外からの観光客がホテルや民泊（Airbnb）の予約をとる際に特別課徴金を設けるのはどうだろう。訪日客たちは誰だって宿泊地を必要としている。だから、宿泊に課徴金を設けるのは観光に混雑税を課す簡単で仰々しくない方法だ。

課徴金を設けることで、市の行政は観光客の数を適正水準に調整できる。京都や東京の課徴金が高過ぎると考えた観光客は、そこを避けて他に向かうだろうから、観光客のお金を地方やもっと小さな都市へと差し向けつつ、東京や京都の自治体は税収を増やすことができる。

また、「Weebドリーム」の存続は、日本のポップカルチャーの国際的な魅力が持続するかどうかにもかかっている。かつて日本は政府レベルで日本文化のプロモーションを試みたが、期待外れの結果に終わっている。特に「クール・ジャパン」の各種施策がそうだった。

その代わり、ここでカギとなるのは、漫画・アニメ・映画・テレビ・音楽・美術・ファッ

ションの独立した日本人作家たちを支援することだ。アニメや漫画をこれほど活気に満ちた無二の文化にしたのは、宮崎駿、手塚治虫、庵野秀明といった独立系のクリエイターたちの才能だ。[*69]

こうした巨人たちの時代の後に来るのが、企業が量産する金太郎飴のようにつまらないコンテンツばかりだったとしたら、長期的に日本の独自性と魅力が損なわれてしまう（残念ながら、ハリウッドではこれが起きてしまった）。

そこで、あらゆる芸術分野で独立系のクリエイターたちを支援すべきだ。支援内容には、安価または無料のスタジオや展示スペースの提供なども含まれる。知的財産法や規制政策によって、あらゆる分野のアーティストが自作から金銭的利益の大きな配分を確実に受け取れるよう計らうべきだ。

「Ｗｅｅｂドリーム」は、サムライの時代から継承された訳ではない。数百万人もの創意に溢れた日本人実業家とアーティストがそれぞれ自主的に重ねてきた努力によって、「Ｗｅｅｂドリーム」が現代に産み出された。これを今後も維持していくには、海外向けに派手なマーケティング活動を展開する必要はない。単に日本の創意に溢れた人たちが創作に取り組んで活躍する場を提供するだけでいいのだ。

6 半透膜に包まれた国――日本の理論

――Semipermeable membranes: A theory of Japan

１５０年前の日本にはなかったもの

ここまでの私の文章を読んで、「自己矛盾をきたしているな」と思った読者がいるかもしれない。

「著者は日本の独自性や個性がもたらしている恩恵を列挙して称える一方で、日本経済に活力をもたらすために外国企業を呼び込むよう提唱している。一体、どうやってその２つを両立させるつもりなんだ？」

実を言うと、この二面性こそ、これまで日本ならではの強みであり続けてきたと私は考える。日本は「半透膜に包まれた国」であることで繁栄してきたともいえる。細胞膜が中に入れるイオンや分子とそうでないものを振り分けているのと同様、日本はこれまでずっと外部から選別してあれこれを取り入れることに真価を発揮してきた。

徳川時代に鎖国を続けるうちに、日本は停滞して西洋に後れを取った。その後、明治時代の急速なキャッチアップでは、数多くの外国の制度からいろんな知識を大量に輸入し、いろんなアイデアを取り入れた。それでいて同時に、日本政府と日本の企業は、そうしたアイデアや制度をそっくりそのまま真似せず、既存の文化に合わせて応用しようと絶えず試み続けた。

日本の奇跡のような戦後復興でも、その点は同様だった。アメリカやヨーロッパからもたらされた研究成果や発明に日本の科学者や発明家が触発され、そういうアイデアを自分のものと組み合わせたり、日本のビジネスモデルやデザイン美学を加えたりした。そうして生まれたのが、世界を圧倒したハイテク企業の数々だった。日本の伝説的な製造業の技法は、エドワード・デミングやピーター・ドラッカーの著作に触発された部分もありつつ、同時に日本でのイノベーションもたくさん加えた。

それに、世界を魅了している日本のアートや文化の産物も、外来のアイデアと国内発のアイデアを組み合わせて花開いている。日本のSF漫画・ゲーム・アニメは、外国の作品から自由闊達にいろんな要素を借用しつつ、それらを混ぜ合わせて独自で無二のものを生み出している。*70

日本の伝説的なストリートファッションは、アメリカやイギリスなどヨーロッパ諸国から発想を取り入れつつ、最終的には、そうした元ネタを超える創造力を発揮している。

言い換えると、日本の素晴らしさは、いつも外の世界から一部を取り込みつつも取り込み過ぎないことで成立していた。対日直接投資も、同じことになるはずだ。直接投資がなされたとしても、それで国内企業が取って代わられたり、圧倒されてしまったりはしない。

そうではなく、ただ日本の活力を維持するのに足りる新しい栄養素を提供するだけになるだろう。

これこそ、現代日本を築いた明治期の改革者が熟慮して企てていたことだと、私は思っている。自滅的な孤立でもなく、かといって外国からの侵略者に膝を屈するのでもなく、彼らは第三の道を選んだ。外国のアイデアやテクノロジーをほどよい分量で自国文化と混ぜ合わせる国であることを選んだ。

彼らが採った戦略の成功は、その後1世紀半でこのうえなく明らかになった。彼らが創り出した国の個性と独創性を世界が愛しているのだ。

今や、日本は再び停滞して新鮮なアイデアを必要としている。しかし、150年前にはなかった資産が今の日本にはある。その資産とは、いつでも助けの手を差し伸べようと待っている世界のWeebたちだ。

インタビュー Interview

サカナAI
共同創業者兼CEO

デビッド・ハ氏

世界クラスのAI研究開発企業をめざす

Webによる対日直接投資（FDI）の象徴的な事例として、サカナAIが挙げられる。著名AIエンジニアのWebタレントが2023年7月、東京・港区でAIスタートアップを立ち上げた。翌年、その会社はユニコーン（企業価値10億ドル以上の未上場企業）となった。これは日本企業では最速記録だ。そんな注目スタートアップの共同創業者兼CEOのデビッド・ハさんに2025年1月、私ノア・スミスがインタビューした。

デリバティブ・トレーダーからAI研究へ

――日本で起業するに至った経緯を教えてください。

デビッド・ハ（以下、ハ）「私は日本に長期滞在していて、かれこれ15年以上になります。アメリカ暮らしもだいたい同じくらいです。サカナAIは基本的に日本で登録された会社です。『カブシキガイシャ』ですね。本社は東京・港区に登録されています。

私の両親は香港出身で、香港返還の前にカナダに移住しました。だから、私はトロント育ちで、カナダ国籍です。トロント大学卒業後、いろんな仕事をしました。大学ではニューラル・ネットワークを学びましたが、当時はドットコム・バブルが弾けた時期で就職が厳しくて投資銀行でデリバティブ・トレーダーをやることになった。それからいろんな銀行を渡り歩いて最後は日本のゴールドマン・サックスで働くことになった。それで来日したんです。

その頃、何がきっかけだったか忘れましたが、ＡＩについて匿名でブログを書き始めたところ、実験ネタがいくつかHacker Newsで人気になり、２０１５年か２０１６年にGoogleのＡＩ部門の責任者ジェフ・ディーンに誘われて、ＡＩ研究者に転身しました。ハイパーネットワークやワールドモデルなど、今では至る所で見られるような技術もやったし、今でいう生成ＡＩにも取り組みました。後にDeepMindに統合されたGoogle Brainで生成ＡＩをやってた人たちと知り合った。サカナＡＩの共同創業者になったライオン・ジョーンズもその中にいました。

それで8年過ごした日本からカリフォルニアのマウンテンビューに移って数年そちらで暮らしていました。Googleも日本での事業を拡大していた時期でした。お隣の国（中国）ではうまくいかなかったので、渋谷のビルを〝Googleタワー〟にしてね。その頃、ジェフ・ディーンを説得して日本に戻って研究チームを立ち上げることを認めてもらった。

日本に戻り、Google Brainのチームを立ち上げて人を雇いました。そのとき、生成ＡＩの土台となった深層学習モデル「トランスフォーマー」アーキテクチャの共同発明者の１人であるライオン・ジョーンズと日本で出会いました。彼も日本に移住してきたんです。これは、あなたの本のテーマに関係するんじゃないかな。彼も『日本という素晴らしい国で働いて暮らしたい』と考えた外国人の１人だったんです」

――そこはあなたも同じだったりします？　日本文化に惹かれてやってきた？

ハ「まあ、そうですね。子供の頃はよくアニメを観ていました。両親が香港出身なので漢字を覚えさせられてたんだけど、アニメのおかげで日本の漢字もわりとわかって助かった。ただ、最初に日本に来たのはまったくの偶然だった。ゴールドマン・サックスに入って、香港オフィスの採用だったのに土壇場で日本に異動することになって、そこはライオン・ジョーンズと違いますね。彼は本人の意思で日本に来た。私の場合は、すでに８年の日本暮らしを経験していて、サンフランシスコより東京で暮らすほうが好きだったので、チームにその希望を出したんです」

きっかけは、岸田内閣の「スタートアップ育成５年計画」

――サカナＡＩはどうやってスタートしたのですか？

ハ「２０２２年にGoogleを辞めると決意しました。生成モデルとかに興味があって、そっちの分野がどんな状況か知るために、試しにあちこちのスタートアップにパートタイムで働いてみました。当時、Stability AIで契約社員として数カ月働きました。けっこう楽しかったんですけど、まあ、カオスな状態でしたね。でも、おかげでスタートアップの世界を知ることができました。

これも、あなたの本に関係があるんじゃないかな。2022年の終わり頃、日本がかなり変わってきたのを実感しました。経済も政府もテクノロジーのインフラ再開発に本気で取り組もうとしていて、『今まで見たことないくらい真剣だな』と感じました。

2022年11月、岸田政権が『スタートアップ育成5年計画』を発表しました。『5年で10万社のテック系スタートアップとテック系ユニコーン100社を日本で産み出すぞ』という目標を掲げて。

しかし、日本語で書かれた記事では総スカンだったんです。『絶対にできるわけない』って。でも、日本で暮らしてる外国人から見れば、政府があそこまで本気になっているのを初めて見た。それで、日本でAIユニコーンを立ち上げるなら、自分が挑戦しないとダメじゃないかって考えたんです」

――具体的にどんなスタートアップ支援政策がありました?

ハ　「そこはじっくり調べました。政策はたくさんあります。一部は小規模なやつで、たとえばスタートアップの従業員向けストックオプションの課税方法が変更され、所得税ではなくキャピタルゲイン課税が適用されるようになりました。これは大違いです。税率で20％と50％の違いですから。

移民に関してはまだまだ課題が残っていますが、スタートアップ創業者の入国がいくらか容易になりました。スタートアップ・ビザが導入されて、テック系の従業員も簡単にビザが取得できるようになりました。あと、政府がスタートアップ向けに融資も提供しています。ただ、サカナＡＩには必要ありませんでした。

『これぞ』という目玉政策を挙げるなら、政府自らが日本のベンチャーキャピタルへの最大の投資家になったことですね。産業革新投資機構（ＪＩＣ）などを通じて政府が投資するようになったのは大きな変化です」

――資金は提供するけれど運営には関与しない「リミテッドパートナー（ＬＰ）」になったわけですね。

ハ「そう、ＬＰになりました。外国のベンチャーキャピタルが日本にやってくる理由は様々ですが、その多くは、自分たちのファンドへの出資を募るためにＬＰとしての日本政府と話をするためです。日本に来ているベンチャーキャピタルのＬＰは、おそらくＪＩＣその他の日本政府関連の機関でしょう」

――なるほど。ＪＩＣが資金提供するときには、スタートアップの選定に積極的に関わるのでしょうか。それとも、ベンチャーキャピタルに任せきり？

ハ「原則として、ベンチャーキャピタルにお任せで役割を分離していますね。ただ、実際にはそのときの状況次第です。日本だと、ＪＩＣは日本のスタートアップに投資するようにベンチャーキャピタルにいくらか圧力をかけていると思います。ベンチャーキャピタルのほうでは、『日本のスタートアップに投資する義務はない』と言いますけどね。JICの人たちと話した感じだと、おそらく事実じゃないですね。彼らは日本のスタートアップに投資させたがっています」

――ちょっと前に戻って質問したいんですけど、日本政府がテック系スタートアップ育成に本気だと思ったのがサカナAIを起業するきっかけだったという話でした。

ハ「ええ、その通りです。他にも要因はありますよ。例えば、うちの会社に利益をもたらした間接的な影響もありました。経済産業省がNEDO（新エネルギー・産業技術総合開発機構）の研究プログラムを通じて補助金を出していて、うちはそれに応募して国内7機関の1つに選ばれました。それでエヌビディア社製の画像処理半導体（GPU）「H100」256個を数カ月無料で利用できました。これはサカナAIにとって重要でした」

大切な政府による需要喚起

――なるほど、計算能力の支援がサカナAIを助けた重要政策だったわけですか。

ハ「その1つですね。他にもありますよ。経済産業省のような組織から支援を受けているという事実が重要なんです。われわれのようなAI企業は、まだ商業利用はそれほど発表していないが、『あそこは政府から支援されている』ということで、B2BやB2Gの将来的な取引の機会がたくさん開かれます。

経済産業省関連の組織からの支援で補助金を得た7社の1つだという実績が、一種の信用になるわけです。他の省庁と話をするとき、『AIサービスの利用について検討してみるのはいかがです？』と話を持ちかけやすくなるんです」

――需要がつくりだされて、最初の顧客を見つけやすくなるわけですね。

ハ「そうそう、私たちは政府にこそ顧客になってほしいんです。うちの顧客になってほしいんです。『我が社は、おたくの役に立つサービスを是非とも提供したいんです』って。そうじゃなかったら、政府の支援の意味ってないでしょう？」

――確かにそれってアメリカでは大きな話題になってますよね。アメリカだと、政府からスタートアップへの支援といったら、なにより資金調達の支援で、あとは規制関係での支援くらいです。需要面の支援が抜けてるんですよ。でも、いまアメリカが製造業を強化しようとするなかで、需要保証や先行購入保証がきわめて重要だってことが証明されています。ある意味、アメリカ政府はこのことを忘却していたんです。日本がこの重要性を覚えているのはいいことですね。すごく重要だと思います。

ハ「最近だと、日本でもスタートアップを対象にした政府調達案件があります。そのなかには、防衛など地政学に関連した分野の案件もあります。アメリカでは防衛関係のテック分野が急成長してますよね。それと同じ動きが日本でも出てくると予測しています。サカナAIは政府向けビジネス一辺倒というわけではありませんが、そっちの方面も探求する値打ちがあります」

ソフトウェア弱国での大きな野望

――日本のソフトウェア産業がいまひとつなのは有名ですよね。ずっと苦戦を続けてます。そこで、ぜひ聞きたいのですが、日本のソフトウェア産業の主な弱点はなんでしょう？　また、日本のソフトウェア産業が全体的に弱いことで、人材の確保で問題はありましたか？

ハ「いい質問ですね。そう、伝統的に日本はソフトウェアがダメです。なぜかと言えば、何十年も前に『あれはブルーカラー労働だ』と考えられたからですよ。これが間違いでした。東京大学などの一流大学を出る人たちの大半は、法学や経済学を学んで、弁護士や政治家や経営者になるのが主流でした。

工学分野でも、ハードウェア技術者の方がずっと威信のある職業だと考えられていました。『モノづくり』の文化ですね。つくりたいのはモノであって、『ソフトウェア？　そんなもんは後付けでモノを繋ぐだけだろ』という考えで、単純肉体労働みたいなものだと思われていたんです。そうして出来たのが、日本の「システムインテグレータ」産業ですよ。そういうシステムのソフトウェアを書いて接続する仕事を担当していました。残念ながら、全体的に、日本のソフトウェア産業の状況はかなり寂しいですね。

人材確保の話でしたね。サカナＡＩは、日本で世界クラスのＡＩ研究開発企業をめざして立ち上がりました。日本にはＡＩ分野でそういう一流のＲ＆Ｄ企業が必要だと認識していたからです。アメリカでは、元Google社員がＡＩ企業を立ち上げてもニュースになりませんが、日本ではニュースになります。

そこを活かして、日本でサカナを立ち上げました。これには主に３つの利点があって、その１つが採用に関連しています。それは、注目度です。なぜか？　ＮＨＫの朝のニュースやテレビ東京の『ワールド・ビジネス サテライト』といった広く視聴されている番組が、うちを取り上げてくれました。元Google社員２人と元政府職員１人で立ち上げた、どうってこともない小さなスタートアップを特集してくれたんです」

競争率１００倍、世界中から応募者殺到

――「必要なのはとにかく注目（アテンション）のみ」ってやつですね。

ハ　「そうそう、〝Attention is All You Need〟（生成ＡＩ革命のきっかけとなったライオン・ジョーンズらの２０１７年の論文名）。それが第一の利点でした。第二の利点は、さっきも言った政府支援です。そして、第三の利点が採用です。他のいろんな企業で再現可能だとか応用可能だとかは言えないかもしれませんが、サカナＡＩの場合、もの凄い応募があります。アメリカ基準では大したことはないのかもしれませんが、現時点では、サカナＡＩには２０００人近い応募者がいます。うちには、リクルーターもいないんですよ」

――総従業員数は何人でしたっけ？

ハ「50人くらいですね。採用するのは約1％です。Googleフォームをウェブサイトに貼っておいて、応募者にはそこで詳しく記入してもらっています。最初のチェック欄には、『サカナＡＩで働くためには、日本に生活拠点を置く必要があることを理解しています』とあります。これにチェックを入れないとフォームを送信できません。そうやって、大勢の応募者をふるいにかけています。

統計を見ると、応募者の3割くらいが既に日本在住です。ただ、必ずしも日本人とは限りません。『いま日本に居住している』という意味で、日本暮らしの外国人も含まれます。残り7割は世界各地からの応募で、アメリカ、ヨーロッパ、オーストラリア、カナダなどからが多いですね。その中には、日本への帰国を検討している日本人もいます」

――つまり、海外で暮らしている日本人が、国外に出たときよりも良い条件だから日本に戻ってサカナAIに入りたいということですね。

ハ「そう、その通り。実際、アメリカで博士号を取得した日本人の若手社員がいます。『日本企業は何社に応募したの？』と尋ねたら、『サカナＡＩだけ』と言っていました。これは私の説ですけど、ＡＩ人材の需要は非常に高く、獲得競争が起きています。

ＡＩなどの技術分野や物理学の分野で博士号を取る学生が世界に1000人いるとすると、おそらく2割～3割はもともとアジア出身か、数年はアジアで働いてもかまわないという人たちです。この人たちからすれば、北京やシンガポールやソウル勤務も、なんなら東京勤務も検討候補に入るでしょう。いったん香港で働いたなら、東京でも働けますよ。制度は大差ないんですから。現地の人たちも、それなりに英語を理解できますし、なんとかやっていけます」

――いまなら、香港よりも東京の方が暮らしやすいと思いますね。

ハ「ええ、確かにね。それで、アジアの最先端ＡＩ研究ラボで働きたくて、東京を検討している応募者たちなら、サカナＡＩに応募する見込みが大きいわけです。なぜって、それなりに知名度がありますから」

――先行者利益を得たわけですね。

ハ「そう、まさしく。Hugging Face や Together AI や Anduril などに投資しているラックス・キャピタルのような投資家もついていますし、エヌビディアも投資してくれているおかげで、サカナの名が知られています。興味深い研究成果も送り出していますし、1年間のレジデンシー・プログラムで働ける制度も用意しています。

このプログラムは、私が初めて Google に入ったときのプログラムを参考にしたんです。例えば、ヨーロッパで大学教授をやってる人がサバティカル期間に企業に勤務しながら研究して、サバティカルが明けたらまた大学に戻るようなケースもあります。そういうかたちで、1年や2年でも日本に来てＡＩ研究に従事したい人材を引き寄せることができています。

上下の階層構造がある日本の大企業で働くより、サカナＡＩみたいな半分英語で半分日本語、国際的でもあるし日本的でもある企業で働く方を好むんじゃないかと思います。東京の都心にオフィスがあるし、コワーキングスペースなんかもあり、ずっと柔軟に働けますから。そういうかたちで、国際的な人材を引き寄せることができています。

それも当然です。２０２４年、訪日旅行客の人数がパンデミック前を大きく上回る新記録を達成しました。みんな日本に来たがっていて、そのなかには『数年間、日本で暮らしてみたいな』と思っている人たちも相当数いるはずです。

もちろん、旅行で来るのと移住するのでは大違いですが、みんな日本に魅力を覚えているわけです。私が海外の人間だったら、何週間か過ごす場所に香港よりも日本を、東京を選びますよ。

そんなわけで、サカナＡＩは大勢の求職者の関心を集められた。そのおかげで、応募者のわずか１％という選抜ができています。とはいえ、これは私の戦略で、サカナＡＩではうまくいきましたが、日本の他のスタートアップや大企業でも同じようにいくとは言えません」

日本の人材プールは豊富

——いくつか追加で質問があります。まず、日本で企業がAIや広くソフトウェアを手がけようとしたら、最終的に採用される人材の何割が日本人で、何割が海外の人たちになると予想します？

ハ「東京にある他の有名AIスタートアップを見た感じだと、スタッフの95％以上が日本人です。おそらく創業者は日本人でしょうし、日々の業務のやりとりも日本語でやるわけです。その一方で、うちは50：50の割合です」

——なるほど、言われてみれば当然ですね。アメリカに進出してくる企業、例えばアリゾナのTSMCだと台湾人が半分、現地アメリカ人が半分という感じですし、そこを考えると50：50というのは納得いきます。面白いですね。もう1つ質問です。海外から人材を採用するときに、ワークビザ取得に関して日本政府の支援はありました？

ハ「ええ、意外にも、通常のプロセスでやったんです。書類の書き方やビザ申請の手続きに精通したコンサルを雇いました。ビザ取得にかかる時間は、アメリカに比べてずいぶん早い。応募から2～4カ月で採用候補の全員がエンジニアビザを取得できました」

——私は年に何度か日本に来ていて、以前は日本で暮らしていたこともある。2023年春、知らない人たちの花見の席に飛び入りで参加したとき、日本の大学に勤めている多くのAI研究者たちに出会いました。本当にびっくりしました。サンフランシスコで飽きるほど耳にしてる『AGI（汎用人工知能）はいつ実現する？』みたいなお決まりの会話をしないといけなかったのは、少し厄介でしたが（笑）。日本の大学にこれほど多くのAI研究者がいるのかと、驚きました。これって、重要な人材供給源だと思いますか？

ハ「ええ、そう思いますよ。日本の大学、特に大学院生の人材プールを見ていると、最近は、研究室によっては学生の過半数が日本人じゃなかったりしますね。多くは中国やヨーロッパの人たちで、アメリカから来ている学生もいます。その多くは、機械学習やAIといった技術系の研究をしていますね。

日本では、そういう人たちの多くは、あなたが出会ったような人たちです。東京大学、東京工業大学、京都大学、大阪大学などで研究している大学院生たちですね。彼らは、インターンシップやフルタイムの仕事でAI分野を志望しています。

これはとてもいい状況です。というのも、文部科学省が奨学金を出していて、海外の人材を引き寄せているんですよ。日本での生活と研究のための奨学金があって、通常、そういう学生の多くは学生ビザで週28時間までならパートタイム就労が認められています。

さっきのビザの質問にも関係しますけど、大学院生をインターンシップやパートタイムで雇用するとき、ビザがらみの問題はずいぶん楽になります」

群雄割拠する日本のＡＩスタートアップ見取り図

――次の質問です。日本のエコシステムについて伺います。というのも、日本の研究企業は素晴らしいのですが、日本が求めているのはクラスター、つまり巨大なエコシステムですよね。Spellbrush と iKHOR という２つの会社の人たちを知ってます。どちらも、アート系の生成ＡＩ、ビジュアル生成ＡＩを手がけてます。Spellbrush は『自分のマンガをつくろう』的なやつで、iKHOR は『アニメの動画中割をつくろう』というやつです。どちらも、いま日本に支社を設立中です。

一般に、アメリカのＡＩ企業が日本支社を設立したり、サカナＡＩがやっているような日本発の企業を立ちあげたりすることに世間の関心は高まっていると思いますか？　大規模なＡＩスタートアップが日本支社をつくる事例をいくつか見たことがあります。

ハ「Midjourney が Niji Journey という支社を日本につくりましたよね」

――Niji Journey は Spellbrush の製品ですね。同じ会社です。

ハ「私が知る限り、どちらも Midjourney の準子会社ですね」

――彼らは収益配分の契約を結んでいます。所有は独立しているんですけど、Niji の収益を共有しているんです。

ハ「そうだね。おそらく、類似のベースモデルを使いつつ、別々のデータセットなどで細かく調整する契約になっているんでしょうね。彼らは、日本に市場を見つけたんでしょうね。きっと、日本ではアニメは産業で重要な部分を占めているんでしょう。アニメ業界でいまどれくらいSpellbrushやNiji Journeyが利用されているのか私にはわかりませんが、もしかすると、日本のスタジオよりも外国人や個人消費者の方がよく利用しているのかもしれませんね。この前に聞いた話だと、どうもそういう感じみたいです」

――そうですね。スタジオに売り込みたがっているのは、iKHOR Labsの方だと思います。というのも、iKHORがやっているのが、動画の中割、つまり動きのキーになる原画の間のコマを用意する作業なんです。いまのところ、そういう動画は、すごく低価格で韓国とかに外注されているらしいです。一方で、SpellbrushのNijijourneyの日本進出は、日本のユーザー獲得だけでなく、モデルの細やかな調整に関する協力を得るためだと思います。

ハ「なるほど、それは理にかなってますね。彼らにとって日本はうってつけの市場なんだと思います。他のスタートアップはあまり見てませんが、私の知っているところだと、Turingという自動運転スタートアップがあります。

イギリスのWaveがやってるような事業を展開していて、自動運転の大規模世界モデルを訓練して、それを基に生成AIや世界基盤モデルによる自動運転ソフトウェアを日本で開発しようとしています。成長しているようです。あそこは日本企業ですね。

ちょっと話を戻しますが、先ほど、大手AIスタートアップが話題に出ましたよね。PKSHA Technology、Turing、Preferred Networksなどの何社かでは、従業員の95%以上とか

90％以上が日本人で、基本的に日本語を話すと言いましたよね。

一方で、外国人が立ちあげた小さいＡＩスタートアップもたくさんあって、そちらでは全員が外国人というケースもよくあるんです。つまり、二極化してるわけです。完全に外国人主体のスタートアップか、完全に日本人主体のスタートアップか、どちらかです。日本人と外国人が半々という構成のスタートアップは、あまり見かけません。

その辺りの事情には、物理学分野への関心がいくらかあると思います。核融合に取り組んでいるスタートアップもありますし、ロボット工学やハードウェアに取り組んでいるスタートアップもあります、特にアメリカで関心が高まっている分野なので、今年はロボット工学関連のスタートアップが増えるかも知れません。

ただ、全体的に見ると、外国のスタートアップが日本支社を設立する事例はあまり見かけません。Databricks のように日本支社をもっている大手スタートアップは、主に日本での販売を目的にしています。OpenAI も日本現地オフィスを開きましたが、これはＣｈａｔＧＰＴが日本でもの凄く人気があって、日本の法人顧客にサービスを提供したいという事情があるんでしょうね」

電力、データセンター、テクノロジーの地政学

——日本では資本が比較的に安価なので、あちこちの企業が巨大データセンターを建設してい

ると聞きました。

ハ「ええ、日本のデータセンター分野は絶好調ですね。それに、きっとご存じでしょうが、ソフトバンクの発表もありました。数カ月前、ソフトバンクの孫正義氏がエヌビディアのジェンスン・フアンと握手して、最新GPUアーキテクチャのBlackwellチップを10万個も買い付けましたからね。

日本には、AIデータセンターの構築に積極的な企業がたくさんあります。あまり知られていませんが、GPUベースのデータセンターが最初に登場したのは日本の研究室なんですよ。理化学研究所のスーパーコンピュータ富岳の1つが、エヌビディアのGPUを使った世界初のスーパーコンピュータでした。

ただ、日本では電力の問題もあります。私は専門家ではありませんが、10年以上前の東日本大震災以降、原子力発電所の大半が停止していますよね。これだけのデータセンターのエネルギー消費となると、電力の供給源が重要になってきます。信頼性が高くて安価な電力設備の近くにあることが大切です。そのあたりは、日本にとって課題かもしれません。

とはいえ、いろんな理由で、特にソブリンAI（国家管理下のAI）の観点や地政学的な理由から、各国が自国内にデータセンターを持ちたがるのも理解できます」

――ただ、日本が自動運転やドローンの分野でいまいち存在感がないのは、ちょっと意外ですね。

ハ「ああ、確かに。今や、ドローン市場の9割以上を中国・深圳が占めていますからね。アメリカも同じですよ。アメリカでもほとんど動きがありません」

——いや、アメリカではスタートアップがいくらか動いてますよ。

ハ「日本では、ドローンを飛ばすのに許可がいりますよね。基本的には違法なんですよ。日本でドローンを飛ばそうと思ったら、書類をたくさん書かないといけないでしょ？　実際、日本の屋外でドローンなんてまず見かけませんよね。この分野でもっと発展があるといいんですが。

自動運転も似たようなものですね。日本には、自動運転に本気で取り組んでいる企業は2社しかありません。もっと増えてほしいですね。すごく重要ですから。ほら、地方に行くと、見るからにバス運転手が不足してるじゃないですか。高齢者がどこかに出かけようとしたら、バスを利用する必要があるのに。人口減少社会では、最終的に自動運転が重要になってきますよね」

海外からの直接投資を促進するには

——あと2つだけ質問します。海外からの直接投資をもっと増やすために、日本政府が明日にもすぐできる重要な政策はなんだと思いますか？　あなたがやったような事業を日本で立ちあげやすく、しかももっと魅力的にするには何が必要でしょうか？　どこに課題があるのでしょうか？

ハ「面白い質問ですね。自分は創業者なので、他の人には見えている課題が見えていないかもしれないでしょう？　私は日本暮らしが長いですし、この国のこともいくらかはわかっていますから。それに、そういう課題って乗り越えてしまえば逆に他社に対する強みにだってなったりします。おそらく、他の人たちが苦労しているのに私には見えていないことがあるとしたら、日本を全般的に理解できていないことですかね。

とはいえ、そこに関して政府にできることがあるかどうか。日本では、日本語を使うわけじゃないですか。会社を登記しようとなったら、法務局に出かけていって日本語の書類をたくさん書かないといけないし、日本語がまるでわからないスタンフォード卒の外国人が会社を立ちあげようとしたって、それは無理でしょう」

——日本語を学ぶ必要がありますね。

ハ「理屈の上では、日本政府がなにもかも英語対応してくれるという政策もあり得ますね。でも、まあ、外国のスタートアップの助けにはなるでしょうけど、政府がやりたがるかな」

——現実味はないですね。

ハ「だよね。それだと香港みたいになってしまうし、なにもかも英語対応したとして、できあがるのは外国人同士で閉じこもる殻だよね。それではつまらない。私自身が、賛否両論を抱えてるな。万事をものすごく容易にして、アイビーリーグ卒の特権外国人を赤絨毯でお迎えして会社立ち上げの便宜を図るのがいいのか、それとも『日本に来るんだったら、多少は日本語を話した方がいいし、日本での働き方をちょっとは学ぶべきだよ。日本でなにかをはじめる前に、こっちの文化を理解しておきなよ』というスタンスをとる方がいいのか」

——その中間をいくやり方もあるんじゃないですか。短期集中で学ぶ日本語クラスを提供したり、日本で事業を始める前に海外で日本語を学んでおけるコースを用意したり、もちろん、すぐに日本で働けるレベルには達しないでしょうけれど、日本人の共同創業者とマッチングすることはできます。

ハ「そうですね。それに、日本では、政策よりも具体的な取り組みをあれこれと見てきました。スタートアップの拠点の1つである渋谷区には、渋谷スタートアップオフィスがあって、特に外国人創業者向けに無料サポートを提供しています。『この書類の記入を手伝いますよ』『共同創業者を見つけるお手伝いをしますよ』『銀行口座開設などの事務手続きのガイドをしますよ』といった具合です。そういうサービスは存在します。でも結局のところ、すべてが当たり前のように整っているわけではないんです。私から見ると、多くの課題は政策的な問題というより、単に日本が日本語を使う国だからということなんですよね。アメリカで起業するときは英語を話せないといけないのと同じことですね」

強力なソフトパワーを武器に優秀な事業者を呼び込め

――では最後の質問ですが、私の本のテーマについてお聞きしたいと思います。日本の文化、つまり日本の都市のあり方、日本の製品、そしてアニメなどすべてをひっくるめて、日本の文化には信じられないほどの魅力があると思うんです。

そのおかげで、日本政府にとって絶好の機会が生まれています。海外の企業に日本への投資を促す大規模なキャンペーンを展開する機会です。創業者はもちろん、TSMCのような大企業、ベンチャーキャピタル、あらゆる人に、日本への投資を促すキャンペーンを展開する好機が、いま生まれていると思うんです。なぜなら、みんなが物理的に日本にいることを望んでいるからです。

観光ブームによって、世界中の人々が『日本に行けるんだ』と気づいた。日本は閉ざされた国ではなくて、実際にはとても行きやすい国なんだとみんなが気づいています。私は、この文化的な魅力が巨大な経済的機会を生み出すと考えています。この考えについて、どう思われますか？

ハ　「ええ、正しい方向に向かった考えだと思います。『日本には強力なソフトパワーがある』、これが前提ですね。これだけで巨額の投資やインフラ開発や人材を引き寄せられはしないけれど、これなしには進まない。間違いなく、日本はそのソフトパワーを活用すべきですね。

ただ、日本にとって意味のあるかたちでうまく実現できるかどうかは、今後の課題です。たとえば、４０００万人の観光客を受け入れるのと、ここに住んでもいない外国人に東京の不動産を全部買い占められるのとでは話が違いますよね。実際、東京都心の不動産価格はべき乗則で上がっていて、これも問題です。

さらに、日本に投資する企業についても考える必要があります。単に日本企業の受動的なオーナーになるだけなのか、それとも実際にここに来て仕事をして、システムを改善するのか。要するに、ウォーレン・バフェットのように大金を使って商社を買い漁るような人たちが欲しいのか、それとも、実際に日本に来て経営慣行を改善してくれる優秀な事業者が欲しいのか。政府も私たちも、こういった点をよく考えるべきだと思います」

――グリーンフィールドＦＤＩを特に私が強調しているのは、まさしくそれが理由です。つまり、既存企業買収タイプのＦＤＩではなく、日本での新規事業立ち上げタイプのＦＤＩを重視する理由はそこにあるんです。

ハ「前に進むためには、それが必要ですよね。他国の企業を買収するだけなら誰でもできます。でも、自分の専門知識やノウハウを組み込んで、プロセスや手順を改善するのは、また別の話です。今回の本でそういった点を強調するのは良いことだと思います。出版を楽しみにしています」

第2部

Transforming Japanese Society

変容する日本社会

第5章
Chapter. 5

実は、日本は様変わりしている
Actually, Japan has changed a lot.

BBC特派員の問題提起

ＢＢＣ東京特派員のルーパート・ウィングフィールド＝ヘイズが書いた日本についてのエッセイが話題になっている。タイトルは、Japan was the future but it's stuck in the past（「日本は未来だった。しかし今では過去に囚われている」）[*1]だ。

私も読んでみたが、その内容にはひどくイライラした。このベテランジャーナリストは、２０１２年から日本に暮らし、働いた印象をまとめている。彼は、日本は停滞して硬直した国であるとして、こう断言する。

「私がこの国に来て10年経ち、日本のありようにも馴染んで、次の点を受け入れるに至った――日本は、変化しそうにない」

だが、待ってほしい。日本に暮らしたことがあって、２０１１年以降、毎年１カ月間ほど日本に来て過ごすのを繰り返している人間として、また日本経済について、これまでかなりの分量を書いてきた観察者として言わせてもらえば、日本は間違いなく様変わりしている。とても目につきやすくて重要なところが、あれこれと変化している。

ただ、ウィングフィールド＝ヘイズの記事が日本について誤解している点をまとめて解説する前に、次の点を言っておくべきかもしれない。彼に会ったことはないが、彼はいい人で、「日本に現状よりも良くなってほしい」と本心から望んでいるように思える。それに、彼が述べている批判のなかには、正確で重要な点もある。

例えば、日本の根深い問題は老人支配だという指摘はまったく正しい。政治における老人支配の問題に関しては、高齢の有権者によって高齢かつ硬直した政治家の権力が維持されている、と彼は言う。

ただ、私の考えでは、それと同等か、ひょっとするとより重大な問題として、企業における老人支配の問題がある。日本では、ほぼあらゆる企業が年功序列による昇進制度を採用している。それに加えて、スタートアップの割合が低く、人口の高齢化が進んでいる。その結果、企業の重役・管理職には硬直した階層ができあがっている。

彼ら老人支配層は、新しいテクノロジーやビジネスモデルを取り入れたり、新しいリスクを取ったりするより、衰退しつつはあるが自分の居心地はいい小さい帝国を維持することを望んでいる。

それだけではなく、テクノロジーのイノベーションに次ぐイノベーションをみすみす逃してもいる。１９９０年代以降、日本企業はマイクロプロセッサやスマートフォン、半導体などのイノベーションに乗り遅れ、外国のライバルたちから引き離される結果になった。

また、日本にたくさんある単純労働の生産性の低い雇用を彼が非難している点も正しい。2人分の仕事に6人雇うのは、この国ではよくあることだ。日本の賃金がこれほど低いままで停滞している大きな理由はそこにある。

問題の核心はなにかと言えば、新しい高成長企業が欠如している点だ。その背景には、研究開発の不足、スタートアップの後期段階での資金提供の不足、そして特に自国市場が縮小しているなかで輸出市場を開拓できずにいることにある。

というわけで、「かつては未来を先取りしていたけれど、それも今は昔」になってしまったというウィングフィールド＝ヘイズが描く日本像は正しいし、大きな問題点として老人支配を指摘している点も正しい。とはいえ、そこからもっと広げて日本は停滞して硬直した社会だと特徴づけるのは、大きく的を外している。

この種の記事を読む欧米の読者が相も変わらず１９８０年代や１９９０年代の陳腐なイメージで日本を思い描いてしまうのではないかと心配だ。戦後の製造業での数々の成功、バブル経済、「失われた10年」などといった陳腐な捉え方に、このジャーナリストは繰り返し言及している。

確かにそういう出来事は重要だ。しかし、そういう話では今の日本がどんなものかを見定めたり、2020年代に日本が直面している課題を理解したりすることにはならない。ともあれ、彼が理解し損ねている近年の日本の大きな変化について話をしよう。

建物のスクラップ&ビルド

ウィングフィールド＝ヘイズが述べていることでとりわけ唖然とするのは、日本の都市の建築環境が停滞している、という話だ（この解釈が正確だといいのだが）。建物を建てて30年後には取り壊してしまうことで有名な国をそんなふうに言うのは、とても奇妙だ。日本を訪れるたびに、あちこちにたくさん新しい建物ができていて、いつもびっくりしているというのに。

ウィングフィールド＝ヘイズは、1990年代前半の日本の都市景観を懐かしげに前記エッセイでこう振り返っている。

1993年に初めて日本の土を踏んだとき、……［何に目を見張ったかと言えば］東京がいかに清潔で整然としているかということだった。……東京はコンクリートジャングルだったが、美しくマニキュアをほどこされたコンクリートジャングルだった。……東京の皇居前には、三菱、三井、日立、ソニーといった日本有数の巨大企業のガラスの塔がひしめいて、見上げる空を埋め尽くしていた。

これは確かにそうだった。でも、実を言うと、この描写は1993年よりも今の東京にこそずっとうまく当てはまる。20年前に私が初めて日本に来たときよりも、今の東京のほうがずっと優美にマニキュアを施されている。ゴチャゴチャした「下町」エリアも現代化が進んで、鄙びた「昭和」スタイルの集合住宅は現代的な建物に建て替えられ、いろんな彫刻や装飾物が至るところに追加されている。

一方、日本の都市と聞いて思い浮かべる豪華絢爛な看板やネオンサイン、聳《そび》え立つビル群は、ひたすら増える一方だ。森ビルが東京の至るところに建設している壮大な高層建築の数々は、見逃しようがない。なかでも都内ばかりか日本一の高さを誇る港区の麻布台ヒルズは年内に営業開始予定だ（その後、2023年11月に開業した）。

建設が進んでいるのは高層ビルだけではない。ショッピングセンター、バー、クラブ、きらびやかな雑居ビル（いろんな看板がついている）も、とどまるところを知らず増えている。東京に10年も暮らして、こういうことを一切見過ごしてしまうなんてことがあるだろうか。

というか、日本が絶えず「スクラップ&ビルド」を繰り返して建物を建てるのに熱をあげているからこそ、日本の賃料は手頃なものにおさまっているし、欧米とは異なり、日本では密度の高い開発が地域の政治事情で行き詰まることがない。ウィングフィールド＝ヘイズの記事の冒頭では、日本の住宅がだんだん価値を上げるどころか下げていくことに不満を述べている。

日本では、住宅は車みたいなものだ。家を建てて住み始めるやいなや、新居はどんどん値下がりしていく。ローンを組んで40年かけて払い終えたころには、その住宅の価値はほぼ「ゼロ」になっている。初めてＢＢＣ特派員としてここに移り住んだときには、このことに唖然とした。そして10年経って日本を離れようと支度を調えている今も、この点は変わっていない。

奇妙なことに、この事実はまるで宿痾《しゅくあ》のように語られている。日本がとっくの昔に解決しておいてしかるべきだったのに、いまだに引きずっている問題のような口ぶりだ。でも、現実にどうかと言えば、不動産物件の価格が下がっていくことこそ日本最大の強みだったりする。

日本人は、住宅を金の卵みたいに扱っていない。そこが欧米の多くの地域と違う。欧米でよくある「そりゃいいことだ。でもウチの家の裏ではやらないでね（not in my backyard）」というＮＩＭＢＹ主義《イズム》が、日本ではずっと少ない。

「そんなことをされてはウチの物件の価格を落としかねない」と心配して地域の開発を阻

〈 図表5-1 〉
東京を含む世界4都市の住宅ストック（住宅数）の比較

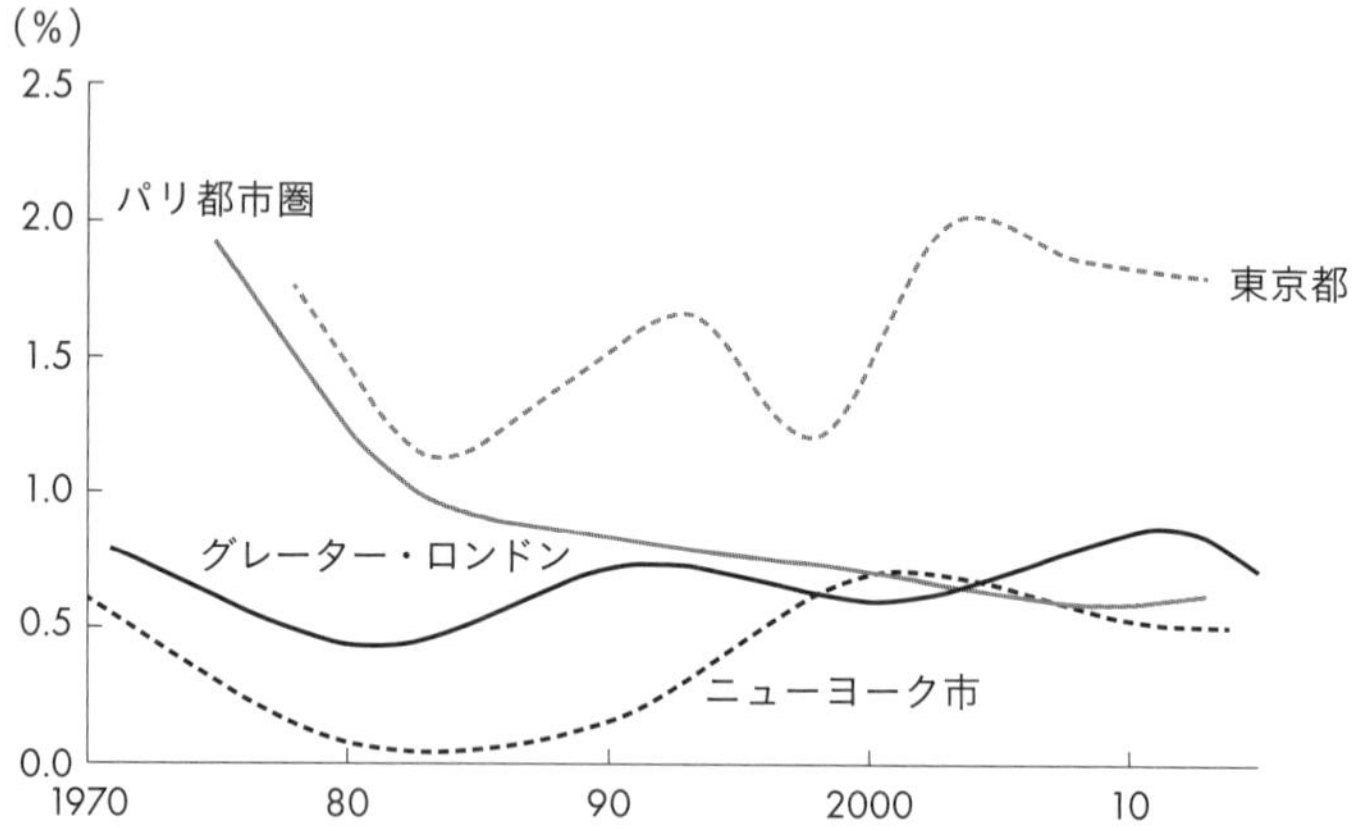

〈 図表5-2 〉
東京都の1人当たり平均床面積（1963年～2013年）

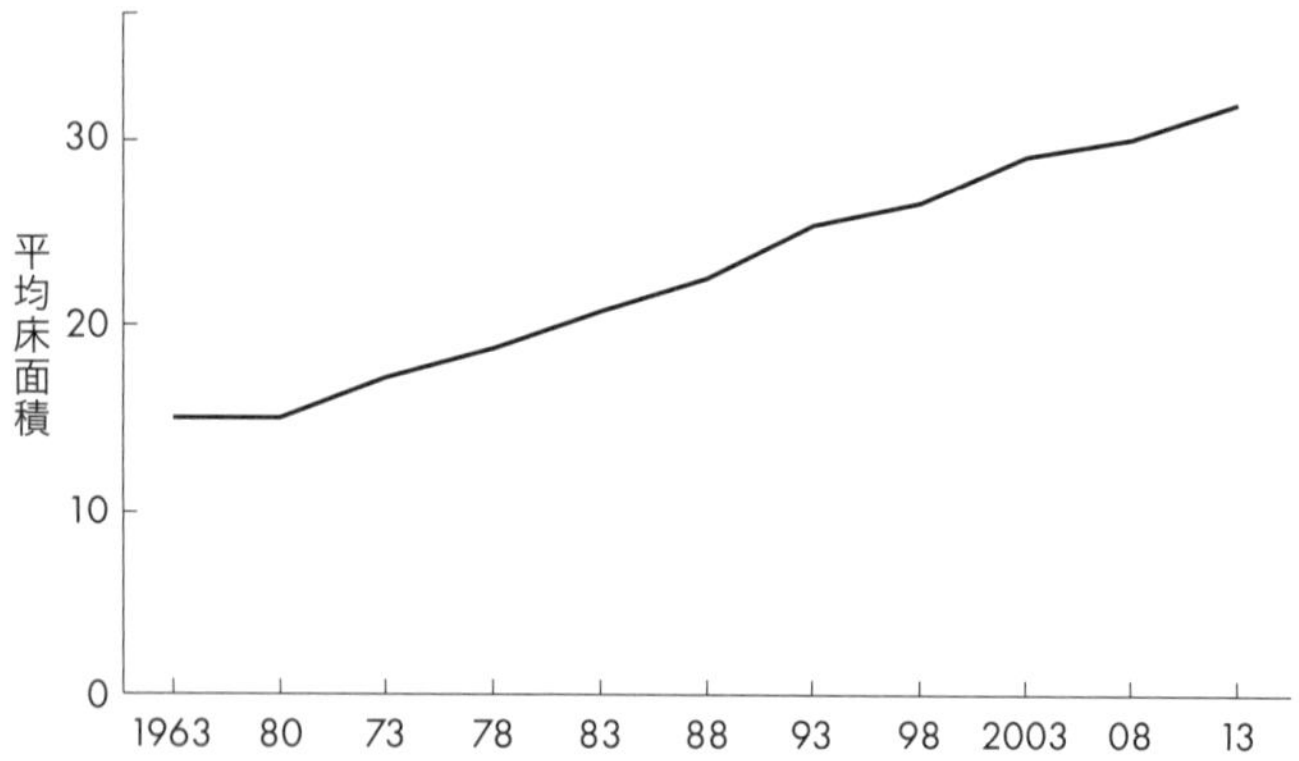

出所／総務省統計局「住宅・土地統計調査」

止すべく断固として抵抗したりはしない。というのも、彼らの住宅価値はどっちにしたってゼロになる見込みだからだ。

その結果として、東京をはじめとする日本の都市は、住居コストを下げるのに十分なほど建物を建てることに成功している。人々が地方から都市部に絶えず移り住み続けているにもかかわらずだ。「日本は停滞している」と思っているなら、西洋の主要な都市のどれかと東京とを比べてみるといい。

さらに目を見張る点を挙げよう。こうして住居数を確保しつつも、日本は平均的な人の住居サイズを広げている。

アメリカ人より資産リッチ

ウィングフィールド＝ヘイズが憧憬しているバブル時代には、日本の都市部のアパートは「ウサギ小屋」と呼ばれ、嘲笑されていた。ところが、あれから40年後、その都市部の1人当たりフロア面積はヨーロッパの標準に近いし、イギリスを上回っている。

住宅価格が下がっていくのが問題だとウィングフィールド＝ヘイズが考えたのは、どうしてだろう？　もしかすると、「住宅価格が下がっていくようでは、日本の中流階層が財産を築けない」と思っているのかもしれない。

けれども、住宅価格が下がる傾向があるときには、そもそも購入する時点で住宅はそれほど高くつかない。住宅価格が低めに抑えられているおかげで、浮いた分のお金をそれぞれの世帯は株や国債に回せる。

非生産的な土地ではなく生産的な資産で財産を築くのは、経済にとってもいいことだ。なるほど住宅が不足していると、その価格はどんどん上昇するかもしれない。でも、国全体のレベルで見てみると、それによって経済成長が足を引っ張られてしまう。しかも、実のところ、土地ではなく生産的な資産で財産を築くのは中流階層にとってもいいことだったりする。

２０２２年、日本の成人１人当たり資産の中央値は約12万ドルだった。アメリカの約９万３０００ドルを上回っている（かつての伝説的な世帯貯蓄率の崩壊が起こってもなお、この数字！）。中流階層の財産を住宅価格に関連づけないという選択は、ちょっと異例だ。日本のこの選択は賢そうに思える。過去20年のあいだに、住宅政策・建設・景観・都市の在りように関して、日本は欧米のほぼどこの国よりもうまくやってきた。欧米の都市に蔓延している物理的な停滞ではなく、絶え間ない変化を歓迎することで、これを成し遂げた。

赤ちゃん、移民、女性管理職はみんなが思っている以上に多い

多くの識者と同様、ウィングフィールド＝ヘイズも、日本の低出生率について長々と語っている。

〈図表5-3〉
東アジア諸国の出生率比較

	人口（百万）2022年中盤	1,000人当たり出生数	1,000人当たり死亡数	国民増加率	純移動率	人口（百万）		幼児死亡率	合計出生率	人口に占める割合	
						2035年中盤	2050年中盤			15歳以下	65歳以上
アジア	4,730	15	7	0.8	−0	5,094	5,313	23	1.9	24	10
東アジア	1,674	7	8	0.0	−0	1,639	1,533	6	1.2	18	15
中国	1,436.6	8	7	0.0	−0	1,410.1	1,322.5	6	1.2	18	14
香港特別行政区	7.4	5	7	−0.2	−1	7.8	7.7	1.9	0.8	11	20
マカオ特別行政区	0.7	7	3	0.4	6	0.8	0.9	2	0.8	15	12
日本	124.9	7	12	−0.5	−1	115.2	101.8	1.7	1.3	12	29
北朝鮮	26.1	13	9	0.4	−0	26.6	25.8	14	1.8	19	12
韓国	51.6	5	6	−0.1	0	50.9	47.4	2.5	0.8	12	16
モンゴル	3.4	22	6	1.5	0	4.2	5.2	6	2.8	32	4
台湾	23.2	7	8	−0.1	7	23.1	21.8	3.6	1.0	12	17

注／純移動率は、1000人当たりの移出入の割合。

日本人の3分の1は、60歳以上だ。世界で2番目に高齢化の進んだ人口を抱えている。それに、高齢化率1位のモナコは小さな国だ。日本の出生率は過去最低を記録している。高齢化は現実の問題だ。でも、どこの先進国も取り組んでいる問題でもある。どうやら知っている人はあんまりいないみたいだが、日本の出生率を東アジア各国と比べると、どこの国よりも高い。

ブルームバーグのギアロイド・レディが記しているとおり、低出生率と言えば日本を思い浮かべる理由はただ1つ、日本が先陣を切ったからに過ぎない。また、ウィングフィールド＝ヘイズは「日本は高齢化問題への解決策としての移民を受け入れていないそうだ」と主張している。[*2]

移民の流入に対する［日本の］敵対心は弱まっていない。日本の人口のうち、外国生まれは約３％にすぎない。これに比べて、イギリスは15％だ。……出生率低下への解決策として移民の流入を拒否した国がどうなるか見たければ、日本は最初に見るのにうってつけの場所だ。

１９９０年代や２０００年代だったなら、これはかなり公平に特徴を述べた記述になっていただろう。ところが、彼がここで10年過ごしていたあいだに日本への移民流入政策は大幅に変わっている。彼はこれに気づいてしかるべきだった。故安倍晋三元首相によって実施された変化について２０１９年に私がブルームバーグに書いた記事から、ちょっと引用しよう。[*3]

近年、安倍政権は大きな変更を採用した。これによって、おそらく、移民の流入が続くことになるだろう。２０１７年、日本は技能労働者が永住権を得るファーストトラックを設けた。２０１８年には、ブルーカラー就労ビザの数を大幅に拡大する法案

〈図表5-4〉
日本の外国人労働者数のグラフ

「労働者歓迎——2013年から日本の外国人労働者数は倍増」

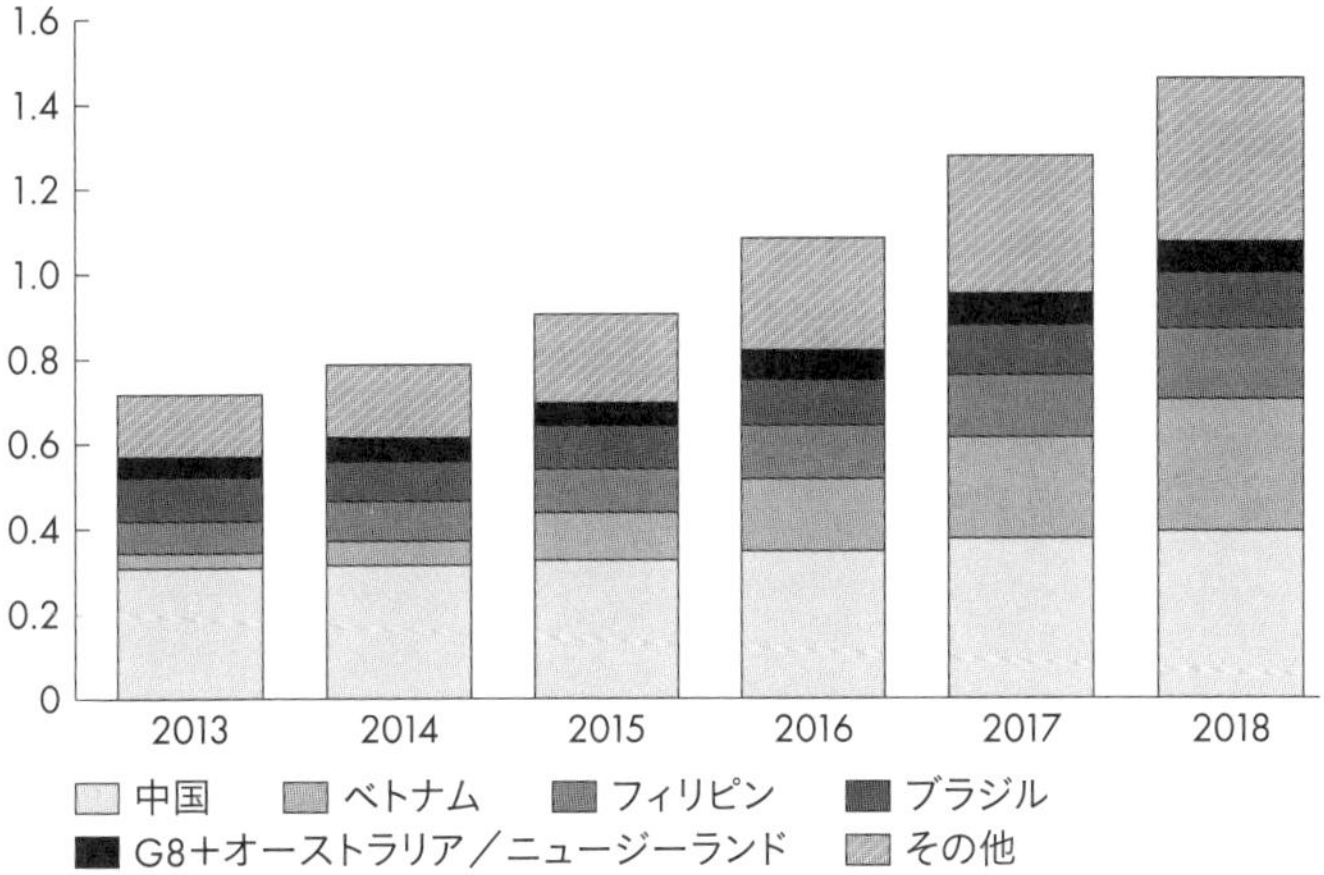

出所／厚生労働省

を可決した。さらに、これは非常に重要なことだが、同法案はそうした移民の就労者が望むなら永住権を認める道筋も用意する。

　こうした変更によって、正真正銘の移民受け入れが実現する。一時的なゲストワーカー政策とは異なる（新しいビザを記述するさいに「ゲストワーカー法」という呼び方がよくされているが、実態は違う）。これに伴って、いずれ、日本に暮らす市民はもっと民族的に多様になるだろう。永住者は、５年経過後に日本の市民権を申請できる。

　ＢＢＣですら、当時、こうした変化の一部を報道している。[*4] こうした政策やその他の結果として、日本に暮らす外国生

〈図表5-5〉
日本女性の労働参加率

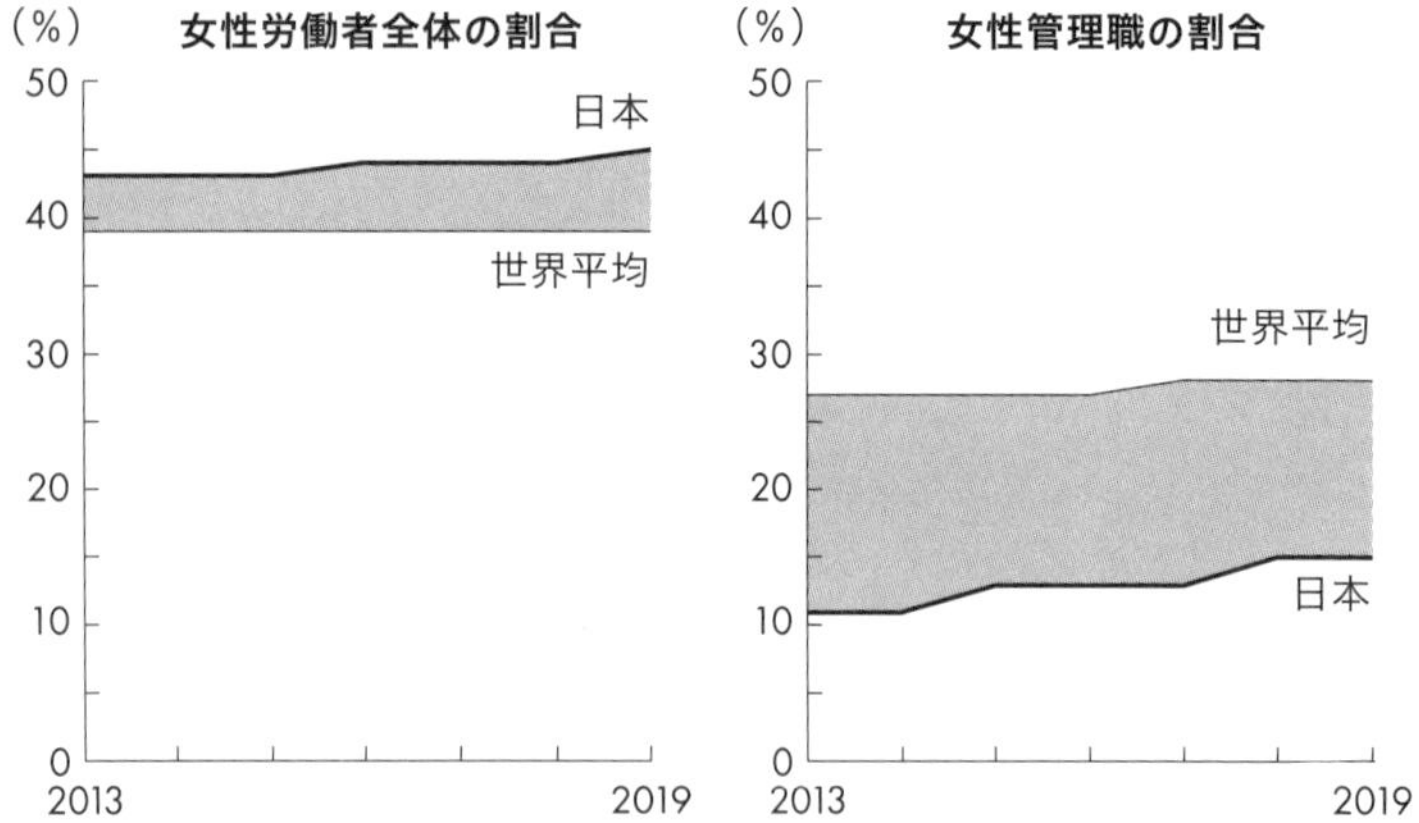

出所／国際労働機関 ILOSTAT; 内閣府男女共同参画局
グラフ出典／マッキンゼー

まれの労働者の人数は、安倍政権になってほんの数年で倍増した。

ウィングフィールド＝ヘイズが引用している「3％」という数字は、ほんの数年前の1％に比べれば劇的な増加と言っていい。東京そのものが、今や国際的な都市だ。2018年の時点で、20歳を迎えた若者の8人中1人は、日本生まれでない人たちだった。*5

さらにもう1つ、職場における女性の役割という例もある。企業の管理職に女性が足りていないと彼がかなり丁寧に説明しているのは正しい。ただ、彼は1つ言い忘れている。彼が日本に暮らしていた期間に女性管理職の割合は、11％から15％に増加している。社会の大変革ではない。けれども、日本がまるで変わらずに停滞しているといった話でもない。

さらに、これと並行して、大量の女性が労働力に参加している。今や、日本の女性就労率は、アメリカを上回っている。[*6]

変化に富む場所

つまり、ウィングフィールド＝ヘイズは２０１０年代に日本にずっと暮らしていながら、彼の日本認識は１９９０年代で止まってしまっている部分が多いように思える。（本人が認めているように）日本語をあまりよく話せないとはいえ、彼の周りで起きていた大きな変化に、彼は気づくべきだった。

ともあれ、読者のなかには、こう尋ねる人もいるだろう。

「で、それがどうして重要なの？」

確かに、日本が停滞しているという非難に対し、なにがなんでも反駁してやろうという私の姿勢には、個人的な苛立ちによる部分もある。決まり文句のような文化的本質論によって、未だに「日本といったら、こういう国でしょ」と昔のイメージを抱いてしまっている欧米人があまりに多過ぎるからだ。

そのことへの苛立ちでこういう反論を書いている面はある。１９８０年代バブルとその崩壊という切り口で日本を考えるのは、サムライの伝統だの、『菊と刀』だので日本を考えるのに比べれば、まだ馬鹿げてはいないとは思う。でも……勘弁してよ。

しかし、もしかすると、こうした議論をする価値は多少あるのかもしれない。日本がより開かれ、グローバル化されていけば、欧米のアイデアや意見によって日本がより良い方向に変わる可能性がある。

外から日本を見る視座は、２０２０年代の非常に差し迫った問題を日本が解決する助けになり得る。企業の硬直化、技術面の低迷、等々。ただ、「日本と言えば、とにかくこういう国」と欧米人が決めてかかってしまったら、琥珀の中で固まってしまった国・文化だと日本のことを考えてしまったら、今現在の日本に提供できるものはそう多くないだろう。実際の日本は、とても変化に富んでいて変わりやすい場所なのだから。（２０２３年1月24日）

日本の生活水準は低すぎる

Japan's living standards are too low

下向きに漂流する実質賃金

日本からこんにちは！　２週間の旅行でこっちに来ていて、せっかくだから日本について何本か記事を書こうと思う。まずは、経済の話から始めよう。

〈図表5-6〉
インフレ率上昇に伴い、
後塵を拝する日本の実質賃金はいっそう浸食される恐れ

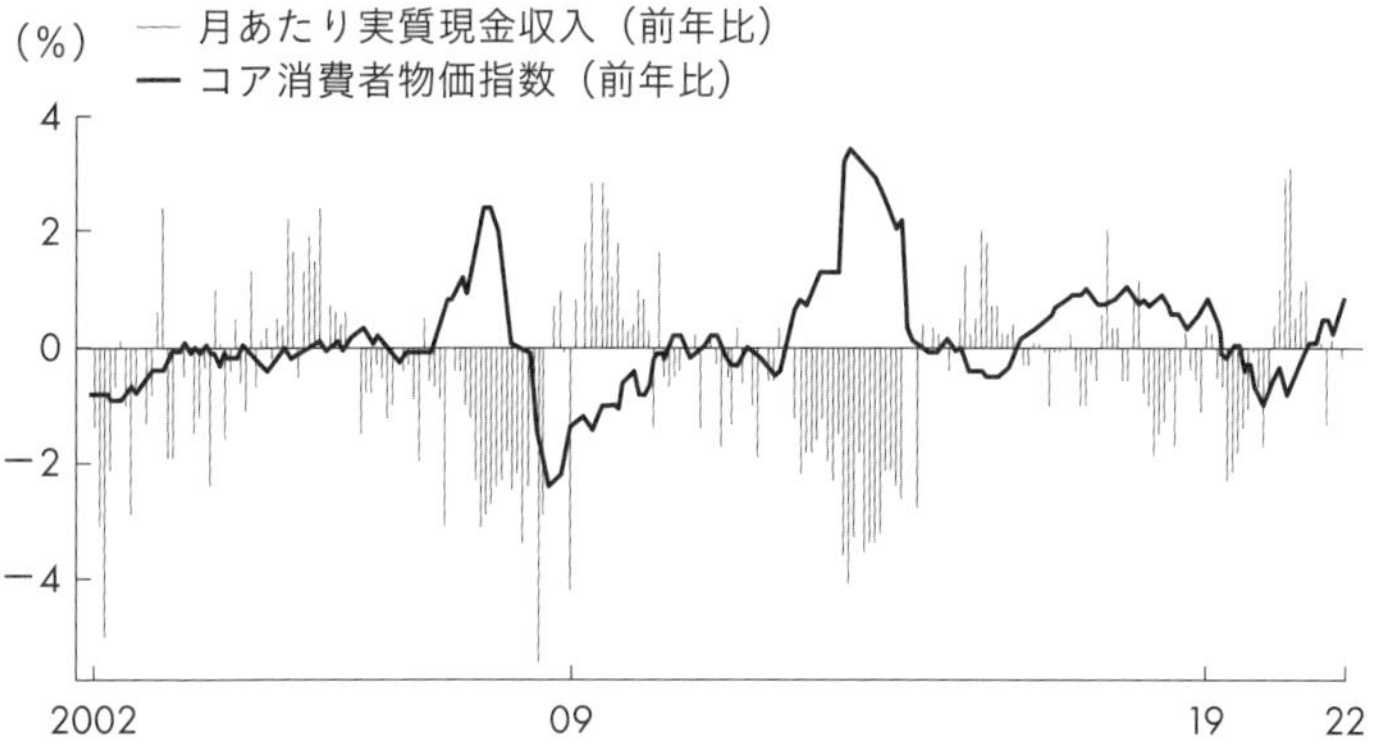

出所／ブルームバーグ

大抵の人が日本について最初に気づくのは、各地の都市がいかに素晴らしいかということだ。とりわけ東京は、現代の驚異だ。綺麗に刈り込まれた木々に取り囲まれて、設計の見事なピカピカのビル群が聳え立っている。

レストランやお店や各種の娯楽は目眩がするほど数知れず、どれもこれも素晴らしい。どこも混み合っているけれど、それでいていつもなぜか静謐《せいひつ》さを感じさせる。

そして、ほんの数分歩けば電車の駅に辿り着いて、そこからどこでも必要な場所に向かえる。他のどんな国も及ばない都市設計・計画の偉業を日本は達成している。それを支えているのは、異例なまでに平和で驚くほど創造的な文化だ。

でも、この夢の楽園みたいな外観の下で、

日本全体はそれほど栄えていない。数十年にわたって、日本の実質賃金は下向きに漂流を続けている。

これが実際の生活にもたらしている影響はどんなことだろう？　日本の人たちは、静かな隠れた貧困に苦しんでいる。ところが、アメリカからやってきた観光客は大抵、こう考えている。

「日本人って、ほぼ全員、中流階級なんでしょう」

というのも、日本はきわめて平等な社会だというあれこれのステレオタイプの認識にどっぷり浸かっているし、アメリカ人が貧困に結びつける目に見える徴候があまり見当たらないからだ。犯罪も、汚物も、朽ちた都市の様相も、日本ではあまり目につかない。

女性と若者に重くのしかかる貧困

でも、そういう認識は間違っている。日本の所得格差は、豊かな国としては平均程度で、日本の相対的貧困率はヨーロッパよりも高い（相対的貧困率は、所得中央値の50％以下にいる人たちの割合と定義される）。

そして、それはあくまで相対的な貧困だ。思い出してほしい。そもそも日本の平均的な生活水準は、他国よりも低い。購買力平価での日本の１人当たりGDPは、アメリカの64％、フランスの87％、韓国の92％にすぎない。中所得国にまで落ちぶれてこそいないが、

〈 図表5-7 〉
相対的貧困率の各国比較グラフ

世界で貧困が蔓延する

貧困率（国内の所得中央値の半分未満の人々が占める割合で定義）

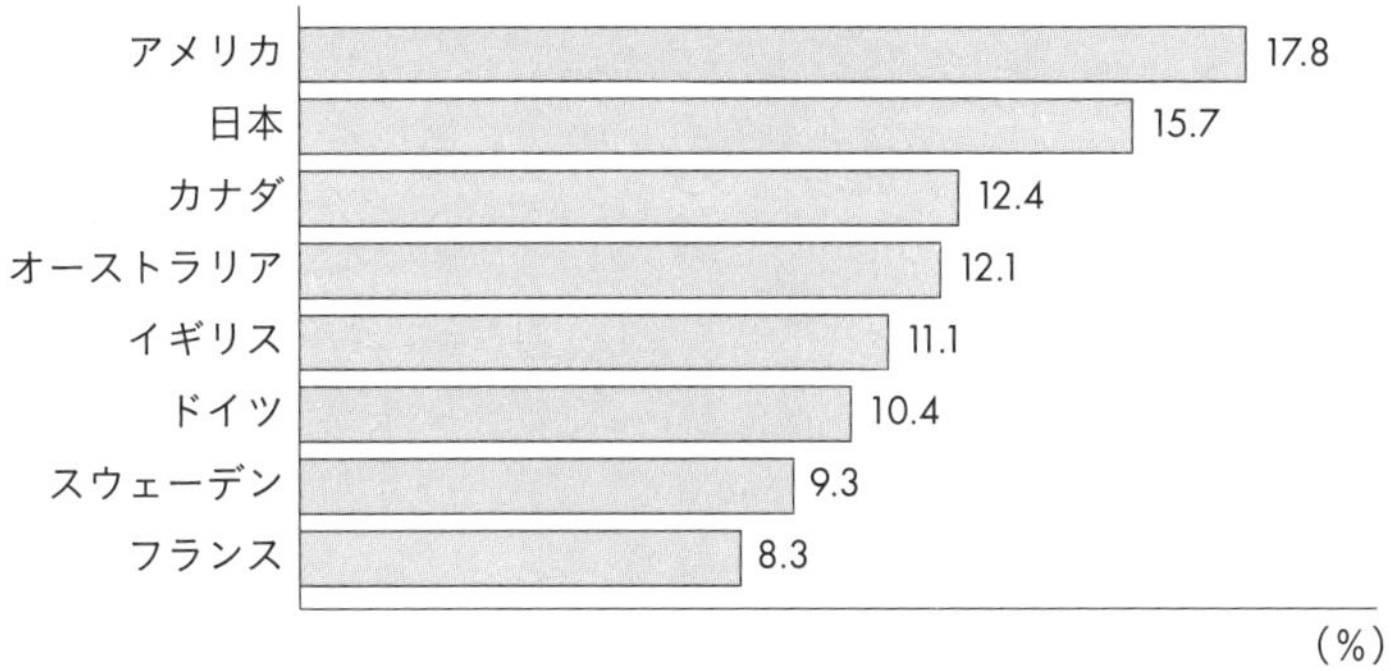

出所／OECD（経済協力開発機構）

先進国では、下の方に位置している。

２０１９年にブルームバーグのコラムに書いたように、人生の結果は個人の選択の結果だと信じている人たちにとって、日本の貧困はとりわけ苛立ちの種になる。[*7] 日本では、薬物濫用・10代の妊娠・婚外出産・犯罪がきわめて少ない。日本の貧しい人たちはルールの枠内でフェアにプレーして、それでもシステムにいいように翻弄されている。

ブルームバーグの片沼麻里加が言うように、この貧困は女性に重くのしかかっている。[*8] 女性たちは、出口のない低賃金パートタイム仕事に追われている。さらに、年金制度の隙間に落ちてしまう女性も多い。

また、貧困は不釣り合いなほど重く若者にものしかかっている。なぜなら、日本企業の慣習で、賃金は年功序列で概ね、または全面的に決まっているからだ。こうして、若者は切り詰めた生活を送って貯金をしつつ、陰気で単調で心が折れるような仕事で長時間労働に励んでいる。

帰宅して睡眠をとる部屋は小さく侘しい。どうにか頑張って少しでも生活費を切り詰めてみても、毎年毎年、次第に購入できる贅沢品は減っていく。

高齢者が働き続ける社会

なんとかうまいこと中流階級の職にありついた人たちですら、そのライフスタイルは死ぬほど退屈なことが多い。日本の有名な過労文化は、タスクを手早く効率的にやりとげた従業員ではなく、職場に長時間居続けた従業員に報いる。これは、日本のホワイトカラーの悪名高い低生産性によるものが大半だ。

壊れた企業文化を埋め合わせるべく労働者たちは時間外労働に励んでいる。でも、それだけではなく、フィードバック・ループもある。行き過ぎた長時間労働で労働者たちが疲れ果てて能率を落としていることがわかっている。

それはつまり、日本が経済成長を続けるためには、より多くの人が仕事にいく必要があるということでもある。なるほど女性は日本ではあまり稼いでいないかもしれないが、15歳から64歳の人のうち、約74％が働いている。この数字は、アメリカの66％に比べてずいぶん高い率だ。働いている高齢者も日本のほうが多い。

〈図表5-8〉
日本の年齢別の労働参加率

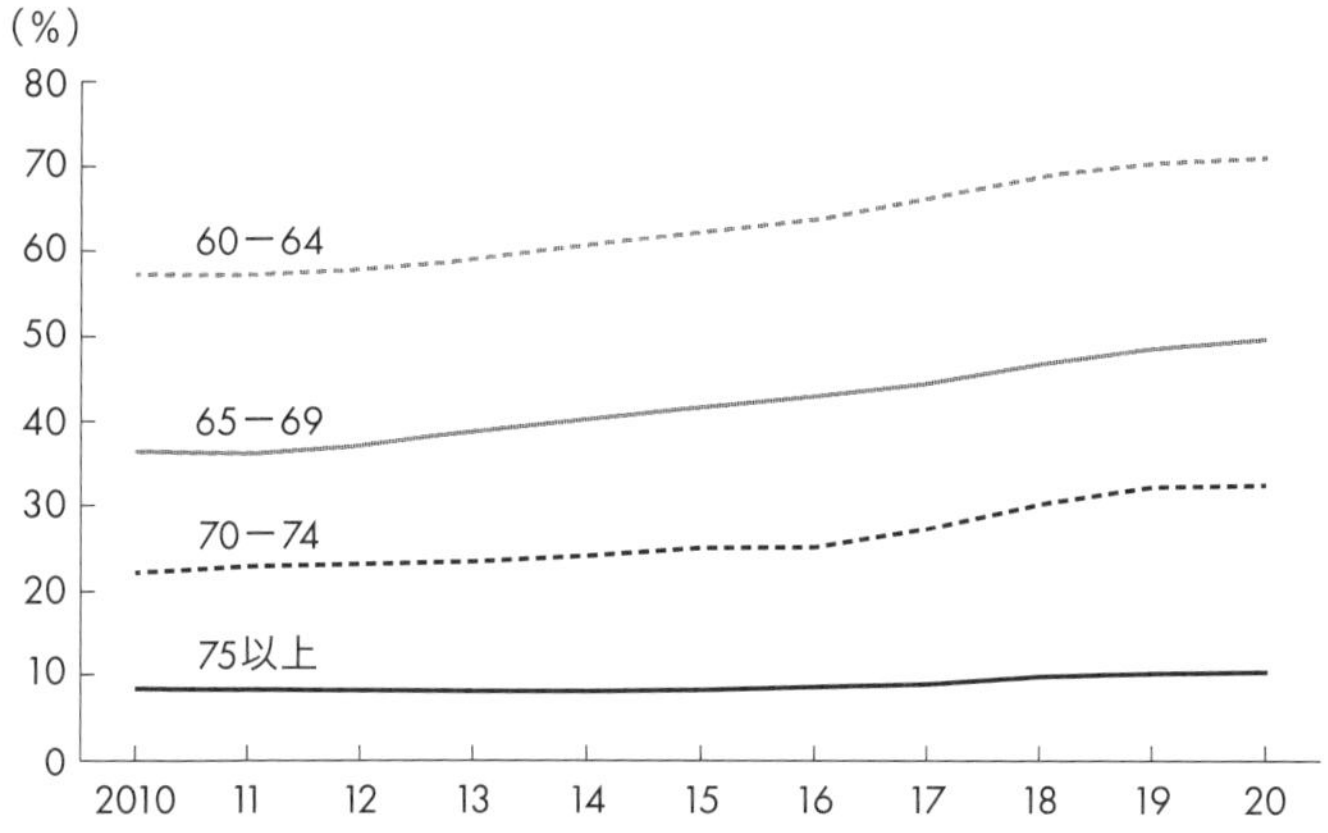

出所／内閣府2021年版高齢社会白書。
グラフ出典／Nippon.com

つまり、日本にいるほぼ誰もが、永遠に身を削って働き続けながら、その見返りとして、とても十分とはいえない対価しか受け取っていないわけだ。

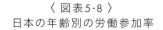

「静かな犠牲」を防ぐには

別に、日本をこの世の終わりみたいに描き出したいわけではない。日本はまだまだ豊かな国だ。その治安や素晴らしい都市生活には、大きな値打ちがある。それに、間違いなく、日本の生活の質はいろんな面で改善してきた。

例えば、自殺率は過去最低水準にまで下がっている。自分の生活にとても満足している日本人も大勢いる。憤懣やるかたないという調子で新聞は低い出生率やセックスしない若者やその他の良くない社会の傾向を「日本の経済状況のせいだ」と非難するが、そうした比較は総じて誇張されている（日本の出生率は他の東アジア諸国よりも高いし、セックスしない若者は世界中で広く見られる現象だ）。

ところが、かつて２０００年代前半に私がこの国に初めて暮らした頃と比べて、それほど幸せでも気楽でもない国に感じられるのは、どうにも無視できない。生活水準が年ごとに下がり続け、労働時間が延び続けたことで、静かに犠牲が払われている。なんとかする必要がある。

もちろん、日本の指導者たちは問題に気づいているし、まるっきり無為無策で手を拱《こまぬ》いているわけでもない。２０２１年、日本は最低賃金を引き上げた。金融庁は、企業に自社の男女賃金格差を開示するように求めようとしている（私の経験では、日本の省庁のなかでは最も賢くて先を見通しているのが金融庁だ）。

岸田文雄首相（当時）は、エネルギーコストの上昇から消費者を守る手立てを導入しようとしているし、日本企業に賃上げさせる政策についても語っている。

政府に欠けている2つの政策

これは悪くはない初動ではある。でも、欠けている政策が２つある。１つ目は、より良い福祉国家への政策だ。日本の社会福祉支出は中程度の水準にある。ＧＤＰの21・９％で、この数字はアングロスフィア（アメリカ・イギリス・ＮＺ・オーストラリアなどの国々の総称）よりは上だが、ヨーロッパの豊かな国々よりは低い。

ただ、社会福祉支出の多くは単に政府がやるべきことだ。中流階級の人たちは、自分たちがみずから消費する医療その他のサービス分の税金を払っている。

日本に本当に足りていないのは、貧困緩和だ。他の豊かな国々の大半よりも再分配の度合いが小さい財政制度を日本は採用している。次ページのＯＥＣＤデータは２００５年のものだが、あの頃から大して変わってはいない（図表５－９は、ＯＥＣＤ諸国の課税後に格差がどれだけ縮められたかを示している）。

かいつまんで言えば、社会の平等の実現において日本はいまだに企業に大半を頼っているが、そうした企業もすでに十数年にわたってその努めを果たせなくなっている。この異様に高い貧困率を減らすべく、政府は手立てを講じる必要がある。例えば、負の所得税や勤労所得控除タイプのプログラムが、具体案として挙げられる。

政府に欠けている２つ目の政策は、経済成長政策だ。こちらは、さらに重要だ。１人当たり４万８０００ドルのＧＤＰしかない国では、再分配をするといってもそう大したことはできない。

より良い福祉国家になっても、低所得の日本人はドイツやイギリスやフランスの似た境遇の人たちに及ばないだろう。なぜなら、単純に日本のほうが貧しい国だからだ。一番恵まれない人たちに機会を与えるためにも、中流階級の沈滞感を拭い去るためにも、生活水

〈図表5-9〉
OECD諸国の税・移転前後の不平等の違い

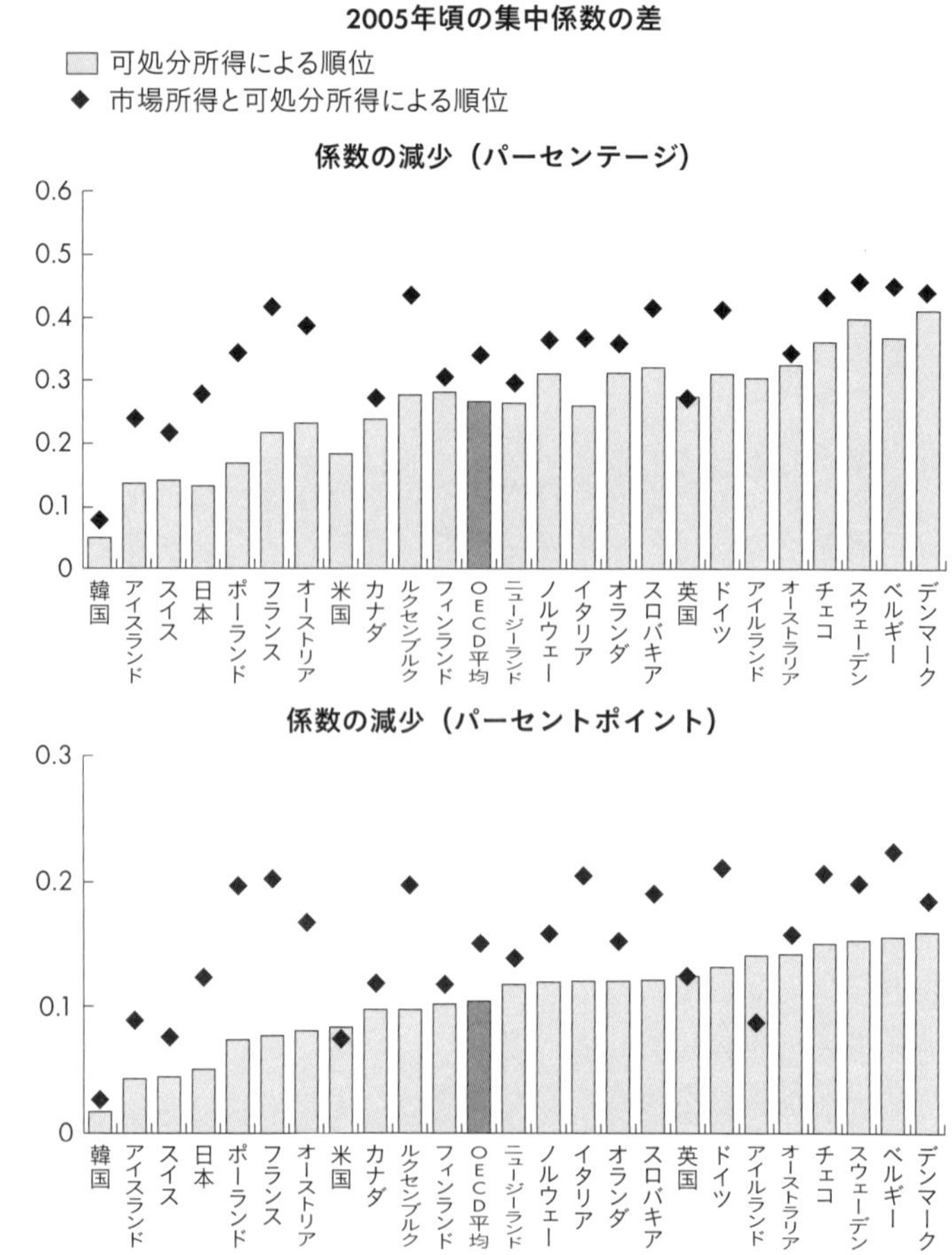

注／世帯への課税と公的現金給付によって達成された集中係数の削減度合いが小さい順に、左から右に各国を並べてある。世帯ごとの可処分所得で順位付けした人々のデータに基づく。棒グラフは、世帯可処分所得で順位付けした人々を十分位階級ごとに分けて、その階級ごとに市場所得・可処分所得の平均を出して計算した数字を示している。また、菱形マークは、個票データに基づいて計算されている（市場所得のジニ係数は市場所得による順位付けを用い、可処分所得のジニ係数は可処分所得による順位付けを用いている）。
出所／OECD

準を他の豊かな国々並みに引き上げなくてはいけない。

それには、労働時間をさらに長くする必要はない。言い換えると、生産性が上がらなくてはいけないのだ。（２０２２年5月24日）

第6章

Chapter. 6 Tokyo is the new Paris

東京は新しいパリだ

「しあわせに暮らせる場所は、この世に2つしかない。我が家と、パリだ。」

——アーネスト・ヘミングウェイ

「なんとなく、クリスタル」

地上で最高の都市はどこだろう?

「ニューヨーク」と答える人がいても、笑い飛ばしたりはしない。今なお、名目上は世界最大の経済大国で金融ハブの役回りをしているニューヨーク市は、他のどの都市もかなわないほどの経済力を有しているし、地球上の名もなき数百万もの人々にとって、今でも夢の都市だ。

「上海」という答えが返ってきたら、私としては懐疑的になって少し口をへの字に曲げてしまうかもしれない。とはいえ、富と権力の中心としていずれ中国が先進諸国を圧倒する定めにあると思っている人にとっては、上海は論理的な選択だろう。

しかし、実は、最高の都市と言えば東京だ。

かくいう私は、またまた東京を訪れるべく支度を調えているところだ。今年（２０２３年）は、これで三度目になる。今度初めて東京を訪れるという友人たちがいて、ちょっと案内してくれないかと頼まれた。それは断れない。私自身がまるで初めて東京に行くような魔法の体験をちょっとばかり味わうには、これはいい機会だ。もしも、これを読んでいるあなたが一度も東京に行ったことがないなら、そろそろ行ってみるといい。

言葉を連ねてみても、東京で実際に過ごす感覚をぎこちなく手探りする程度にしか伝えられない。語ろうと思えば、語れなくはない。表参道の静かなバーでココアを頼むと、工芸品みたいなココアが出てくる。その情景は、まるで暖色フィルターでもかけられたかのようだ。

桜の花々が咲き誇る神社に隣接した静謐な公園をぶらぶらと散歩してみたり、中年の常連客たちが十八番《おはこ》を熱唱するなか、小さなパブでぎとぎとのフライドチキンにかぶりつきつつ安ビールを啜《すす》ったり、無料のギャラリーを訪れてみたら、多くのプロ顔負けの見事な芸術作品をどこかの大学生が展示しているのを見つけたり、静かな花壇を埋め尽くすような花々のカーペットのなかに立って遠くに目をやると木々が立ち並ぶシルエットの向こうに真新しい摩天楼が聳えていたり、ランタンに照らされ丸石で舗装された狭い路地裏をどうにかこうにか通り抜けた先で、立ち飲み居酒屋によくあるスタイルで樽をテーブルがわりに食事したりする。そういう経験を語ってもいい。

今挙げたのは、どれも私自身が前回の旅行でやったことだ。別に、取り立てて珍しい体験でも特筆すべき経験でもない。どれも、東京で暮らす日々のほんの一端だ。そして、東京での生活は、なんだかプカプカと流れていくように感じられることもある。

１９８１年のとある小説のタイトルにあるように、「なんとなく、クリスタル」(inexplicably crystalline) だ。

今の東京は１９８１年頃とは違うし、20年ほど前に大学生だった私が初めて東京に来て目を見開いて口をぽかんとさせてた頃からも変わっている。

博物館化を拒絶する唯一無二の都市

東京は生きた結晶で、新たな物体がひっきりなしに継ぎ足されていく塊だ。新しいビル、新しい文化、新しい体験が、絶えず現れては東京という塊にびたびたくっついていく。

以前、春の東京を訪れたとき、友人の住宅の近くに新しい摩天楼が建設中だった。そのときは10階ほどの高さだったのが、秋にまたやって来たときにはもう完成していて、営業を開始してまだ汚れひとつないそこで紅茶を飲んでいる自分がいた。

〈図表6-1〉
東京、ロンドン、パリ、ニューヨークの住宅戸数（住宅ストック）の推移
（1970年以来）

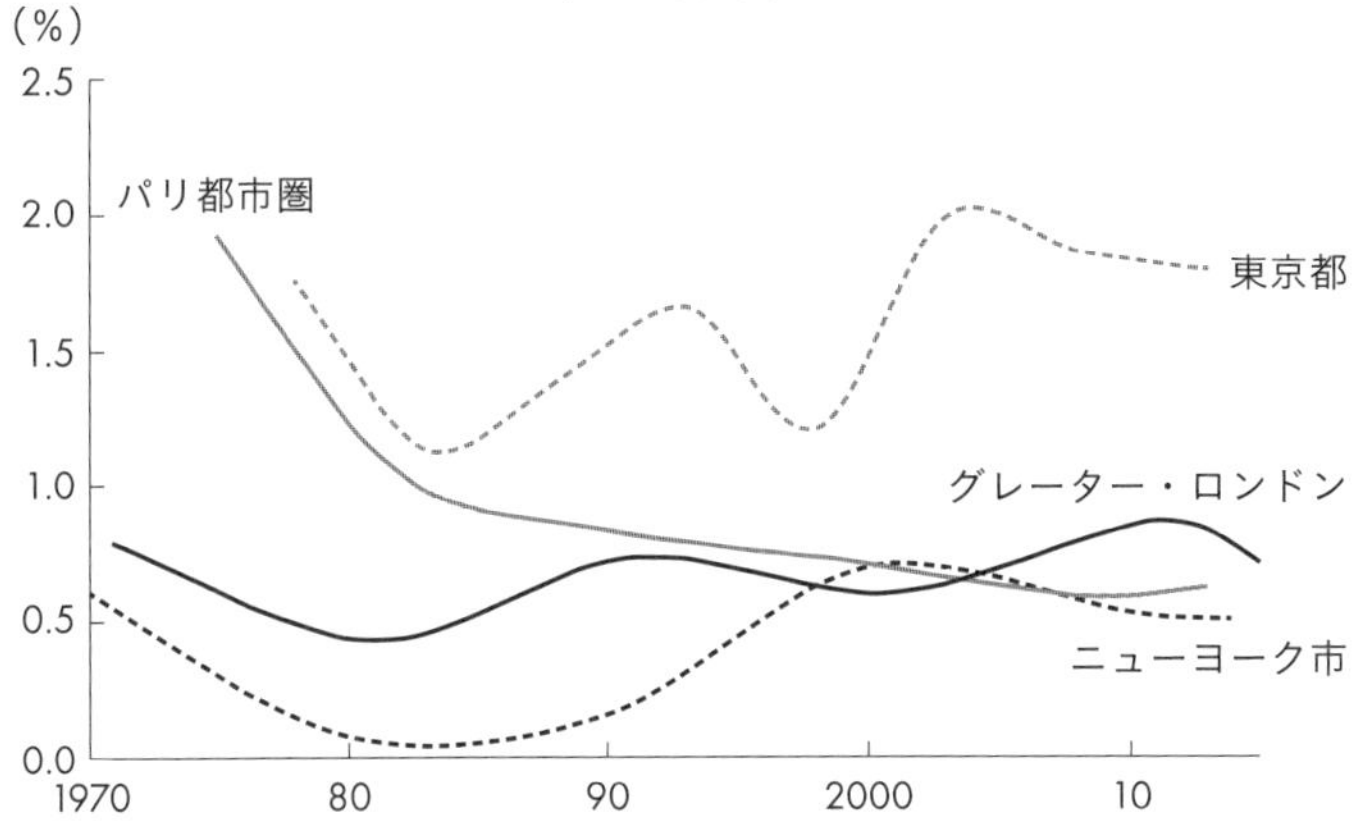

上の図表を見てもらうと、私の主張の理解に役立つかもしれない。

多くの大都市は、みずからを展示物にした博物館になっていく。新しい変化・発展がないことが、かつての栄華の日々へのオマージュになる。東京は、一向にそんな様子を見せない。高齢化が進み、経済の停滞した国にありながら、東京はみずからを鼓舞して、東京だからこそ可能なことを次々に切り開いていく。

東京の素晴らしいところはたくさんあるけれど、その筆頭は建築環境だ。そして、それが他のすべてを束ねている。モールやアウトレット・ストアや高層オフィスビルが建ち並ぶ幹線道路に挟まれた地域やそこから奥に外れた地域には、無数の狭い裏通りが入り組んでいて、そこには住宅やレストランや小さな独立系店舗がごちゃまぜにひしめき合っている。そのレイア

〈図表6-2〉
東京・品川区五反田周辺

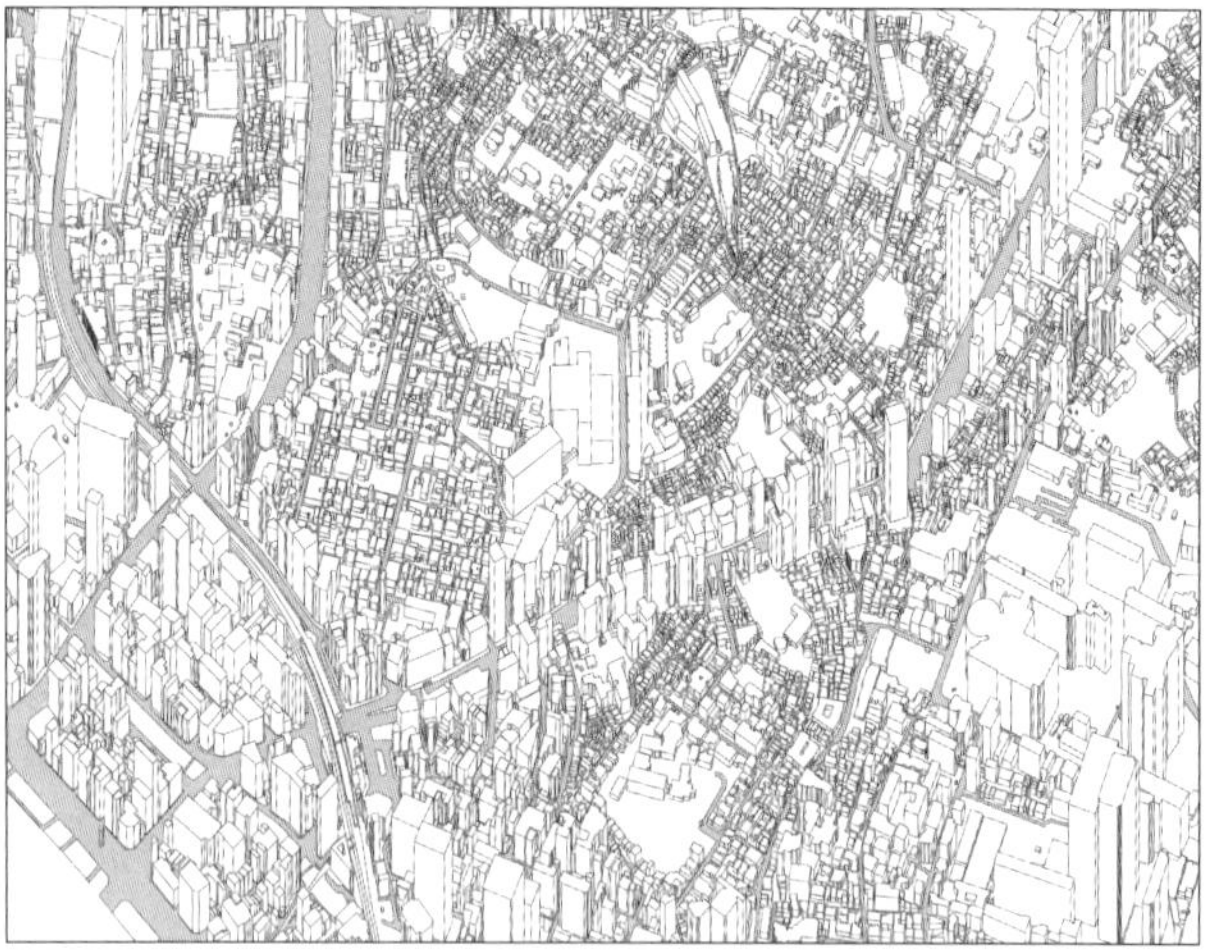

出所／ホルヘ・アルマザン他『東京の創発的アーバニズム』(学芸出版社)

ウトは、上図のような具合だ[*9]。

世界の大半の都市では、小売店は大抵、1階に店舗を構えていて、上の階は住居になっている。東京にもそういう建物はあるが、小売店の大多数は「雑居ビル」にある。東京と聞いて人々が思い浮かべがちな、複数の階層に複数のテナント小売店の空間があって、ビルの側面に大きな看板が縦に並んでいる情景、あれをつくっているのが雑居ビルだ。

古くからの歩行者用地域や「横丁」という路地、高架下など、様々な都会の小売り用スペースと合わさって、雑居ビルは他にない都市生活体験を創出している。多くの都市では、「ここに行こう」と目的地を決めてからそこに向かうか、1階のレストランや店が建ち並ぶ街路をブラブラ歩いたりする。東京では、ただ近所に出かけるだけだ。渋谷や新宿をはじめ、千ものいろんな最寄りの地域に出かける。

キミはただそこにいて、入り組んだ迷路を彷徨《さまよ》い、あちこちの雑居ビルの階段を上ったり降りたり、路地をうろうろと歩き回ったりする。

小売店が高密度で集まっていることで、「どこかに出かける」のから、「どこかにいる」への相転移が生じる（もちろん、お気に入りの店などに立ち寄って、そこの友達に「やあ」と顔を見せるのも忘れてはいけない）。

小売りがびっしり密集している結果、起きることは他にもある。密集しているため、都市の住宅地が物静かだ。ニューヨークだったら、1階の小売りは都市のあちこちに散らばっている。だから、素敵な住宅地に暮らしていたとしても、大抵、通行人やタクシーや配送トラックが辺りを動き回っている。

東京でとびきり名物となっている買い物向け地域である渋谷では、世界で最も人混みの激しいあの交差点から10分も歩けば、ほぼ無音で人気《ひとけ》のない住宅街に辿り着く。（一部の）住宅スペースと商業スペースは、利用区画規制なしで分離されている。

この見事な都市設計が、一体、どうやって実現したのかを語ると、長くややこしい話になる。それに、どれか1つの情報源に当たっただけでは、きっと答えはわからない。最初の一歩に好適なのは、第3章でも触れたホルヘ・アルマザンとジョー・マクレイノルズらが書いた『東京の創発的アーバニズム：横丁・雑居ビル・高架下建築・暗渠ストリート・低層密集地域』だろう。

この本では、歴史上の偶発的な要因の数々や賢明な政策上の選択が組み合わさって今あるような東京が創り出されたことを述べている。もっと短く済ませたいなら、McReynolds（２０２２）[*10]を読むといい。

それと、有名ブログ Urban kchoze が投稿した日本の土地利用規制に関する記事[*11]と、日本の住宅の価値が減少していく理由に関する Koo & Sasaki（２００８）[*12]の論文も読むといい。さらに、都市計画専門家でありサンフランシスコの政治家ビラル・マハムードによる旧Ｔｗｉｔｔｅｒでの連続投稿スレッドも見てみるといい。[*13]

とりあえず、こう言っておけばいいだろう。政策と歴史が混ざり合って東京を創り出した。第二次世界大戦の東京大空襲とその後の再建、中央集権化された強力な官僚機構、強い貸借人保護、強い家族所有の小規模企業部門をはじめ、東京を創った様々な要因は、おそらく、日本以外ではどこにも再現できそうにない。

というか、日本の大半の都市ですら無理だろう。東京に出かけて、東京を体験し、東京に感嘆することはできる。さらには、東京からいくらか優れた教訓を学ぶこともできる。でも、他のどこであっても、東京を再現するのは無理だ。

この世に東京は２つとない。それは、パリが２つとないのと同様だ。

人々の「共有の感覚」

これは、定性的な話だけでなく、定量的な話としても事実だ。東京の規模ときたら、想像も及ばないほどだ。3700万人を超える人がいる東京は、「都市部」で比べても「首都圏」で比べても、現存する人類最大の都市だ。それが正確にどういうことなのかを、ぜひとも理解しておきたい。

東京都の住人の人口密度は、ニューヨーク市の半分ほどだ。1キロ平方メートル当たりの人口密度は、ニューヨーク市では1万1316人なのに対して、東京では6169人だ。なぜそうなっているかというと、この「人口密度」は、東京に住居を構え眠る人々の密度を数えているからだ。

東京にいる人たちを数えて出てきた数字とは異なる。東京都内に居住する住民の人口密度がニューヨークほど密でないのは、東京で働いたり、買い物したり、出かけたりする人のうち、かなり大勢の人が東京都外に暮らしているからだ。

「では、なぜそれほど大勢の東京人がその公式の境界の外に暮らせているの？」

それは、電車のおかげだ。日本は電車を中心に都市を形成している。東京ほど電車が多い都市は他にない。次頁の東京メトロなど地下鉄の路線図をちょっと眺めてみよう。そして、東京のJRと私鉄の路線図も見てみよう。まるで抽象画みたいだ。

東京の電車は、次々に駅に来る。そのおかげで、出かけるときに何時発の電車に乗らな

〈図表6-3〉
東京の地下鉄路線図

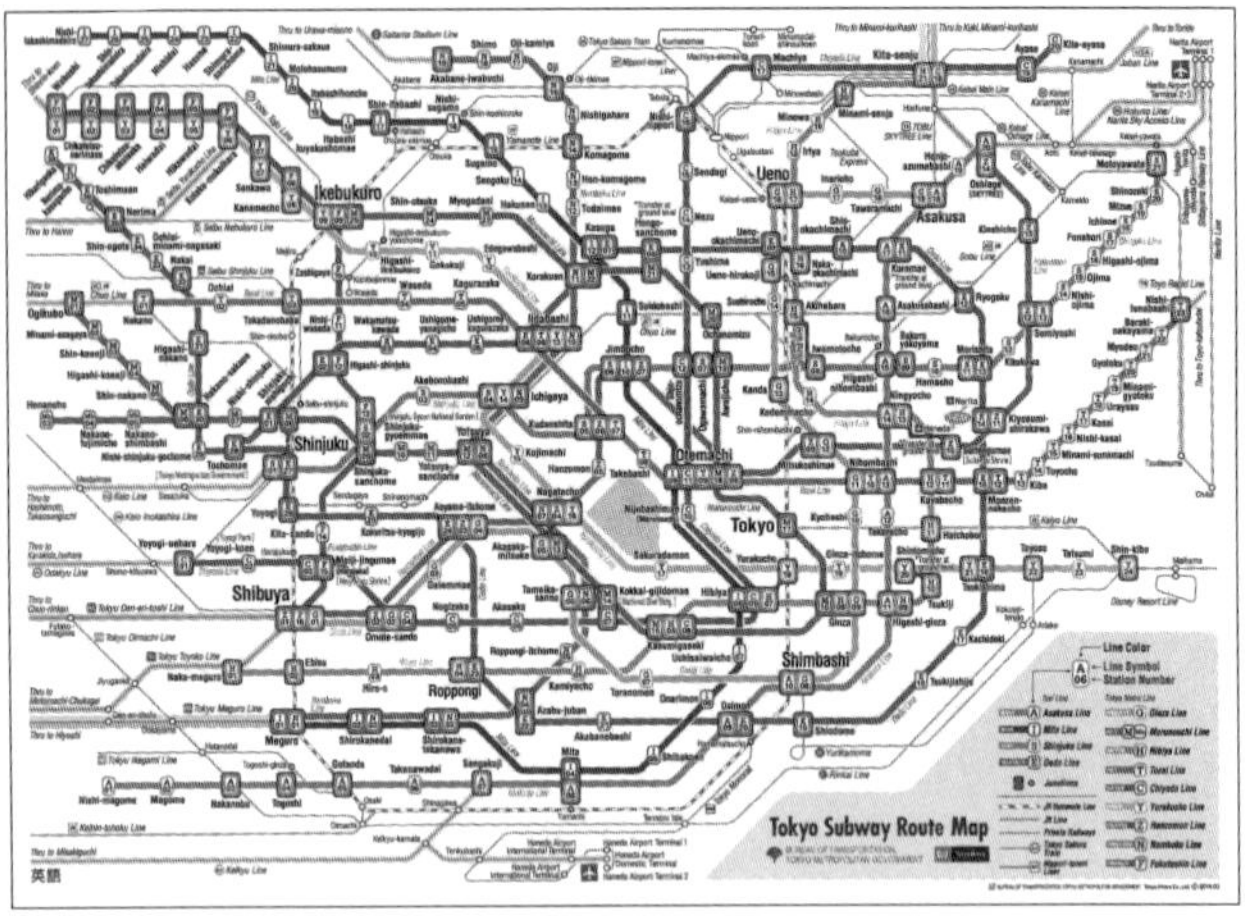

ければならないか予定を考えなくてすむ。大抵、ただ駅に向かえばいい。そうすれば、2分ほどで電車がやってくる。山手線は、1日ほぼずっと途切れなく、グルグル回っている円のようなものだ。

この高い利便性に加え、日本の電車は静かで快適で迅速かつ安全ときている。あれほど大勢の人たちが郊外から都心に通勤して、さらに郊外に帰宅できるのも納得できる。

それに、東京都心での生活がまるで夢のように感じられる理由の一端も、電車にある。「自動車こそ自由の源泉だ」と思っているアメリカ人は、日本の電車システムからもたらされる強烈な解放感を体験したことがない。

都心のどこかにいるとき、ほんの2～3ブロックも歩けば必ず駅が見つかる。そして、目的地の最寄り駅で下車すれば、そこからま

〈図表6-4〉
東京全体の鉄道路線図

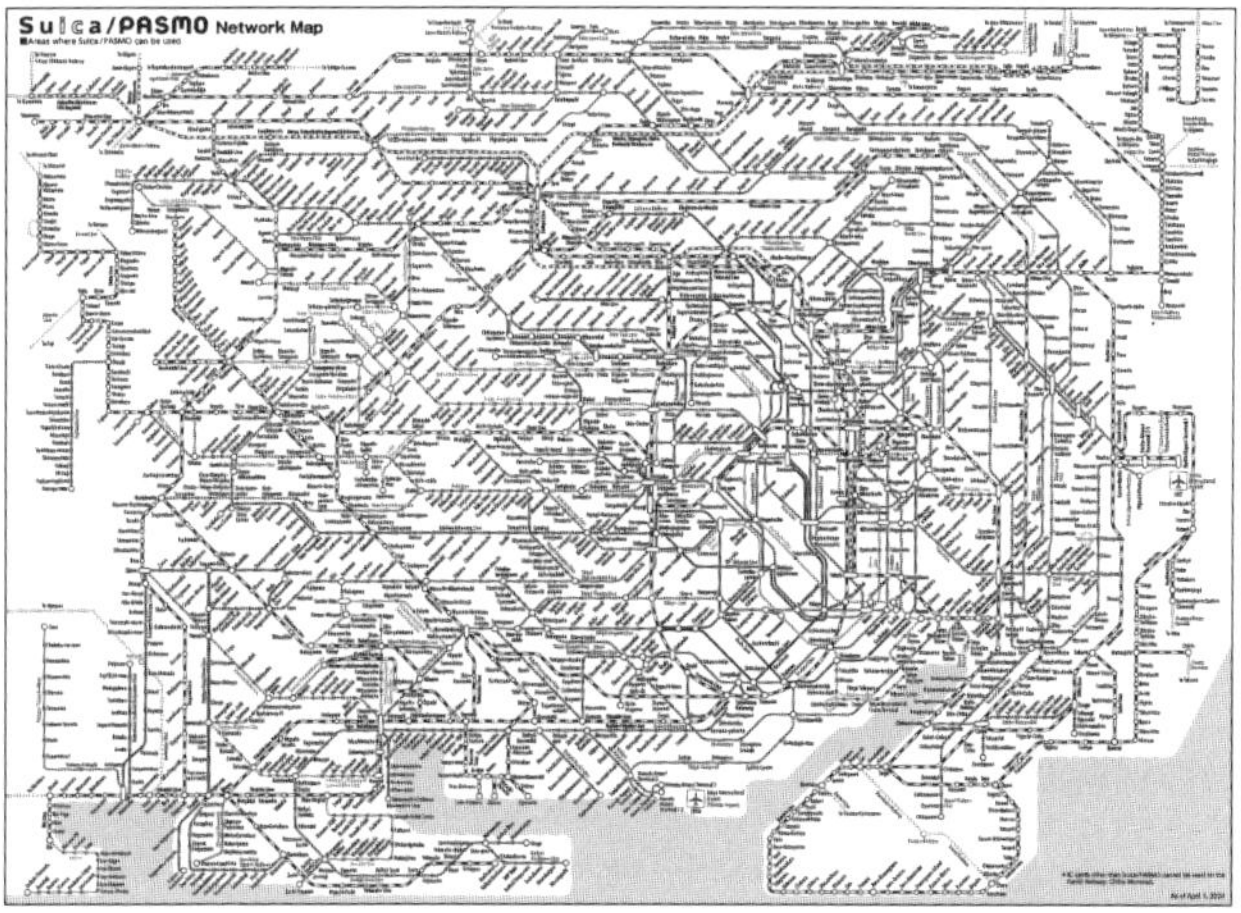

た徒歩数分で辿り着ける。渋滞や事故の心配もないし、どこに駐車しようかと頭を悩ませることもない。

ただ、突き詰めて言えば、都市を創るものは建物でも電車でもない。都市を創るのは人だ。日本の他の地域の人たちと比べて、東京人はちょっぴり控えめなところがある。都心の規模がとにかく大きくてせわしないために、ペースが速くないといけない。

とはいえ、それは相対的な話だ。東京もまた日本の一部にすぎない。日本と言えば、店員にちょっと道を尋ねたらわざわざ紙に地図を描いてくれたり、道案内に通りを1ブロック一緒に歩いてくれたりする国だ。

それに、西欧で慣れ親しんでいる社会に比べて、日本の社会はずっと平等主義的だ。これは、相続税が高くて、公共財が豊富で、他にもいろんな文化的要因があるおかげだ。もっとも、そういった要因は軽く理解できるものではないので、ここでは立ち入った説明ができない。

東京では、およそありとあらゆる人たちに出会える。会社の重役とか、芸術家とか、教授とか、起業家とか、お望みならヤクザにだって会える。

東京のような安全な都市の素晴らしいところを１つ挙げると、見ず知らずの人と会っても特に危険ではないという点だ。東京にはほのかに「共有の感覚」(sense of communality) がある。そういう感覚を覚える大都市は、ほんのわずかしかない。共有スペースに行くと、共有の感覚はいっそう強い。

さて、こんな話を聞かされた人もいるかもしれない。

「東京の底流にある『みんな一緒にいるんだ』というこの感覚は、人種的・民族的な同質性の産物だ」

「外国人であるキミがほんとうに日本人に受け入れられることはないよ」

日本について語られるこういう話を信じている人たちとおしゃべりするときには、ぜひ強く言っておきたいことがある。

どうか、本当にどうかお願いだから、そういう人たちの誤解を正さないでおいてほしい。本当のことを知ってしまったら、ああいう人たちも日本に出かけていって、ただでさえすでに観光客でごった返しているのが一層ひどくなってしまうかもしれないから。ぜひとも、ああいう人たちにはずっと幻想に囚われていてもらおう。

有り難いことに、彼らと違って、私たちは現実をもっとよく知っている。日本は、2010年代前半に移民流入への門戸を以前より広げて、猛スピードで多様になってきている。とはいえ、日本がどこでも多様化しているわけではない。日本の大半は、いまもかなり均質だ。なぜなら、大抵の外国人は東京に向かうからだ。それと同じコインの裏面として、東京そのものは急速にまぎれもなく多様な都市へと変化してきている。

これから20年、トレンドや思想は東京で生まれ、世界に広まる

この多様性と今の観光ブームが合わさったおかげで――日本への観光旅行はパンデミックが終わってからまた復活してきている――東京では、あちこちの街角や店やレストランで、地球上のあらゆる言語を耳にする。

というか、この数年で東京で顕著に悪化したことが1つあるとしたら、それは観光旅行客による混雑だ。東京が素敵なせいで、誰も彼もがやってくる。私としては、彼ら観光客に文句は言えない。

これ1つだけの話ではないが、移民流入によって東京の食文化はすでにとてつもなく豊かになっている。日本は、料理界のメッカだ。日本にやってくるシェフたちがあまりに多いおかげで、イタリア本国よりも日本のイタリアンのほうが優れている。それに、すでに

世界級だったアートも音楽もファッションも、移民流入で一層活力を増している。

私の考えでは、ニューヨーク市すら超えている。本腰を入れて取り組んでいるアーティストや著作家や音楽家なら、かつてはパリに出向いただろうし、その後はニューヨークがそういう行き先だった時代もあった。今や、ますます東京が彼らの行き先になっている。私の予測では、今後20年でいろんなトレンドや思想が東京で生まれて世界に広まるようになっていく。

日本人が外国人のキミを受け入れるかどうかについて言えば、答えはこれだ。

「キミが彼らの言葉を話せば、日本の人たちはとてつもなく温かく接してくれることが多いし、密接な友人関係をつくるのは難しくないよ」（日本に住むなら絶対に日本語を話せるようになるべきだ）

なにかにつけて人種差別的なことを人前で叫んで回っていたら、相応の報いを受けて当然だ。でも、これを読んでいるキミがそういうタイプの人でないなら、問題ないはずだ。

ただ、正直に言うと、東京は今やかなりの世界的都市になっているから、短期の滞在でも、国際色豊かな人たちと付き合いが始まったりする。桜の見頃を控えた三月に東京に来たときは、ぶらぶら歩き回っては公園のあちこちでピクニックしている人たちの輪に入れてもらったりした（東京ではよくあることだ）。

そうやって話をしていると、どうやらピクニックの面々の多くは世界各地から東京大学にやってきたAI研究者だとわかった。彼らは熱心に汎用人工知能のリスクについて議論を交わしていた。いやはや、どうやっても出くわさずには済まないものだね。

東京は、世界経済の中心地ではない。日本の金融ハブではあるけれど、北米のニューヨークやヨーロッパのロンドンと並ぶようなアジアの金融の中心地にはなり得ていない。かつての香港は金融の中心地だった。今はおそらくシンガポールに軸足が移っている。それに、東京はシリコンバレーのようなテクノロジー関連の企業を育む場所にもなっていない。

では、東京は何なのかと言うと、1世紀前のパリのような存在になっている。世界で一番美しい都市、夢と文化とロマンスの流動する場所だ。そういう評判をあちこちで耳にする。

SNSを見ると、あちらこちらで賛辞を見かける。例えば、6月29日のX（旧Twitter）には、こんなものがあった。

「今月初めて東京にやってきて、もうこの都市にメロメロになっている。自動車進入禁止の街路や都市の上層部、多目的地域、地下街、公共交通機関。僕らの国の商業地区を復活させるには、都市のインフラを根本から考え直す必要がある。そのすべては、まず街路の設計から始まる」（ビラル・マハムード）

「初めて東京を訪れた人たちや久しぶりに東京にやってきた人たちの多くから、こういう

考えをよく耳にしている。ここは世界最高の都市だって話だ」（リーディー・ガロウド）

だからと言って、東京によくない面がないわけではない。停滞する日本各地のご多分に漏れず、東京の貧困率は愕然とするほど高い。多くの東京人は、かつかつで生活の収支を合わせながら、静かな絶望のなかで暮らしている。

東京の並木道の煌めきも、あちこちのカフェも完璧に美しく仕上がっているが、集合住宅の多くは小さく、その設備も粗末だ。一方で、ほどほどの所得を稼いでいる住人たちは、あまりにも退屈でつまらない重労働を耐え忍んでいる場合が多い。彼らが身を置く古くさくて重苦しい企業文化は、昇進や自己改善の余地をほとんど残していない。

東京は、休暇の旅行でやってきたり、アメリカ人としての給料で生活したりするなら、素晴らしい場所だ。日本の出世競争にはまり込んでいる現地の人間にとっては、その生活はそれほど麗しいものではない。

ただ、国レベルで対応すべき問題はある。日本の他の地域が停滞を続けるなかでも、都市としての東京は世界最高の都市にまで上り詰めている。東京は猛烈に改善を続けて、その建設された環境の美も都市計画の効率も文化と商業の質・多様性も、毎年さらに磨き上げている。

自分の目でこの都市を見たことがないなら、人間が集まって暮らす中心地が果たしてどれほどのものになり得るのかを、その人はまだ深く感じ取れていない。私と同じく、そうして初めて東京を目の当たりにした私の友人たち全員と同じく、キミもまた、ひとたび東京を訪れてから故国の都市に戻ったときには、「この都市も現状とは違う姿になり得る」という認識を得ているはずだ。（2023年7月17日）

雑居ビル——商業地区をつくるもっと優れたやり方

ZAKKYO: A better way to build a downtown

そろそろZAKKYOを学ぶときだ

この記事は、もともとXでの連続投稿だった。記事を気に入った人が大勢いたことから、ブログ用にまとめ直した。テーマは、日本の都市だ。とりわけ、大半の他国にはない日本ならではの小売りスペースの形態について語る。

私は大勢の都市計画専門家と付き合いがある。大体、都市計画の人たちは、複合用途の都市開発が大のお気に入りだ。戸建て住宅や集合住宅と店やレストランが共存しているあり方を、彼らは好んでいる。

複合用途の開発と一口に言っても、その形は様々だ。そして、日本は、世界各地の高密大都市とひと味違うことをやっている。

ここでは、複合用途開発を2つのタイプに区分する。世界中の高密都市でよく見られる「1階のみ店舗型」では、1階のレストラン・店舗の上に集合住宅がつくられる。他方、もっぱら日本で見られる「雑居ビル型」では、すべての階に店舗が入る。

ここで論じたいのは、要するにこういうことだ。「日本の都市をああいう消費者の楽園にしている特徴の多くは、少なくとも部分的に、雑居ビルによってもたらされている」

ただ、その議論を展開していく前に、何枚か写真を眺めてもらって、日本以外の世界各地で、都市部の小売店舗に今、どういうアプローチが取られているのかを示しておきたい（写真ページを参照）。

1階のみ店舗型の開発――店の上に集合住宅

世界各地で行われている商業区での複合用途開発は、大抵、店とレストランが地上1階にあって、それより上の階が集合住宅（ときにオフィス）になっている。これを「ショップトップ型」または「オーバーストア型」住宅という。基本的には、高密で高層建築が並ぶ地域の複合用途開発の標準的なやり方がこれだ。

ショップトップ型の住宅は、ニューヨーク市では非常によく見られる。ニューヨーク市リトル・イタリーの一例を見てほしい。地上1階にいろんな店の正面口が軒を連ねていて、その上に集合住宅の窓が並んでいる（写真8）。

グリニッジ・ヴィレッジの典型的な地域を見ると、ここにも同じパターンが見てとれる（写真9）。ショップトップ型の開発は、我が町サンフランシスコでも標準だ（写真10）。でも、これはアメリカに限らない。パリのマレ地区とモントルグイユ通りを見ても同じだ（写真11、12）。

どちらの例でも、店が1階にあって、上層階が集合住宅（ときにオフィス）になっているのがはっきりと見てとれる。写真13、14はロンドンとイスタンブールだ。さらには、アジアの巨大都市の多くも、好んでショップトップ型の開発を行っている。写真16は、香港の賑やかな商業地区「尖沙咀《チムサーチョイ》」だ。

西欧から来た多くの旅行者の目には、アジアの巨大都市は似たり寄ったりに見える。どれも、電飾看板がたくさん並んでいるからだ。*14 でも、じっくり見てみると、そういう都市の多くで、看板は1階の店にしかついていないことに気がつく。香港の旺角《モンコック》もそうだ（写真15）。

ともあれ、そろそろ概要がつかめただろう。世界各地の大都市の大半は、高密な商業地区を創り出すにあたって、店舗・レストランの上層に集合住宅を置くようにした。

こういうショップトップ型の区画は、全体的にとても歩きやすく、活気があって心地いい。ただ、複合用途開発のやり方は、それだけに限らない。日本は、これに代わるやり方の先駆者だ。

雑居——店の上にまた店が

日本語の「雑居」は、英語で"mixed use"（「多用途・複合用途」）と訳されることが多い。ただ、「雑居」が本当に指しているのは、幅広くいろんなレストラン・店舗・オフィスを含むビルのことだ（3階建てから8階建てくらいが一般的）。外観は写真17のこんな感じだ。ホルヘ・アルマザン他の前掲『東京の創発的アーバニズム』には、雑居ビルが東京をはじめとする日本各地の都市でこれほど一般的になった歴史に関する素晴らしいセクションがある。もっと短いバージョンは、McReynolds（2022）にもある。

細長く聳《そび》える雑居ビルでは、各階に複数の小さな店舗が入居できる。そうした雑居ビル群が集まることで、東京はたんなる高層のオフィスや住居に尽きない豊かな垂直方向の広がりを有している。……雑居ビルは、駅周辺の商業地区によく見られる。そうした地区では地価が高いものの潜在的な顧客は多数見込まれる……。世界各地の大半の都市では、ビルの商業利用は通りに面した1階に配置されている。それと対照的に、雑居ビルはすべての階層で商業的な機能を垂直的に収容している。雑居ビルの上層階に赴くと、レストラン・インターネットカフェ・診療所・キャバクラがすべて同

雑居ビルの断面

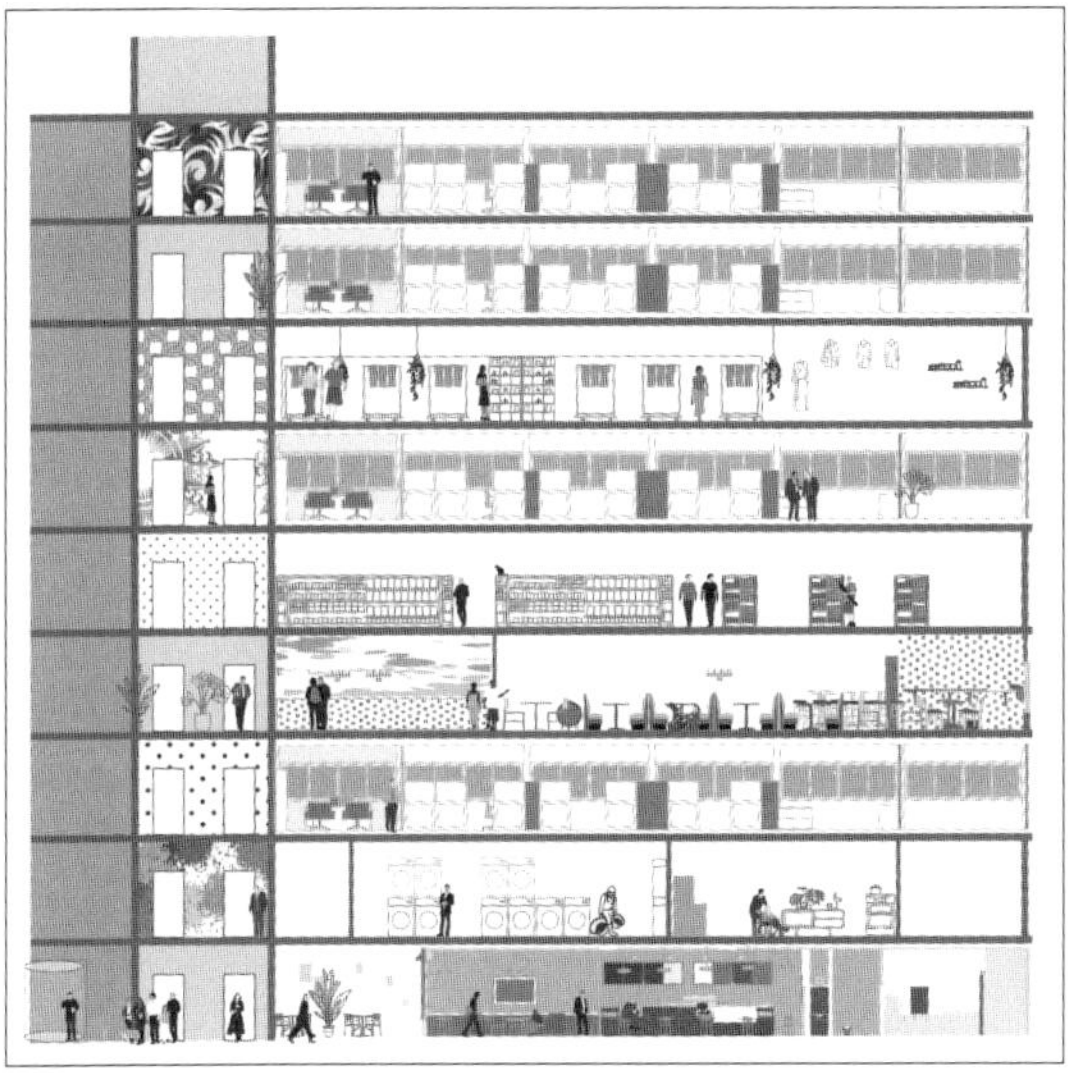

出所／https://acppubs.com/BE/article/FD260887-unlocking-urban-potential-how-indianapolis-could-learn-from-japan-s-zakkyo-buildings

一のビルに混在していることがある。そこには、これといった序列や体系的な原則がない……。1棟の狭い雑居ビルに、80もの小規模事業が入居している場合すらある。

雑居ビルとは、要するに都市の歩行者向けの垂直型モールだ。雑居ビルの内部がどうなっているかを示す便利な図解を、ジェフリー・トンプキンスの記事から引用しよう[*15]（上図）。雑居ビルならではの特徴は、2つある。

（1）上層階にも人目につく看板がついている

（2）通りから上層階へ直接行け

る階段とエレベーターがある

この2つの特徴には、共通の目的がある。それは、歩行者が上層階の店を見つけて訪れることを容易にする、という目的だ。看板があることで、上層階の店が通りかかった人の目につきやすくなる。通りからすぐに使えるエレベーターと階段があるおかげで、ロビーを通らず、目当ての店に直行できる。

雑居ビルと言えば看板というくらい、上層階まで看板が掲げられている様はなによりも特徴的で視覚的な雑居ビルらしさだ。大抵、日が暮れると看板には照明が灯り、日本の都市の名物ともいえる「灯りの森」の景色を産み出している。

ただ、目に留まりにくいとはいえ、階段とエレベーターも、それに劣らず重要だ。階段とエレベーターによって、雑居ビルの規模は大幅に縮小している。そのおかげで、同じ面積にずっと多くの店が入ることが可能となる。*16

それに、階段とエレベーターがあれば、たまたま通りかかった人が試しにそこのレストランで食事をしたり、店を覗いたりするのに上層階にきわめて上がりやすくなる。

雑居ビルは日本の都市をどのように素晴らしいものにしているか？

雑居ビルの長所は、単に素敵な夜景をつくることに留まらず、それを遥かに超えている。日本の都市にこれほど活力があり、世界中の人たちにとって魅力に満ちている理由を説明するとき、雑居ビルは外せない。

雑居ビルによって、その区画の商業密度が高まる。面積当たりの店舗数が増える。1階にいろんな店舗をひしめかせるのではなく、店の上にまた店をどんどん積み上げていけば、1平方キロメートル（または1平方マイル）当たりに店舗をより多く成り立たせられる。

これによって、消費者の選択肢も増える。その区画まで歩いていく同じ手間で試せるものがずっと多くなる。

ある区画に店舗が１００あったとしよう。各店舗は、６メートルの幅をとっている。その全部を地上1階に並べていったら、すべて見て回るのに６００メートル歩かないといけない。

そうした店舗を上へ上へと積み上げていくと、４階建ての雑居ビルに収まる。これを全部見て回るには１５０メートル歩けば済むから、ずっと足の負担が軽いし、時間も短縮できる。雑居ビルが並ぶ区画のほうが、ずっと多くの店に出合えるのだ。

そうした選択肢の多様さは、幸運な出合いの確率も高める。大半の消費者は、ただランダムに通りをぶらついているわけではない。彼らには、ここぞという目的地がある。食事をしたいレストランや、買い物をしたい店を目当てに歩いている。都市の店がすべて平面に広がっていたら、それぞれの目的地に向かう消費者が途中で新しい店に偶然に出くわす機会も多くない。

ところが、いろんな店舗が縦にひしめき合っていたら、新しい魅惑的な店舗を目にする確率が大きくなる。そうすると、お気に入りの場所が新たに増える。こうやって幸運な出合いを増やす助けになることで、雑居ビルは目新しさを高める。小売店舗にとっては、顧客獲得率を高めることにつながる。ある区画の店舗数が多くなれば、その通りを通行する客が増える。

まとめよう。日本があれほどの消費者の楽園になっている理由の一端は、雑居ビルにある。首都圏には、16万軒のレストランがある。他方、パリにはわずか1万3000軒、ニューヨーク都市圏には2万5000軒しかない。

なぜこれほど多いかと言えば、1つには、日本政府が小さな小売店を強く支援しているという理由もある。しかし、それだけでなく、雑居ビルによって、もっと小さな独立店舗を維持できるようになっているという理由もある。

こうしたことに加えて、さらに雑居ビルは日本の都市に他にも大きな便益をもたらしていると思う。客たちを密集させることによって、雑居ビルは市街の中心部のすぐ近くに静かな住宅地が存在できるようにしている。

2枚の写真を考えてみよう。写真5は、東京でも指折りに有名な（混雑でも有名な）ショッピング街である渋谷のど真ん中にある有名なスクランブル交差点だ。かの有名なショッピ

1. 建築中の東京・港区の麻布台ヒルズ(中央)と東京タワー(2022年12月24日)
撮影/Own work 稲妻ノ函館　CC BY4.0

2. 働き過ぎを警告する
ユーモアたっぷりのステッカー

3. 世界最高の都市は東京だ　撮影／Jezael Melgoza on Unsplash

4. ぶらぶら横丁の通りに入ると、まるで魔法のような
空間が広がっている　撮影／Almov on Unsplash

5. 渋谷のスクランブル交差点からSHIBUYA109を望む　撮影／kalleoo, CC BY2.0

6. 東京には「共有の感覚」がある。桜が満開の代々木公園
撮影／Dick Thomas Johnson, CC BY2.0

7.　世界に誇るべき東京の雑居ビル群　撮影／Stefan Huang on Splash

8.　ニューヨーク市のリトル・イタリー　撮影／Alex Haney on Unsplash

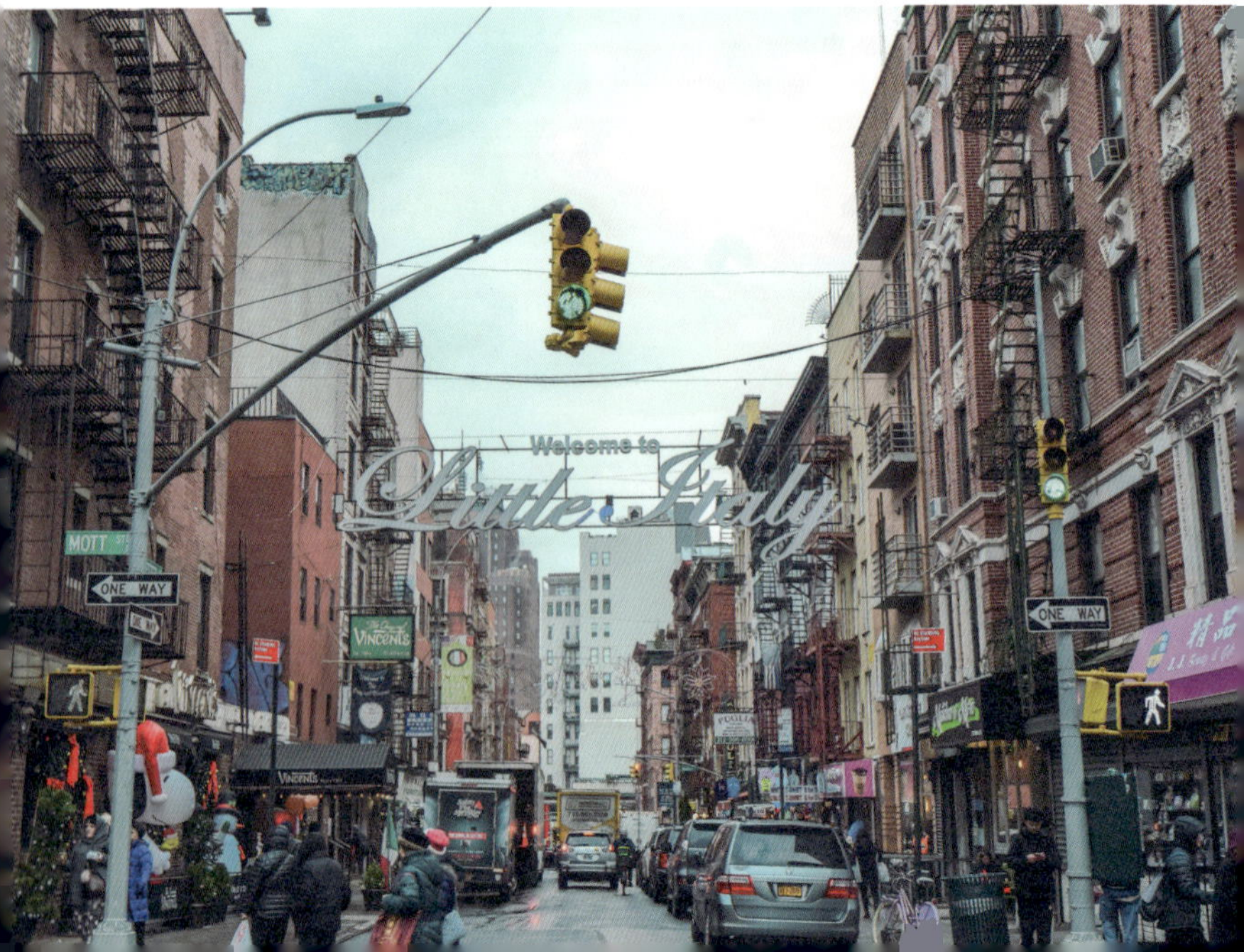

9.　ニューヨーク市グリニッジ・ヴィレッジ　撮影／Steve Santore on flickr, CC BY 2.0

10. サンフランシスコ市内　撮影／Anthony Albright, CC BY-SA2.0

11. パリ市マレ地区　撮影／Jean Robert Thibault, CC BY-SA 2.0

12. パリ市モントルグイユ通り　撮影／Jean-Christophe BENOIST CC BY-SA3.0

13. ロンドン市内　撮影／Suryateja on Unsplash

14. イスタンブール市内　撮影／Ant Rozetsky on Unspash

15. 香港の旺角　撮影／J. Sharp on Unsplash

16. 香港の商業地区尖沙咀　撮影／ Himmels on Unsplash

17. 東京駅前の消費者金融が多く入るビル　(筆者撮影)

18. 雑居ビルが並ぶ通り　撮影／Kevin Doran on Unsplash

19. 雑居ビル目当ての外国人の姿も　撮影／Koi Visuals on Unsplash

20. 渋谷区松濤の鍋島松濤公園　撮影／Guerinf, CC BY-SA4.0

21. ニューヨーク市のコリアンタウンの雑居ビル　撮影／chensiyuan, CC BY-SA4.0

22. ニューヨーク・ブルックリンの雑居ビル　撮影／David Berkowitz, CC BY2.0

23. ニューヨーク・クイーンズ・フラッシングのビル　撮影／pasa47CC Y2.0

24. サンフランシスコで開催されたジャパンタウン・アニメ＆コスプレ・フェスティバル
（2019年7月、著者撮影）

25. インターネットミームの例

「思い出してよ。10代で恋愛をやりそびれたことと、
10代をやり直せもしないってことを」

このミームは、塩かずのこ氏製作のイラストを基にした画像。
出典：https//www.pixiv.net/artworks/81857189

渋谷の中心部SHIBUYA109から住宅地の松濤までの距離

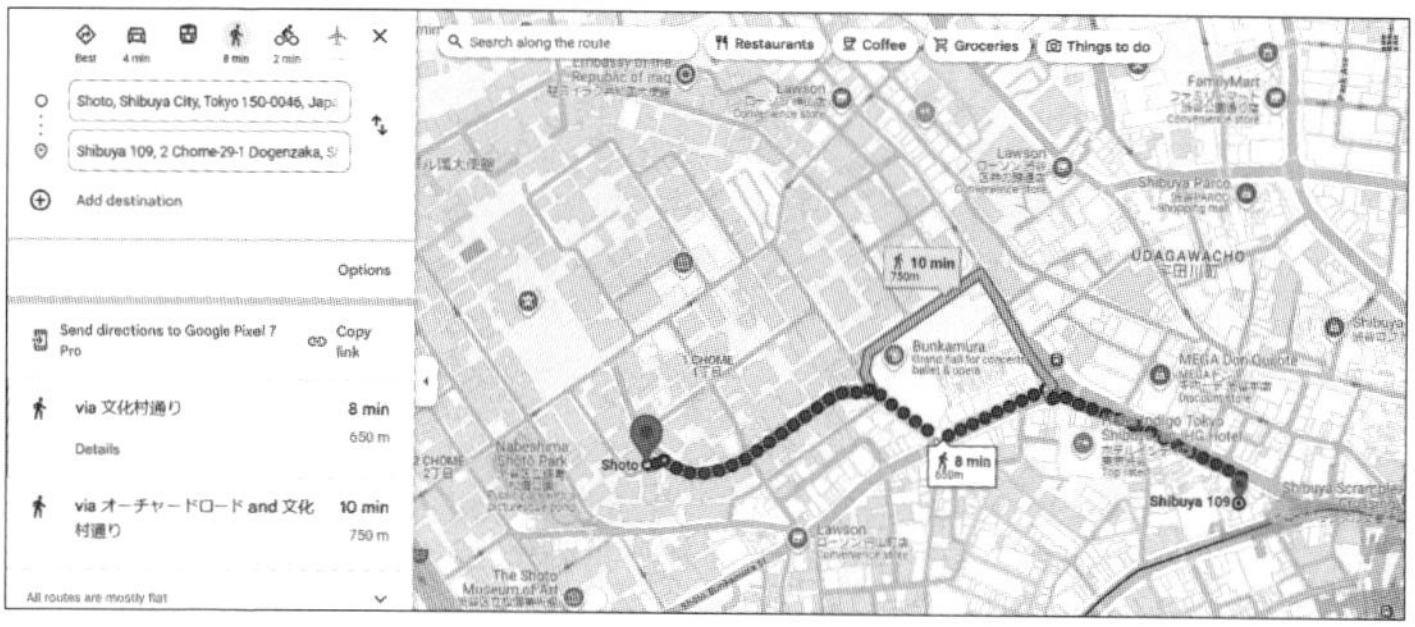

出所／google mapのスクリーンショット

ングモールのSHIBUYA109が見える。写真20は、鍋島という小さな落ち着いた公園だ。高台の緑豊かで静かな高級住宅街のなかにある。

そして、ここがとんでもないことなのだが、松濤とSHIBUYA109はなんと徒歩わずか8分の距離にある。

実は、こういうことは日本の都市ではそんなに珍しくない。猛烈な喧噪で激しく賑わっているショッピング街からでもほんの数分歩いたところに、まるで離れ小島のように平和で静かな区画がある。

なぜこうなるかと言えば、1つには、丹念な都市計画による部分もある。ただ、私の考えでは、雑居ビルによる部分もある（あと、小売りがびっしり密集する他の形態による部分も）。ほんの小さな区画に膨大な数の買い物客を密集させると、静かな住宅街を突っ切って歩く人たちは少なくなる。

（もちろん、サンフランシスコも似たようなことをやっている。静かで人通りがない街路の緑豊かな区画がたくさんある。そうした区画のなかには、小売り店がたくさん並ぶ通りに近いところもある。しかし、サンフランシスコがこれを実現できているのは、小さな店舗が少なくて、互いに遠く離れているからだ。東京は、1人当たりの小売店舗数が遥かに多いのに、これに比肩する結果をもたらしている。）

というわけで、日本各地の都市の快適で独特な特徴の多くは、雑居ビルを活用した複合用途開発が一因となっているのだと思う。

アメリカの都市が雑居ビルを建てるには？

雑居ビルがアメリカに上陸したなら、文化的にいくらかこれに慣れる必要が生まれるだろう。でも、大半のアメリカ人は、きっと雑居ビルを大いに評価すると思う。ニューヨーク市の住人は、それにサンフランシスコやシカゴといった他の都市の高密な中心地の住人も、気づいていないかもしれないが、彼らの都市が少しだけ東京に近づいたら、きっと喜ぶはずだ。

というか、すでにニューヨーク市には（ほんの）わずかだけれど、雑居ビルがある。コリアンタウンには3つ建っている（写真21）。また、ブルックリンの何の変哲もないビルも、とても雑居ビルっぽく見える（写真22）。写真23は、クイーンズ区フラッシングのビルだ。

ここに挙げたビルは、日本の雑居ビルにいま一歩及ばないように見えるが、それでも素晴らしい。こういうビルが存在しているのは、アメリカ各地の都市が危険すぎて雑居ビルが建てられないわけではない証しだ。それに、多層の小売りビルにアメリカ人が文化的な拒絶感を抱いているわけでもないという証明にもなっている。

「どうしたら、アメリカにもっと雑居ビルを増やせる？」

アメリカが都市に建設する必要がある他のあらゆることと同様に、建築規制・用途地域規制が重要なのは明らかだ。また、通りから直通の階段・エレベーターを設置できるように規制を改める必要もある。さらに、ジョー・マクレイノルズは他にもアイデアを提案している。事業者が自分のビルに取り付けられる看板への規制を緩めるという案だ。

私の考えでは、アメリカに雑居ビルを普及させるうえで大きな妨げになることとして、外観の看板規制がある。この規制は地域ごとに違っていて、しかも、一部の都市では雑居ビルらしい看板を中華街とコリアタウン「だけ」に認めている。ここには、雑居ビルは「異質な」「アジアの」モノであり、「素晴らしいアイデア」ではないという見方が反映されている。

ニューヨーク市では、「付属看板」（つまり広告やビルボードではない店舗用の看板）に関する規則はややこしくて、用途地域規制と関連している。どの地域でも、看板の大きさにかかる規制は、建物の間口幅にもとづく計算式を使っている。これは、細長い（間口が狭い）雑居ビルとは真逆の制度設計だ。

私には、この提案は素晴らしいアイデアのように思える。

目下の最重要事項は、とにかく教育だと思う。日本は、偶然による部分もあるけれど、都市の小売りを組織する本当に新しくて画期的な方法を発明した。都市計画の専門家や計画立案者は、このことを知る必要がある。彼ら全員が"zakkyo"という単語を知るべきだし、「ショップトップ型住宅ばかりが複合用途開発の可能な方法ではない」ということを認識すべきだ。（2024年10月21日）

Weeb（ウィーブ）！——日本のポップ文化に首ったけの非日本人たち

一番お気に入りの記事

この2週間を日本で過ごしていた間、現地のスタートアップ創業者やベンチャーキャピタリスト、コンサルタントやあれこれの友人に、「Weeb（ウィーブ）」という単語を聞いたことがあるか尋ねたところ、誰ひとり知らなくて驚いた。

なぜなら、日本の文化製品によって世界規模のサブカルチャーが生まれているのに、他ならぬ日本にいる人たちが、そんなサブカルチャーが存在していることにほぼ気づいてすらいないからだ。

このサブカルチャーは、世間の隅っこの存在ではない。アニメにもなった『ＳＰＹ×ＦＡＭＩＬＹ』の原作最新刊は、今週、北米でベストセラー１位になっているし、ウクライナの戦争の最前線に身を置いている兵士たちはストレス発散のためにピカチュー・ダンスを踊ったりしている。日本は、ほぼ偶然によって文化方面の超大国になった。

ともあれ、先に触れた創業者やベンチャーキャピタリストらには、２年前に「Ｗｅｅｂ」について書いたこの記事に目を向けてもらうことになった。今も続けている「サブカルチャー」連作のなかで、この記事（２０２１年４月11日）がいまでも一番楽しい。というか、これまで書いたあらゆる記事のなかでも、指折りのお気に入りだったりする。

日本人が誰も知らなかったＷｅｅｂ

「Ｗｅｅｂ」は「ウィーアブー」（"weeaboo"）を短縮した単語で、とあるウェブコミックに出てきた意味のない言葉だった。いつ頃かは不明だが、英語圏を中心とした世界最大規模の画像掲示板である４ｃｈａｎの人たちがこれを「日本人ワナビー（wannabe）」、日本人になりたい人、日本愛好者を意味するスラングとして使い始めた。つまり、日本文化を偶像化している非日本人たちのことを意味していた。

日本文化の偶像化は、べつに新しいことではない。私の好きな詩人リチャード・ブローティガンは、日本を訪れた経験でいろんな詩を書いていて、それで1冊の詩集をつくっている。『ブローティガン 東京日記（原書タイトル：June 30 th, June 30th、福間健二訳、平凡社ライブラリー）』だ。

そこに収められた「朝日ののぼる国――サヨナラ」（Land of the Rising Sun）という詩の余白にこう書かれている。

ふたたび六月三十日だ
太平洋の
日付け変更線をよこぎって
故郷アメリカへむかっている
心の一部は日本に
おいたまま

この気持ちは、すごくよくわかる。

ただ、日本大好きな人のことなら誰でもWeebと呼ぶ人たちもいる一方で、大抵、この言葉にはもっと狭く限定された含みがついて回る。一般に、この単語が意味しているのは、日本のポップカルチャーが大好きな人だ。漫画とかゲームとか音楽とかコスチュームとか、そういうものを愛好している人を指す。特に、漫画だ。それに、アニメのファンではないWeebは、なかなか想像できない。

（昔ならこの文脈では“otaku”と言ってたのが、いまはWeebと言うように変わっている。日本語で「オタク」と言ったら、「ギーク」（geek）のことだ。実際、これはびっくりするぐらいの直訳で、元はマイナスの含みがあったのが、2000年代中盤にはプラスの意味合いを持つように変わった。長らく、アメリカ人はアニメファンを“otaku”と呼んでいたが、日本でいう「オタク」と意味が異なることから、次第に呼び方を切り換えざるをえなくなり、Weebと呼ぶようになった。）

ただ、実はWeebにはもっとややこしい含みがあって、単なる日本好きやアニメファンの層を遥かに超えた広がりをもっている。これは、1つのサブカルチャー丸ごとを指してる。きわめて複雑で細やかで独自なサブカルチャーだ。それに素敵なサブカルチャーだと、私は思ってる。

このサブカルチャーとみっちり付き合ったおかげで、「自分はWeebではないな」と気づいているし、今後も本物のWeebにはならないと認識している。パンクロックの演奏を何度か聴きに行ったところで、別にパンクになるとは限らないのと同じことだ。

なぜWeebではないかと言えば、別にそんなにたくさんアニメを見ないからでもないし、文化の主流で提供されているものを好むからでもない。私とWeebたちとでは、日本との関係がずいぶん違っているからだ。自分はWeeb文化に本当に加わることはないだろうけれど、それでもこの文化を理解したいと思っているし、この素敵なところをもっと幅広い人たちにも味見してもらいたいと願っている。

Weeb文化には多様な要素が合流している

ここは、非常に重要なポイントだ。Weeb文化を理解しようと思ったら、それがいかにありとあらゆる背景をもったアメリカ人が集まる合流点になっているかということの理解が欠かせない。それに、いろんな国々の人たちの合流点でもある。

Weeb文化については、よくこんな誤解がある。

「大半のWeebって白人でしょ?」

「言葉の定義からして、Weebは白人と決まっている」

いや、それは違う。統計は見つけられないが、個人的な経験からすると、Weebはアジア系に偏っているし、黒人・ヒスパニック系の存在感も大きい。軽くネット検索してみると、白人ではない人たちが大勢、「自分はWeebだ」と自認している。そのことに誇りをもっている場合も多い。

だからと言って、白人・黒人・アジア系のそれぞれでWeeb文化の経験のあり方が系統的に違わないというわけではない。系統的な違いは、確かにある。黒人系Weebの見方がどんな感じか知りたければ、2015年に若者向けデジタルメディア「VICE」がやった黒人アニメファンたちのインタビュー集[*17]をお勧めする。

あと、ステファニー・ピチャードが書いたブログ記事もお勧めだ。[*18]「Weeb文化は総じて極端なまでに寛容で敷居が低い空間だ」という印象を持っていたが、このインタビューはまさにその裏付けになっている。ただ、サブカルチャーのご多分に漏れず、ひと握りのネット荒らしはどこにでも沸いて出てくる。

社会的対立を逃れ、人種を超えて集う中立的な場

日本人以外のアジア系の人たちも、Weebと呼んでいいのかという問いを提起しようという試みも多少はあった。

「キミってアジア系でしょう。だったら、アジアのものを好きになるのは、おかしなことでも変わったことでもないよ」、等々。でも、そうした論議も、「とにかく本人がWeebだと言っているんだから、それでいい」という圧にすっかり押し流された。

アジア系でも「自分はWeebだ」と自認しているのであれば、その人たちはWeebだ。ここでも、アジア系のWeebたちの経験は、白人や黒人のWeebたちといくらか系統的に違っているようだけれど、それはどんなサブカルチャーでも同様だろう。

日本のポップカルチャーのファン層で、ありとあらゆる人種のアメリカ人が入り混じっ

ているのは、直観的には「そうだろうな」とわかる。黒人と白人の伝統的な二項対立で出来上がったアメリカの人種関係の外に、日本は存在している。そればかりか、ある程度までは、黒人・白人に限らず、ありとあらゆるアメリカの人種関係の外にある。

日本は、ヨーロッパの植民地支配によって文明を築き上げた先進国ではない。だから、その文化的な産物に、特に現代の各種ファンタジーにオマージュを捧げたところで、西欧諸国の人種絡みの歴史や政治事情になにがしかの意味合いを持つこともほぼない（アジア諸国の場合には、それより少しばかりややこしい。20世紀前半に日本が引き起こした植民地支配の歴史があるせいだ）。

言い換えると、ある程度まで、Ｗｅｅｂ文化は中立的な集いの場になっている。この合流地では、われわれアメリカ人が毎日の暮らしの中で苦しんでいる痛々しい社会的な対立を逃れて、ただの人間として素敵なファンタジーを楽しめる。

あと、「Ｗｅｅｂの連中って右翼なんでしょう？」というステレオタイプの意見についても一言言っておくべきだろう。これは、完全に無知で間違っている。このステレオタイプが存在しているのは、２０１０年代中盤に4chanで始まったビデオゲーム内での女性嫌悪の動きが騒動に発展した「ゲーマーゲート集団嫌がらせ事件」でアニメのアバターが使われまくったせいだ。その後、オルト右翼はアニメアバターを捨てて、フロッグや古いギリシャ時代の肖像やトランプの写真を使うようになった。

一部には少数ながらもアニメ・ナチもいる。ちょうど、ひと昔前のパンク界隈にナチ・

パンクの一派がいたのと同じことだ。とはいえ、アニメ・ナチも大体はオンラインだけでやってるから、実生活でお目にかかることはないし、アニメ・コンベンションやコスプレ集会に出かけても彼らに出くわしたりはしない（あるいは、いざ出くわしても、きっと「アニメ・ナチだ」とは分からないと思う。というのも、きっとそういう場面では彼らはおとなしく黙り込んでいるだろうから）。

１人ひとりを見ていけば、Ｗｅｅｂたちの大半はリベラル系や左翼で、あとはごくひと握りのリバタリアンや保守もいる。要するに、アメリカ人の若者全般がまとめて放り込まれている。ネットのミームで有名なアニメキャラによる政治思想分布のイラストもある。あと、Ｗｅｅｂらしい特徴は、いくらか国際的な現象でもある。日本のポップカルチャーは、全世界に行き渡っているし、いろんな国々で似たような反応を引き起こしている。このサブカルチャーが大変な人気を博している国を挙げると、インドネシア（"wibu"と綴る）、台湾、その他のアジア諸国がある。

アニメのファン層は、イタリア・フランス・ラテンアメリカで非常に大きくなっている。ここでも、いろんな国々でのＷｅｅｂ文化はそっくり同じなわけではない。ちょうど、パンク文化がいろんな国々で同じではなかったのと同様だ。ただ、それとわかる程度にはよく似ている。

ただ一つ、Ｗｅｅｂ文化が何でないかといえば、日本人の文化ではない。Ｗｅｅｂ文化は日本の製品から派生したわけで、当然、いろいろと細かいところで日本に影響されている。

それに、大半のWeebたちはなんらかの形で日本に関心を持っている。なかには、日本語を学ぶ人たちもいる。あるいは、日本旅行に（巡礼に？）出かける人たちもいる。ただ、私の経験だと、日本に移り住むのは比較的わずかな人たちだ。

「え、なんで？」

その理由は、Weeb文化の魅力に関する私の一般的な理論と絡んでいる。Weeb文化は、恋愛（ロマンス）に関わりがある。

Weeb文化の要はロマンス

長い間、この記事を書きたい書きたいと思いながらいままで書かずにきたのに、今こうして腰を据えてようやく書いているきっかけは、先日目にした、とあるミームだった（写真25）。

このミームを見て、持論を思い出した。「Weeb文化の要は、みんなが経験しそびれた恋愛（ロマンス）を取り戻すところにある」というのがそれだ。

さて、この説は単なる私の思いつきに過ぎない。民族誌的な理論であって、別にデータに基づいてはいない。「ほらね、これを見れば、WeebたちがWeebたちである理由が証明されるでしょう？」といったグラフは見せられない。

Weebたち当人に聞きとり調査をしてみても、きっと、この考えに行き着く人はほんのひと握りしかいないはずだ。だから、この理論はちょっと眉に唾をつけて聞いてほしい。ひょっとすると、ペットボトル1本分くらいつけてもらってもいいかもしれない。

ともあれ、Weeb文化に触れたら、これがいかに恋愛に満ちているか、すぐさま気づくはずだ。セックスそのものではない。そこには違いがある。

Weebが描くイラストを見てもらうと、即売会で売っているものだろうと、Instagramに載せている落書きだろうと、そこには若い恋人同士がやさしく抱きしめあってる場面だとか、月を見上げている少女だとか、なにやら考え込んでいる若い男だとか、そういうのでいっぱいだ。これは、誇張されたポルノのようなものとはなんの関わりもない。これは、若い子の恋愛の夢だ。

私の理解では、恋愛（ロマンス）の要は自己イメージと自分の人生の物語にある。セックスはその一部ではあるが、ここで大事なのは実際に快楽を得ることよりも、性的に魅力があると感じることだ。愛も恋愛の一部ではある。でも、ここでは情動面での人との関係そのものはそんなに大事ではなくて、それよりも、なにがどうなって誰かを愛するに至るかという物語のほうが大事なのだ。それに、自分が愛されるに値する人間であることも。

そういうことこそ、10代の頃に経験できなかった、と多くのアメリカ人が感じているのだ。そう感じる理由の一端は、実際の10代の恋愛は理想化されたものとは似ても似つかないものだからという点もある。10代の恋愛なんて、ぎこちなく、こそこそしていて、後ろ暗い気持ちがついて回って、情動面で未熟で、しかも社会的によく思われるかどうかという心配に加え、性的経験を求める欲求におおよそ突き動かされているものだ。

ただ、ここにはアメリカ固有の事情もある。アメリカは、世界で最も暴力的な先進国で、中学校や高校にまで暴力が蔓延している。アメリカの若者は、性のありようやロマンスの境界を取り締まるために暴力を使っている。

いじめっ子が、キミの尻を蹴り回しながら、こんな言葉を吐く。

「お前なんかに、彼氏／彼女なんてできねえからな」

こういう暴力は、総じて周縁に置かれている人に対して特によく用いられる。ゲイの子や、トランスの子、人種的少数派、障害児、自閉症スペクトラムの子、世間的に魅力がない子、単に内気だったり、身体が弱かったり、オタクっぽかったりするだけの子、あるいは、これという名前も付いていないけれど、あからさまに変な感じの子なんかが、そういう暴力の対象になる。

Weebの人たちと仲間付き合いしてみれば、ほどなくして、こういう子たちのいかに多くがWeebになっているかに気づくはずだ。

もちろん、高校を卒業して独り立ちすると、アメリカはずっといいところになる。それでも、アメリカ人の多くには、ずっとこんな気持ちが残る。

「自分は、なにかとても大事なモノを経験しそびれてしまった。ロマンティックで異性に好まれる素敵な若者になる機会を逃してしまった」

多くのアメリカ人は、日本のポップカルチャーを通して日本が10代のロマンスを経験しそびれずに済む場所のように感じているのだ。

向かうべきは、日本ではなくWeeb文化

ただ、こうした日本に対するイメージの大半は幻想だ。アニメを視聴してアメリカ人が消費しているのは、日本人クリエイターたちの願望成就ファンタジーだ。現実の日本は、オタクや周縁の人たちですら、いつでも自分が素敵で恋愛対象たり得る人間だと感じられる場所ではないかもしれない。

でも、アニメはそういう場所だ。日本人なら、「自分はファンタジーを見ているんだ」とわかっている。でも、日本以外の出身だと、アニメのロマンスの世界が本当に行ける場所のように感じられるのかもしれない。

そこで、ここが大事なところだ。わりと本当に行ける場所ではある。ただ、それは日本ではない。行けるのは、Weeb文化そのもののほうだ。

ちょっと説教くさい話をすると、若い頃の恋愛で大切なのは、「そんなもの、やりそびれたって大したことない」ということだ。確かに高校時代は一番恋愛を求める時期ではあるが、ほぼ間違いなく、本当に恋愛をするのに最もいい時期ではない。大人として独り立ち

して自分のことは自分でやって、自分がなりたい人間になることのほうが、ずっと恋愛の実現に繋がりやすい。

さて、Ｗｅｅｂ文化は、大人たちがそういう恋愛生活を送る機会を得る場所の１つではある。これには理由がいろいろある。Ｗｅｅｂの人たちは、少なくとも、実生活で他のＷｅｅｂ仲間たちと顔を合わせるタイプの人たちは、付き合う相手ができやすい（こういうことが、みんながほんとに聞きたかったことでしょ？）。でも、それはＷｅｅｂ文化のほんの一端でしかない。

他にも、Ｗｅｅｂ文化は極端に穏やかな文化、非暴力的な文化だという事情もある。パンクのショーに出かければ、よく喧嘩に出くわすはずだ。でも、アニメ大会で喧嘩なんて聞いたこともない。熱をおびた議論なら出くわすけれど、それだって物腰は穏やかなものだ。それに、Ｗｅｅｂ文化は大抵、相手の話を大いに歓迎するし、「そんなのダメだ」とか切って捨てたりすることはあまりない。それに加えて、各種のファンの集いは、人格を育てる機会にもなっている。

つまり、自分が好きなモノを見つけることで、「自分はこういう人間だ」と見定めていく機会にもなっている。ロマンスには、自分らしさの強い感覚というインプットが欠かせない。自分が何者かわかれば、誰かが自分と恋に落ちてくれると信じるのがずっと容易になる。

コスプレなんかも、自分らしさを表現する機会をＷｅｅｂにもたらしている（同時に、コスプレは、セクシーな衣装を身に纏う口実にもなっている)。でも、Weeb文化がロマンティックである大きな理由は、単純にアニメをはじめとする日本のポップ文化に触れて誰もがロマンスについて考えるようになるところにある。とにかく、これが動機になっている。

たぶん、だからこそ、日本の人たちも、Weebに出くわすと、ちょっと困惑してしまいがちなのだろう。自分の国のポップ文化をプラットフォームに使って、いろんな国の人たちが現実世界でロマンティックな青春時代の模造品をつくりだし、そこで楽しくやれると想像しているなんて、とても変な感じがする。

それに、おそらく、Weebが実際に日本に行く場合がそんなに多くない理由も、ここにある(それに、いざ日本に行ってみると、今一つと思う人が多い理由も)。多くのWeebたちにとって、日本は本当に行きたい場所とは違う。

Weebが、少なくとも自分の部屋から出られないほど内気なわけではないWeebたちが、ロマンティックな夢を生きられる場所は、日本ではない。その場所とは、他でもなくWeeb文化だ。Weeb文化が根を張るアメリカその他の国々では、日本をそっくり真似はしなかった。まるきり独創的な文化を自分たちで創り出したのだ。

Weebのアメリカ

集団としてのWeebは、Weebの他の文化から少しばかり敬遠されたり、抵抗されたりしている。でも、今はまだ罵倒語としては穏やかなもので、"hentai"や普通とは違う性嗜好や右翼政治、さらにはタブーのあれこれを連想させるものになっている(どれも完全に不当な連想だが)。

漫画やコスプレそのものも、いまだに、子どもっぽい暇つぶしや逃避行動の一種だと思っている人たちが一部にいる。もちろん、こうした扱いには、内気なはみ出し者を探し出してイジメてやろうとするアメリカ人全般の傾向が隠れた形で表れている部分がたくさんある。

人種や性嗜好や魅力の低さを理由に他人を迫害するのが以前ほど世間では許されにくくなってきている時代なのに、いまだに、「漫画を好んでいるからという理由で、イジメるのは別におかしくもない」と思われているわけだ。

ただ、こうしたぬるい形での排除も、次第に弱まってきている。世代が変わってきて、ますます多くのアメリカ人が日本のポップカルチャーの産物を楽しみながら育つようになってきている。

ちょうど、かつてスターウォーズ世代がいい年になった頃に「geek」がプラスの意味になったのと同じように、きっとWeebもまずは反語的にプラスの意味の言葉になり、「自分もそうなりたい」と多くの人が思うようなものを意味する言葉に変わっていくはずだ(「俺って、めっちゃ、Weebなんすよwww」)。

そうなれば、サブカルチャー色は薄まっていくだろう。週末だけWeeb系の趣味を楽しむ人たちが大量にアニメ大会に参加したりするようになっていく。これはすでに起こりつつある。ネットのおかげで、どのサブカルチャーも人の出入りが容易になっている。そのうち、テレビの業界人や映画製作者、小説家の手によって、アメリカ人がみずからを語る物語でWeeb文化を描写し出すようになるはずだ。これがいいほうに転がってくれたらと思う。

でも、本物のハードコアなWeebサブカルチャーも存続するはずだ。死滅してしまうにはあまりに素敵で創造力があり過ぎる。それに、ハードコアなWeebサブカルチャーは、そこに参加している人たちにとって、あまりに重要な社会的目的に役立ってもいる。

（2021年4月11日、2023年4月7日再ポスト）

第3部

The Current State of Economics as Seen by Nobel Laureates

ノーベル賞受賞者から見た経済学の現在

第7章 信頼性革命と経済学の変容

Chapter. 7 The Credibility Revolution and the Transformation of Economics

大きな問いにノーベル賞——アセモグル、ジョンソン、ロビンソン

A Nobel for the big big questions

経済発展の大統一理論で受賞

毎年、ノーベル経済学賞が発表されるたびに、このブログで記事を書いている。ここ3年だと、2023年のゴールディン、2022年のバーナンキ、ダイアモンド、ディビッグ、2021年のカード、アングリスト、インベンスについて記事を書いた。

2024年は書かずに済ませようとも思った。実は、今回の賞について私はあまり面白く思っていないため、みんなを白けさせるのは嫌だったからだ。とはいえ、かつては主流

派マクロ経済学を批判するのがブロガーとしての私の持ち味みたいなものだったし、一度は自分のルーツに戻ってみるのも悪くはないのかもしれない。

長くこのブログを読んでいる人ならご存じの通り、私はノーベル賞全般をあまりよく思っていない。実際には、大抵の大発見は集団での大きな努力、または小さな漸進的累積の賜物、あるいはその両方なのに、ノーベル賞は個々人の貢献をあまりに大きく讃えてしまっている。

これは、科学の実態を反映しない「天才崇拝」をつくり出してしまう。それに、受賞者とそれ以外の研究者の間にあまりに大きすぎる地位の落差もつくってしまう。

それに加えて、ノーベル経済学賞にはさらに批判すべき点がある。[*1] ノーベル賞は、外部の正当性評価にかなり依存して、誰に賞を贈るかを決めている。つまり、その人の理論や発明がしっかりモノになっていないといけない。そうでないなら、世界最高の天才といえども、ノーベル賞はもらえない。物理学者エド・ウィッテンは、ノーベル賞より獲りにくいフィールズ賞を１９９０年に受賞した。超弦理論のために彼が考案した数学が、その受賞理由だ。しかし、彼がノーベル物理学賞をもらうことはほぼ確実にない。というのも、超弦理論は実証的に検証できないからだ。

影響力が大きいアイデアが受賞

ノーベル経済学賞は違う。伝統的にこの賞は経済学分野で最も影響力の大きいアイデアを出した経済学者に贈られてきた。その人の研究を後追いする研究に他の経済学者が大挙して加わったり、あるいは、その人が開拓した理論的・実証的な技法を使ったりすると、ノーベル経済学賞がもらえる。別にその理論の正しさが立証されていなくても構わない。具体的な実証的発見が受賞時点までにすでに覆されていてもいい。とにかく、影響力が大きかったら、この賞がもらえるのだ。

トーマス・クーンの言う「パラダイム以前」の科学にだったら、これはふさわしいという言い分はあり得る。つまり、基本的な概念とツールをまだ模索中の分野だったら、こういう賞の選定でいいのかもしれない。

しかしながら、ノーベル経済学賞が始まってから55年経っている。これほどの年月が経過しているなら、研究分野がよちよち歩きから抜け出していてもよさそうなものだ。にもかかわらず、「経済学の分野で影響力を持つ」ことを選考基準にして成功している研究を選ぶのは、あまりにも人気投票めいているように思える。

そのせいで、２００４年のような授賞も起こる。あの年のノーベル経済学賞が贈られたマクロ経済学者（キドランド、プレスコット）は、こんな理論を唱えた人たちだった。「景気後退を引き起こすのはテクノロジーの減速で、大量失業は自発的な休暇だ」

信頼性革命に関わる実証学者の台頭

近年の様子を見ると、状況は変わってきているのかもしれない。いわゆる「信頼性革命」に関わっている実証経済学者たち、つまり、厳密な無作為対照実験ではないが、準実験に携わっている人たちに贈られることが多い。

例えば、2023年のゴールディン、2021年のカード、アングリスト、インベンス、2019年のバナジー、デュフロ、クレマーがそうだった。理論家に贈られるときには、現実の結果をよく予測するゲーム理論家に贈られている。2020年のミルグロム、ウィルソン、2016年のハート、ホルムストロム、2014年のティロール、2012年のロス、シャプレーがそうした例だ。

確立しにくい分野であるマクロ経済学に贈られる場合ですら、現下の問題にすぐ応用される理論を示した経済学者が受賞している。例えば、2022年のバーナンキ、ダイアモンド、ディビッグや2018年のノードハウスがそうだった。

つまり、近年のノーベル経済学賞を見ると、経済学は徐々に自然科学に似てきている様子が窺える。経済学業界での文化的な影響ではなく、実際の応用と外部での正当性が最終的に研究の値打ちを決めるように変わりつつある。ところが、今年の賞はそこから一歩遠ざかったようだ。かつてのノーベル経済学賞で重視されていたような大思想に一歩戻ったように思える。

アセモグルの驚異的な論文執筆スピード

ともあれ、今年の受賞で大事なところは、ダロン・アセモグルはいずれノーベル経済学賞を獲るとわかっていたことだ。アセモグルは、獣《けだもの》みたいに研究に驀進するとんでもない存在だ。数学のテレンス・タオに経済学でいちばん近いのがアセモグルだろう。経済学者のアレックス・タバロックがこう語っている。

ダロン・アセモグルは、経済学版のウィルト・チェンバレン（アメリカ・プロバスケットリーグＮＢＡで１９６０年代から１９７０年代まで活躍した伝説の選手）だと思う。途轍もない生産性の化け物で、ほぼ前例のない速度で論文と被引用数をドカドカ積み上げていってる。Google Scholar によると、アセモグルの被引用数は24万７４４０件。h指数は１７５、つまり１７５本の論文それぞれが１７５件で引用されているということだ。

ちょっと立ち止まって考えてみよう。ダロンが博士号をとったのが１９９２年のことだから、毎年５本以上の論文を出しているわけだ。これだけでも驚くべきことだ。でも、ここで言っているのはただの論文ではなく、革新的で数多く引用される論文だ。それを毎年５本以上ずっと出し続けているんだよ！

……ジョン・ベイツ・クラーク賞受賞の際にダロンの研究の概略を書いたとき、ロバート・シラーはこう述べている。「ダロンの執筆速度たるや、こちらが彼の研究を消

（左から）アセモグル、ジョンソン、ロビンソン
出所／スウェーデン王立科学アカデミー

化できる速度を超えている」。これは業界全体にも当てはまると思う。われわれみんな、ダロン・アセモグルに追いついていない。

　さきほども述べたように、物理学だったら、これほどの業績を達成した研究者でもノーベル賞をもらわないことだって十分にあり得る。経済学では、それはあり得ない。[*2] そして、いつだろうとアセモグルがノーベル賞をもらうときには、どう転がっても、彼が最も影響を及ぼした研究分野と決まり切っていた。制度と経済発展に関する研究だ。

　だからこそ、今年のノーベル経済学賞は、この分野でアセモグルと共同研究をしてきたジョンソンとロビンソンにも贈られた。ジョンソンとロビンソンそれぞれが個人としてパッとしない研究者だと私は言っているわけではない。それどころか、金融・地域基盤政策・技術政策などの主題に関するジョンソンの研究全体は大好きだし、一般向けの秀逸な文章の大ファンでもある。

でも、これまでのところ、ジョンソンとロビンソンの研究で一番影響が大きいものといえば、アセモグルと共同でやった制度の研究だ。

自分と響き合う理論

「制度」とはなんだろう。この点については、誰もいまひとつ合意できていない。概念上は、財産権のような法律の整備も、民主制みたいな政治制度も、官僚組織等々も、「制度」に含まれ得る。

「制度」と言うとき、研究者それぞれで意味しているものがまちまちだ。ただ、（1）法の支配と（2）財産権が重要な例――という点は、誰もが合意しているように思える。アセモグル、ジョンソン、ロビンソン（大半の人は、AJRと頭文字で呼ぶ）の理論ではこう考える。

経済発展は、一国がしかるべき制度を備えることで引き起こされる。具体的には、制度が「包括的」なときに一国が繁栄すると彼らは考える。「包括的」制度とは、「各人の才能・技能を最もうまく活かし、自分が望む選択を個々人がとれる経済活動に大多数の民衆が参加することを許容・促進する」制度のことだ。

逆に、制度が「収奪的」な場合には、一国は貧しいままになる。「収奪的」制度とは、人間のインプットを軽視し、人間の潜在能力を浪費し、とにかく無料の労働力や鉱物資源といったリソースを分捕ろうとする制度をいう。

この理論なら、アセモグルとジョンソンの有名な著書『国家はなぜ衰退するのか』（邦訳早川書房）で読んだことがある人もいるはずだ。

実は、私はこの理論が大好きだ。情動のレベルで自分のなかにこの理論と強く響き合うものがある。自分の価値観と強く合致しているからだ。

私は普通の人たちのことを信じている。大抵は十分に活用されないままだが、平均的な人々が秘めている経済的・政治的な潜在力は大きいと信じているし、「社会はひと握りの天才が動かしている」と思っているエリート主義者にはいつもゲンナリしている。略奪ではなく、主に勤勉な仕事と創意工夫で国々は豊かになると信じている。

それに、直観的に「この理論は正しい」と思うところもある。ロシアのように自国の人たちの価値を切り下げて火砲の餌食にしている国々を見ると、テクノロジーと経済の観点で下手を打っているなと思う。

習近平が民間の起業活動を取り締まっているのを見ると、それが中国の成長に良いことだとは想像できない。抑圧的な体制をいくつ眺めてみても、軍事政権やら一党独裁体制やらマフィアやらが社会に触手をウネウネと伸ばして、普通の人たちが成功するのを妨げて無力感を広めている事例が目に入る。安価な労働力に大きく依存している企業がイノベーションを生み出せずじまいになっている事例もちょくちょく見かける。

経済成長を促すのは、制度か人的資本か

しかし、そうした点を考慮しても、この種の理論が証拠に照らして評価しやすいとは思わない。それに、経済発展の制度理論を検証するためにアセモグル、ジョンソン、ロビンソンが生み出した証拠に、とびきり説得力があるとも思えない。

例えば、AJRの最も有名な論文「The Colonial Origins of Comparative Development: An Empirical Investigation（「経済成長を植民地起源で比較する：実証的調査」）」を例に取り上げてみよう。この論文でAJRが目を向けたのは、様々な旧ヨーロッパ植民地だ。アメリカやオーストラリアのような豊かな旧植民地もあれば、ナイジェリアやパキスタンといった貧しい旧植民地もある。AJRによると、豊かな旧植民地で暮らしている人々は政府によって土地などを没収されるリスクが低い。

そこでAJRはこんな仮説を立てた。

かつての植民地時代に、ヨーロッパ系入植者たちが強力な財産権を根付かせたため、今の豊かな旧植民地では私有財産を没収されるリスクが低いのに対して、貧しくなった植民

地では財産権が弱かったのではないか。

この仮説を検証するため、ＡＪＲはいろんな植民地に移り住んだヨーロッパ人の死亡率に着目した。総じて熱帯病が原因で移住者の死亡率が高かったことから、ナイジェリアのような地域にヨーロッパ人は大量に移住できず、遠くからその地域を支配することになった。

遠くから支配した入植者は、大して財産権を気にしなかった。だから、鉱物資源の採掘や奴隷獲得を軍隊や現地の縁故者に任せ、植民地が丸ごと腐敗するまま放置した。

他方、熱帯病の負荷が弱い場合、ヨーロッパ人は現地に乗り込んだ。すると、いくらかは財産権を有効にする必要が生じた。

「ほらね」

この仮説は検証された。ヨーロッパ人が熱帯病であまり死ななかった植民地はその後、現代になってずっと豊かになりやすく、より良い財産権がある傾向が強かった。

この研究手法は賢い。研究結果は、われわれの直観に合致している。ところが、この論文が世に出てから2年後、一部の経済学者が大きな欠陥を指摘し始める。とりわけ、エドワード・グレイザーらは２００４年論文で、こう指摘した。

「ヨーロッパ人が移住できた地域では、単に財産権その他の制度が持ち込まれただけではなく、当人たちが現地に持ち込まれている」

さらにグレイザーらは、こう主張する。

「この種の制度が経済成長に及ぼす影響と、人的資本が経済成長に及ぼす影響とを選り分けるのは不可能だ。つまり、大勢のヨーロッパ系の子孫がその国にいることの影響を、制度の影響から切り分けられないじゃないか」

この話は人種理論のように聞こえるかもしれないが、実際にはそうではない。[*3] ひとつには、文化は制度そのものと同じくらい長続きするかもしれない。[*4]

しかも、ヨーロッパ系の子孫が大勢いると経済成長が引き起こされることには、さらに重要な理由もあると私は思う。そうした人々は、ヨーロッパと頻繁に貿易をした。アメリカ人やオーストラリア人、カナダ人は、英国、ドイツ、フランスから多くのアイデアを得た。テクノロジーやビジネスモデルなどが、ヨーロッパから彼らに伝わった。[*5] 彼らは、ヨーロッパ諸国との間に儲けの大きい貿易ネットワークを確立させた。そうした地域は帝国の従属的な地域ではなく、平等な地域だった。

ノーベル賞委員会の但し書き

ＡＪＲの有名な研究結果を説明するこの代替仮説は、これまで一度も棄却されていないし、大変重要なため、ノーベル賞委員会は発表に当たってこれについて但し書きをつける必要があった。

こうした……推定に因果関係を認めるには、強い仮定が必要だ。一言で言えば、「除外制約」が必要になる。つまり、何世紀も昔のヨーロッパ系入植者の死亡率が現代の制度の質に及ぼした影響だけが、そうした死亡率が今日の１人当たりＧＤＰに影響を及ぼす唯一の理由であるという制限が必要になる。

除外制約が妥当かどうかについて、より深刻な懸念もある。それは、移住者たちが自分たちのノウハウや人的資本も持ち込んだのかどうか。そして、そうした要因が特定の植民地制度のもとで長期的な繁栄に直接的な影響を及ぼしたのかどうか、という点だ。

……究極的には……人的資本と制度の両方が経済成長の決定要因であり、人的資本が経済成長に独立の影響を及ぼすことと、アセモグル、ジョンソン、ロビンソンの主張（制度の影響）とを区別するのは非常に難しい。……したがって、［ＡＪＲの］推定はいくぶん懐疑的に受け取られるべきである。

それでもなお、アセモグル、ジョンソン、ロビンソンが提示した証拠からは、入植者たちが実施したタイプの制度が現代のＧＤＰと植民地化当時の状況との関係を繋ぐ重要な仕組みであることが強く窺われる。

〈図表7-1〉
西暦1500年から1995年の間に、
ヨーロッパ人の入植前から豊かだった植民地は貧しく、
貧しかった植民地は豊かになる「富の逆転」が起きた

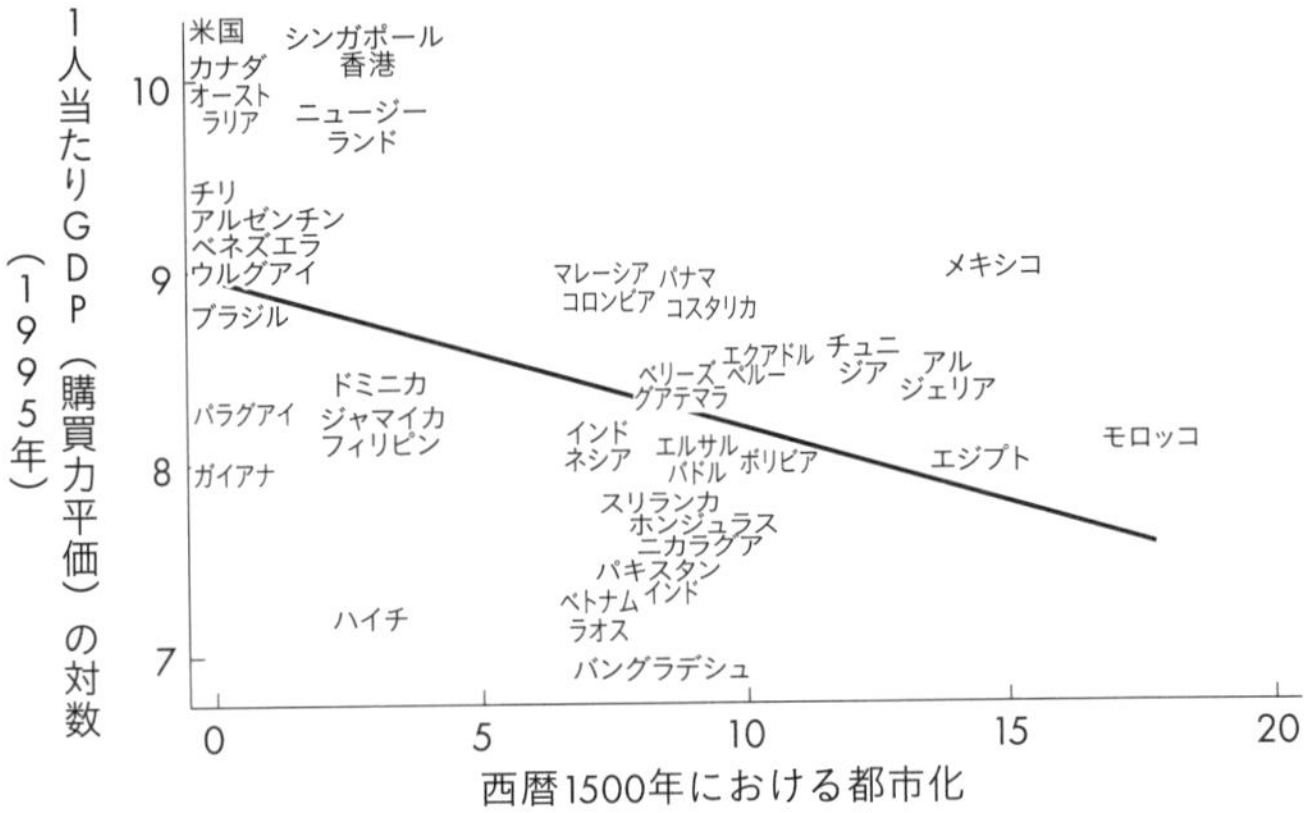

注／1人当たりGDPは世界銀行（1999）。1500年の都市化率は、人口5000人以上の街に住む人口を総人口で割ったもの。
出所／アセモグル、ジョンソン、ロビンソンの論文（2002）

ノーベル賞の発表でこういう文言が加えられるのは、けっこうな驚きだ。要するに、この但し書きはこう告げているわけだ。

「実はこの研究結果では、研究者たちの仮説は証明されていない。というより、この仮説は恐らく証明できない。それでも、ノーベル賞は贈ります。とにかく、非常に示唆的なので」

経済学が哲学の同類から抜け出してもっと科学に近づくの望んでいるなら、こういう文言を書かざるを得ないことは心外だ。

ノーベル賞委員会は、2002年に出た2つ目の有名論文に言及して、今回の授賞を擁護している。その論文は、「Reversal of Fortune: Geography and

Institutions in the Making of the Modern World Income Distribution（「富の逆転——現代世界の所得分布の成立における地理と制度」）」だ。

ＡＪＲによるこの論文では、入植前から豊かだったヨーロッパ植民地は後に貧しくなり、他方、入植前に貧しかった植民地は後に豊かになっていることが示されている。豊かさと貧しさを測る物差しとして、ＡＪＲは都市化の指標を用いている。ＡＪＲが出しているのが、図表７－１だ。

ここでＡＪＲは、こう論じている。

「豊かな地域と貧しい地域は、１５００年から１９９５年の間に立場を入れ換えた（グラフ内の右下がりの線が示すように）。このことから、地理では豊かさ・貧しさを説明できず、制度がものをいっているに違いない」

しかし、ここにも１つ目の有名論文と同じ問題がある。アメリカ、カナダ、オーストラリアといった地域（後に豊かになった「貧しい」植民地）には、ヨーロッパ人とその子孫がたくさん暮らしていた。

１５００年に都市化が進んでいて後に貧しくなった地域であるエジプト、メキシコ、ベトナムなどは、ヨーロッパ人が大量に入ってこなかった地域だ。もしかすると、その理由は、すでに人で溢れ返っていたせいかもしれない（あるいは、熱帯病がより多かったからかもしれないし、別の理由かもしれない）。

「富の逆転」の逆転

ちょっとしたお楽しみで、ひとつ試してみよう。当初は都市化がぜんぜん進んでいなかったところにヨーロッパ人たちが大勢入植し、後に豊かになったごくひと握りの地域を図表7－1から消し去ってみよう（これには、シンガポールと香港も含まれる。どちらにも、ヨーロッパ人が中国人を連れ込んだ）。さて、傾向線はどうなるだろうか。

どうも「富の逆転」は……逆転したみたいだ。

私がやったのは別に科学的な分析ではない。でも、Chanda, Cook, and Putterman（2014）の論文が、まさにこういうことを厳密にやっている。そこで見出されたのは――ああ、なんということか――人口の移動を考慮に入れると、AJRがいう「富の逆転」は逆転してしまうということだ。

本研究では、今日の国々に住む人口の（歴史上の）起源と1500年時点での発展水準を測った指標に関してアセモグル、ジョンソン、ロビンソン（2002）が用いたデータを利用して、植民地化された国々で領土としては富の逆転が起きたことが確認されるものの、（そうした国々の）人々とその子孫の富は逆転せず一貫していたことを見出した。当初の発展度合いを測るために別の3つの代替指標を使っても、少なくとも同程度かもっと強い一貫性が見られる。

〈図表7-2〉
1人当たりGDP（購買力平価）の対数（1995年）と西暦1500年における都市化

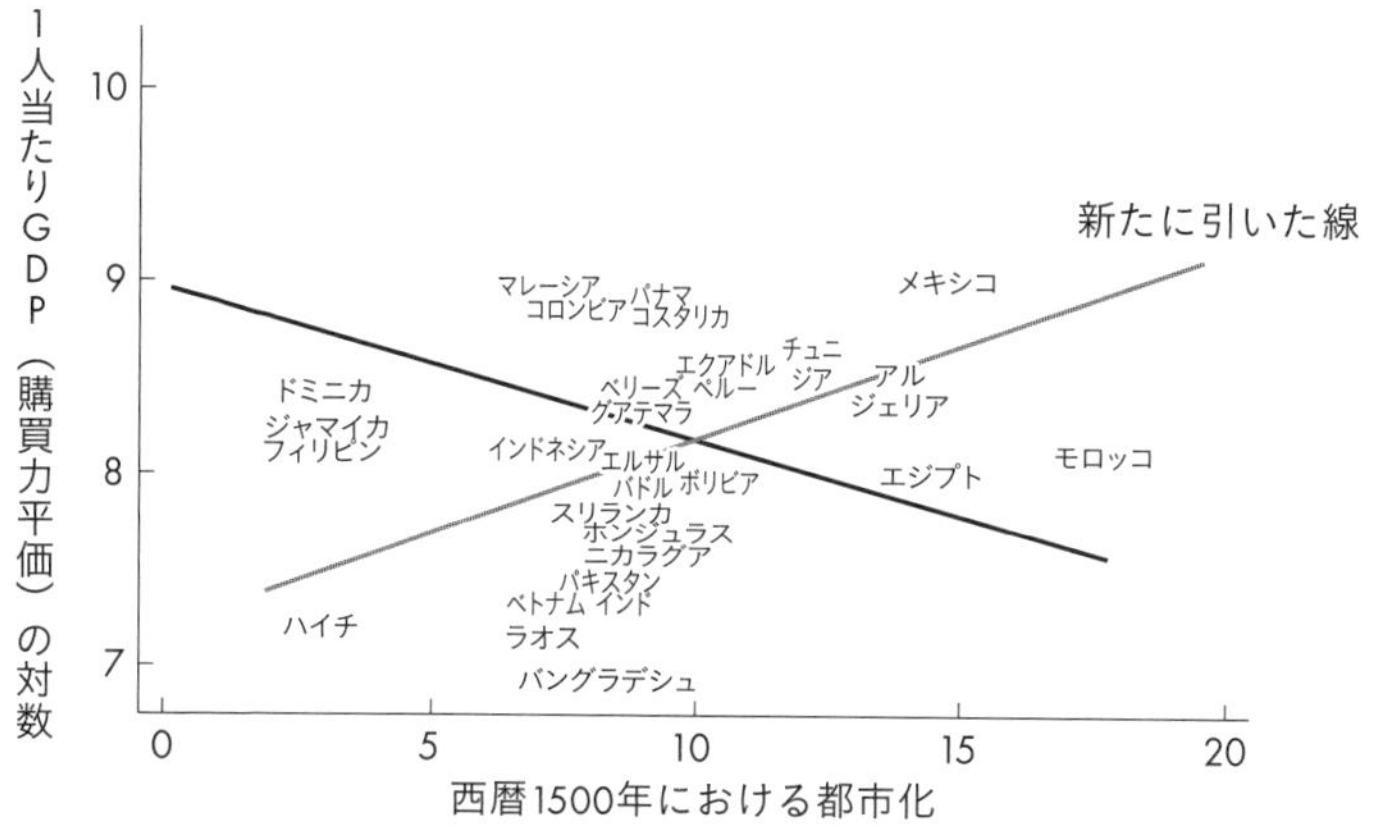

注／1人当たりGDPは世界銀行［1999］による。1500年の都市化率は、人口5000人以上の街に住む人口を総人口で割ったもので、Bairoch［1988］および Eggimann［1999］による。
出所／アセモグル、ジョンソン、ロビンソン（2002）

しかし、これらの指標では領土での富の逆転は成り立たない。追加の分析では、植民地化前の状況が現代の発展度合いに影響を及ぼす経路として、制度の質よりも人的資本のほうがより根本的であるというグレイザーその他の論文（２００４）の見解が支持された。

ここでも、「ヨーロッパ人が良い制度を実施した」ことと「ヨーロッパ人が移住してきた」こととを実証的に切り分けようがない。

別にアセモグル、ジョンソン、ロビンソンがいい加減な実証研究をしたと非難している訳ではないことに、ぜひ留意してほしい[*6]。その性質上、５００年前の各国の歴史に着目して、経済発展の根本的な原因について強い実証的結論を導き出すのは、とてもとても難しいというだけだ。

つまり、その性質上、これは非常に困難な分析だ。これがそんなにも難しい理由の一部を簡潔に解説する優れた連続投稿をケヴィン・ブライアンがXでやっている。

ざっくり言って、これは実証的に非常に難しい。

（１）遠い過去が、（２）少数の地域で、（３）今日に影響を与えるに当たって、（４）長く続く制度を経由している、というわけだが、（１）と（３）には計測の問題があり、（２）には推論の問題があり、（４）には因果関係の誤りの問題がある。ＡＪＲの手法よりも優れたやり方があるかというと、わからない。

ともあれ、ＡＪＲの３人が（ときにＡＲ２人だったり、アセモグル単独だったりもしつつ）、経済成長に制度がどう影響するのかを理論化すべく試みて、基本的にはエリートと大衆との関係に関する政治学的な理論を示そうとして、これまでに出してきた一連の論文でとりわけ有名な２本の論文だけを、いま見てきたわけだ。

凄く興味深い内容だ。でも、ＡＪＲが立てた仮説通りに制度が経済成長に影響するという堅固な実証的裏付けはない。そんな裏付けは、単純に不可能なのかもしれない。そうなると、実際には存在しない現象をこういう理論が「説明」してしまう余地はつねに残る。

民主主義と経済成長

民主制が経済成長に及ぼす影響に関して、スレシュ・ナイドゥとパスカル・レストレポと共同でアセモグルとロビンソンが行った近年の研究でも、同じ問題が出てきている。その論文のタイトルは「民主制は確かに経済成長を引き起こす」。ただ、アレックス・タバロックが指摘しているように、彼らが見出している影響は実際にはとても小さい。

言い換えると、彼らのサンプルにある非民主主義体制が（現実と異なり）民主制に移行していたなら、その1人当たりGDPは25年間で2074ドルから2489ドルに増えていただろう、という訳だ（つまり、他の要因が年月と共に変化するのを無視した場合の、民主制が因果的に及ぼす影響がこれだ）。

2割増は、なにもないよりマシではあるし、独裁制よりもマシではある。でも、しょぼい効果だ。

こういう小さい効果は、大抵、当初は除外されていた変数を入れてみるとひっくり返りやすい。例えば、Park（2024）によれば、民主制の国々が非民主制の国々に実施した経済制裁で、民主制の小さな経済的便益の大半が説明できてしまうという。

本論文では、民主制に観察されるプラスの効果の大半が「民主制優遇経路」によるものだと論じる。これは、強力な民主制国家、その同盟国、国際機関が非民主制国家よりも民主政国家を優遇する経路を言う。

……アメリカとＧ７同盟国及び国連によって科された制裁を考慮に入れて条件をそろえると、民主制がもたらすプラスの効果は弱まるか、マイナスに転じる。……本稿では、民主制が経済成長を促進しているように見える妥当な経路として、こうした民主制優遇が機能していることを示す。

この主張が正しいなら、民主制の経済的な便益は単純にほんの数十年ばかりの歴史の偶然でしかない。つまり、アメリカとその同盟国がたまたま強力で、自分たちの力を使って、少しばかり経済の体重計にズルをしただけということになる。

「この主張は正しい？」

私にはわからない。ただ、要点は以下の点だ。この分野の研究文献全体が、こういう事例で満ちている。国家間の回帰分析は、その性質からして国々の豊かさと貧しさを説明するツールとして限界を抱えている。

科学的な研究に報いる方向を期待

ＡＪＲが答えようとしている種類の問いは、いつまで経っても答えようがないのかもしれない。あるいは、そうでなくても近い将来には答えが出せないのかもしれない。

ともあれ、この研究をしたことを理由にアセモグル、ジョンソン、ロビンソンを批判するつもりはまったくない。歴史、発展、制度、国の豊かさについて大きな問いを立てて考えるのはいいことだ。

もっとささやかなミクロ経済学の問いで経済学者が使っている信頼できる実証手法では、そういう問いに答えられないこともよくあるが、それでも大事な問いであることに変わりはない。

確かな答えはいつまでたっても得られないかもしれないが、こうしたことを考えるほうが、まったく考えないよりはマシだ。それに、先に触れたように、ＡＪＲが考えた答えは本当に好きだし、彼らの説が正しい確率もそこそこあるだろうと思っている。

だが、興味深い研究路線がすべてノーベル賞を受賞する必要があるとも思わない。私としては、昔よりも哲学的でなく、いっそう科学的な研究に報いる方向へノーベル経済学賞には進んでいってもらいたい。

もっと謙虚で地に足が着いていて信頼できて応用しやすい科学へと向かう傾向は、経済学全般にいえることでもあった。２０２４年の賞はそれと逆方向に進んで、哲学的な大思

想に後戻りしている。（２０２４年10月15日）

経済学をより科学的にしたカード、アングリスト、インベンスの受賞をみんなが待ち望んでいた

The Econ Nobel we were all waiting for -Card, Angrist, and Imbens have made econ a more scientific field.

学界に衝撃を与えたカード&クルーガーの最低賃金論文

新しい考えはすべてを疑いに持ち込み、
火の元素は完全に消失し、
太陽も大地も失われ、誰の知恵をもってしても
どこを探すべきかは教えてくれない

２０２１年のノーベル経済学賞は、その実証経済学における業績によってデビッド・カード、ジョシュア・アングリスト、グイド・インベンスが受賞した。

誰がノーベル経済学賞を受賞するかを予測するのには、とても簡単なやり方がある。そ

の分野においてまだ受賞していない最も影響力のある人たちを並べて、ミクロ理論家が2年連続で受賞することはないと仮定する。

最も影響力の強い人たち10人か20人かそこらを、その研究がインパクトを与えた時点で見た場合の影響力の大きさの順に並べて、その中でもその影響力が一番昔に遡《さかのぼ》る人が受賞する可能性が最も高い。

もちろんここで問題となるのは、影響力が強いのは誰かを決めることだ。インパクト・ランキングや、経済学者に訊いてみたり、単にその分野で全体として何が起きているかの知識に基づいたりといったことの組み合せで選考するのだが、思ったより難しくはない。

何年もの間、このやり方で私も含めて多くの人たちはデビッド・カードがノーベル賞を受賞すると予想した。アラン・クルーガーとの共著による最低賃金に関する１９９４年の論文[*7]は経済学界全体を揺さぶる衝撃的なもので、新時代の訪れを告げるものだった。

それ以降、カードは実証労働経済学の最前線に立ち続け、教育から移民、男女間の賃金差、その他、ありとあらゆる研究に自らが先鞭をつけた技術を拡張、改善してきた。

この分野におけるアングリストとインベンスの影響も同様に途轍もないものだが、その業績はもっと後になってからだから、彼らが受賞するのはもっと後になっていても不思議ではなかった。だが、カードの受賞は明らかに遅すぎた。

多分、これほど時間を要した理由は、彼の有名な最低賃金論文の結論が経済学分野にいる多くの人にとって受け入れがたいものだったからだ。カードとクルーガー（受賞に値したのに、残念ながらその前にこの世を去ってしまった）は、ニュージャージー州における1992年の最低賃金引き上げについて調べ、雇用の喪失が起きなかったことを発見した。

彼らはニュージャージー州を隣りのペンシルベニア州と比較し、雇用の喪失がなかったこと、ニュージャージー州内の高い賃金と低い賃金のレストランを比較しても、雇用の喪失が見られなかったことを発見した。実際には、多少の雇用の増加すらあった可能性がある。

正統派からの反撃

今では、これはおかしい発見ではないし、それどころか、標準的な見解であり、結果的に最低賃金問題についての経済学者の考えも一変した。しかし、論文発表当時は、これはほとんど異端も同然の結論だった。

競争下の供給と需要についての基本理論によると、最低賃金を上げると、人々は仕事から放り出されてしまう！　世界で一番有名なマンキューによる経済学の教科書の導入部分にも、そう書いてある。これは経済学が発見した最も基本的な事実の1つ、善意の政府介入が意図せざる悪い結果を招き得ることの典型例だと広く信じられていた。

そんな中でカードとクルーガーは、「ニュージャージーではそんなことは起きていない。

なぜだろう？」と言ったんだ。政府が賃金を上げるようにと言い、企業がそれに従っても、人々は仕事を失わなかった。

何たる異端！　ジェームズ・ブキャナンは自身、１９８６年にノーベル経済学賞を受賞しているが、この結果を笑い飛ばした。１９９６年のウォールストリート・ジャーナル紙の論説欄に彼は次のように書いている。

「水は上に向かって流れる」と主張する物理学者がいないように、経済学者たること を自負する者が最低賃金の引き上げが雇用を増やすと主張することはない。そんな主張は仮に真面目に言っているとしてだが、経済学に最低限の科学的中身があることすら否定し、結果として経済学者はイデオロギー的な利益の擁護者として物を書くしかなくなってしまう。

幸運なことに、２世紀にわたる教えを捨て去ろうとしている経済学者はほんのひと握りだけだ。われわれはまだ誰にでも尻を振る売女にはなっていない。

もちろんブキャナンは、完全に間違ってる。最低賃金の少しの上昇が雇用を増やす状況を想像するのは簡単だ。経済にある程度の買い手独占力があればいい。買い手独占の基本理論は、経済学１０１（初級）クラスで完全競争モデルとちょうど並行して習うはずだ。図

〈 図表7-3 〉
稳当な最低賃金引き上げは雇用を増やす

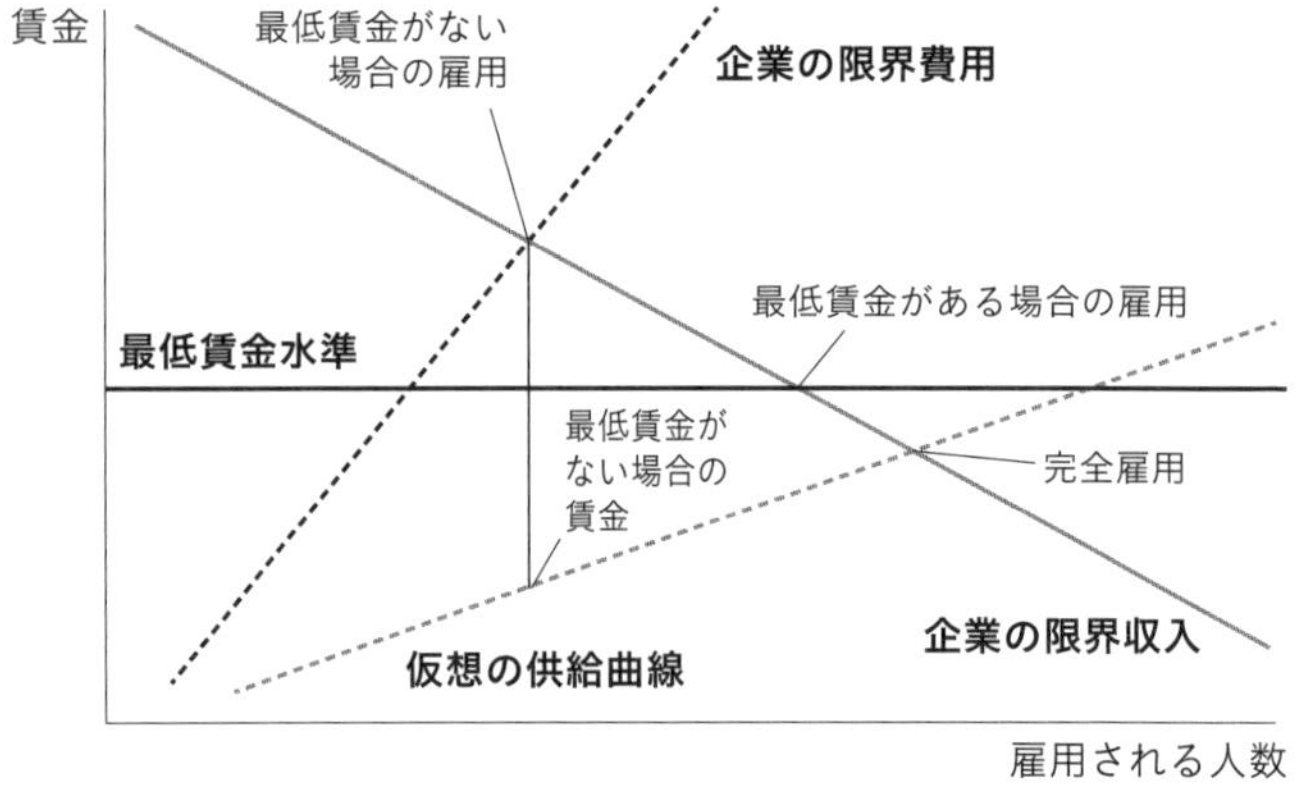

表７－３のような感じで。

この図には、標準的な右下がりの労働需要曲線があるが、支配的な企業の市場支配力が労働供給曲線を歪めていて、最低賃金によって実際に雇用が前よりも多い点に引き上げられる。

現実世界の労働市場では雇い主が１人だけということはないが、少数の支配的な雇い主がいるのであれば同じような結果になる。事実、最近の研究ではこうしたこと、つまり穏当な最低賃金引き上げは雇用をなくさないが、一方で大幅な引き上げは雇用をなくし、労働市場の集中度が高いほど安心して最低賃金を引き上げられることが一般的に認められている。

アレックス・タバロックはこれを「逆説的」な結果と言っているが、実はそうではない。これは教科書にも載っていること、あるいは教科書に載せておくべきことだ。

でも当時、カードとクルーガーの発見は革命的で異端のように思われた。事実、他の研究者も同じ発見をしていたかもしれないが、正統派に逆らうことの恐怖から結果を公表するのを怖がったはずだ。

伝統、そして競争モデルに対する行き過ぎた自信が、恐らくこの背景にある。だが、政治も重要だった。1990年代では、経済学は他の学術分野がそうであったようにかなり保守的な分野で、経済学者の中には自分の役割は社会主義に対する防波堤だと考えている人が未だにいた。

実際、右派に傾倒している経済学者は、今でもカードとクルーガーの結果は真ではあり得ないと言っている。その後の大量の研究で同じ結果が得られているにもかかわらずだ。例えば、ヘリテージ財団とミーゼス研究所に勤務しているピーター・St.・オンゲは、Xで今回のノーベル経済学賞について以下のように言っている。

「今年のノーベル賞はデビッド・カードを含む3人の労働経済学者に授与された。カードの論文で一番有名な最低賃金の引き上げが雇用を傷めないと主張する論文は、経済学がどれだけ社会主義プロパガンダへと堕落してしまったかを学生に説明する格好の例として使っている」[*8]

あるプロパガンダのエコーチェンバーの中にいると、実証的な証拠が反対側のプロパガンダに見えてしまうらしい。だが、こうした研究を萎えさせたのは、保守派の反対だけではない。こうした研究の限界や注意書きを考慮しないリベラル活動家に付け入られてしまうという思いもあった。以下は、２０１６年に行われたカードのインタビュー記事からの引用だ。[*9]

労働経済学にまつわる不確実性にも関わらず、最低賃金に関するカードの研究は賃上げの便益をほとんど確信しているかのような運動家によって何度も引用されてきた。これをカードは不快に思っている。

「最低賃金を引き上げるべきだと主張して回っているわけではないのに、最低賃金の擁護派は最低賃金を引き上げるべきだと主張するのに私の研究を引合いに出す。それがこの問題についてこれ以上研究しない理由の1つだ。私が最低賃金の引き上げを擁護しているとだけみんなが思ってしまうから、私が何をするにも疑いの目で見られてしまう」

「移民についても同じだ」と彼は続ける。「移民についても、新たに論文を書こうとは少しも思わない。私が移民の増加を擁護するに違いない、とみんなが思うからだ」

これは正しい。カード＆クルーガー（１９９４）を単に「最低賃金最高！」とだけ受け取ったとしたら、それは読み間違いだ。

「信頼性革命」への貢献

カードがやりたかったことは最低賃金の引き上げ推進や移民拡大ではなく、もっと大きなことだ。彼は経済学分野をより科学的にしたかった。そのことを、２００６年のインタビューで述べている。

経済学を全体としてみると、２種類の人間がいる。応用分野に強く目を向けている人、それよりもっと数理哲学者に近い人だ。数理哲学者のほうがほとんどの関心を集めている。彼らは、壮大な答えのない問題に取り組んでいる。

労働経済学者はより科学的であろうとしていて、非常に具体的な予測を探し、それらを可能な限り慎重に検証しようとしている。

数理哲学者は労働経済学者に苛立ちを感じている。彼らが広範な一般理論を持ち出すと、われわれがそれは証拠に合わないと言うからだ。

つまり、カード＆クルーガー（１９９４）の重要さは最低賃金の問題を遥かに飛び越え、経済学それ自体の科学的性質に関するものだ。他のどれよりも愛用されて、基本的で、みんなが同意している理論であっても、実証的な証拠によって覆されるのであれば、それは経済学が単なる思考実験などではなく、われわれが生きているこの世界に関する反証可能な主張から出来ているということだ。

つまり経済学は科学だということだ。

もちろん、こういう話をすると毎回、「経済学は科学ではない！」と叫ぶイナゴの群れが出てきて、喜んで教えてくれるが、彼らの言う通り、経済学は自然科学と同じではない。

実験室でできる実験もあるが、一般的には大半の経済学の現象は、実験室での観察から導き出した行動に関する普遍的な法則で理解できるようなものではない。それよりも、経済学での反証は、現実世界での実証的な証拠を必要とする。

これには危険が伴う。現実世界は実験のように条件を制御できないというのがその理由の1つだ。移民が大量に押し寄せたとき、マイアミの労働市場にダメージがなかったのは、移民が一般的に見て安全だからなのか、それとも1980年代のマイアミが好調だったからなのだろうか。都市を実験室に放り込めるのであれば、その他の条件が同一の2つの都市で実験できるが、それは無理な話だ。

そして、これこそカード、そしてアングリストとインベンスの研究の真骨頂が発揮されるところだ。彼らは自然実験と政策実験のための比較（基本的には対照群）を発見するための賢い方法を考え出した。

その一般的な方法は「差の差法」（D－D）と呼ばれていて、アレックス・タバロックがカードとクルーガーの受賞についての解説記事[*10]でうまく説明している。これに関連する技術が「合成比較法」(synthetic controls)で、これはニュージャージー州をペンシルベニア州と比べる代わりに、最低賃金以外のすべての点でニュージャージー州に似るように設計した仮想的な他州のマッシュアップと比べることだ。

これら以外の技術としてはランダム化比較実験(RCT)があり、これにより経済学者は現実世界をまさにある種の政策実験室として使う。開発経済学におけるRCT研究の先駆的役割を果たしたアビジット・バナジー、エステル・デュフロ、マイケル・クレマーも2019年にノーベル経済学賞を受賞している。

これらの技術は、まとめて「準実験」手法と呼ばれていて、実証経済学における「信頼性革命」と経済学者が呼んでいるものの中核をなしている。

この「信頼性革命」という用語は、アングリストが2010年に発表したヨーン・シュテファン・ピスケとのエッセイで使った造語で、その中でアングリストは公共経済学、労働経済学、開発経済学における準実験手法の利用を称賛しつつ、マクロ経済学と産業組織論はそれに抵抗していると苦言を呈した。

その後、これらの分野もすべてアングリストとピスケが望んだ方向へと進み、公共経済学などの分野においてはその結果が特に際立ったものだった。

(追記：2020年の研究では、全米経済研究所のワーキングペーパーの優に40%がいずれかの準実験手法を使っていることがわかった！)

〈図表7-4〉
実験の利用

以下のそれぞれの種類の実験を利用した研究論文の割合

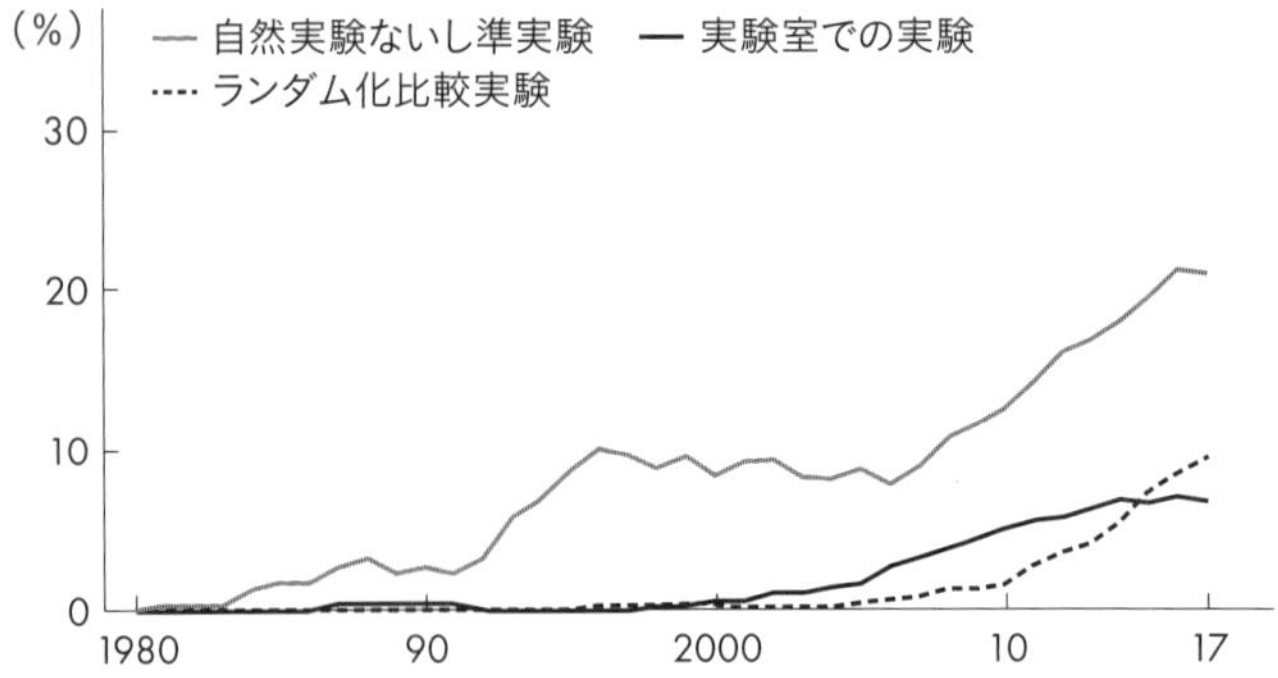

単に信頼性革命の教えを広めるだけに留まらず、アングリストはそれを前に進め、多くの場合、インベンス、そして故アラン・クルーガーと共同で、因果効果を測定する新しい統計的手法を開発して、そうした新しい手法を教育、医療その他の分野の問題へと応用した。

インベンスについていえば、彼もまた因果関係を見つけ出すための従来にはないさらに正確な方法の開発を追求する才能ではアングリストに負けていなかった。

当然、こうした変化に対してはある程度の反発もあった。ご立派で壮大な構想を開陳してきた経済学者たちは、そうした構想がちっぽけなＲＣＴ研究によって打ち負かされてしまうかもしれないと苛立った。

ただ美しい数学がほしいだけの人は、自分たちの数学を窓の外の薄汚れた不純な世界と結びつける論文を引用するよう査読者に要求されて苛立った。そして経済学は活動家の小間使いであるべきだと信じる人は、自分たちが選択した政策に経験主義者が疑念を投げかけるかもしれないと色めき立った。

もちろん、これらの手法には理論上の制約がある。信頼性革命の技術はある程度標準化されたが、原因と結果をボタン１つで解きほぐす解決法と言うには程遠い。どんな自然実験にも、失敗を招いてしまう特殊な状況はたくさんある（ニュージャージー州が最低賃金の引き上げで打撃を受けなかったのは、ニュージャージー州はわれわれが理解できない何らかの点でおかしかったのかも）。ランダム化比較実験には、経済学者たちを大きな問題の代わりに小さくてつまらない政策変化に向かわせてしまうバイアスがあり得る。

それに信頼性革命が理論にとって代わると期待すると、期待外れに終わる。科学は単に出来事の一覧を作ろうとしているのではなくて、その理由を説明しようとするものだからだ。

化学は反応式の一覧以上のものだし、生物学は薬物投与効果の一覧以上のもの、等々。経済学も同じことになるだろう。

だが、信頼性革命が何をするかと言えば、それは理論と証拠の関係を変化させることだ。証拠が信頼できる場合、理論は証拠の示すものに従わなければならない。つまり理論は間違うことがある。少なくとも特定の時と場所においては。

そしてこれは、信頼性ある証拠によって検証できる理論であれば何であれ、現実世界の政策決定に用いられる前に信頼性ある証拠によって検証される必要があるということだ。治験もせずにワクチンを患者に処方したりしないのと同じことだ。

これは経済学者にとって、自分自身に考えさせる必要のあるとても新しい方法だ。しかし、この分野はまだよちよち歩き、まだフランシス・ベーコンやガリレオの段階だ。時間を与えてほしい。

この変化の一番ホットなところは、実際、今後の展開が読めないところだ。ポール・クルーグマンが指摘しているように、これまでのところ信頼性革命によって得られた結果の中で最も注目すべきものの多くは、政府による介入の擁護を支持するものだ。

でも、それは森羅万象に通じる特性という訳ではない。単に自由市場が最高だと結論付けた人気の理論の残滓《ざんし》があったせいで、それは違うということを示す研究が大きな注目を集めただけだ。このことは、事実にリベラルなバイアスがあるという意味ではない。

実際、経済学者が政治的に左に動くにつれて、保守的な結論のある論文が注目を浴び始めているのかもしれない。直近の例では、ノリス他の論文では、親が刑務所に収監されることは長期的には子供にとって良いという発見をしている！

それでいい。短期的には、われわれはみんな自分の選んだ政治が勝つことを望んでる。ところが、政治の名の下にあまりにも長く現実を無視してしまうと、最後には、われわれが叫ぶ命令に自然の摂理は従うことを拒むことになるだろう。

信頼性革命とは、長期にわたるゲームだ。これはいつの日にか経済的運命に対してわれわれが今よりも大きな力を振るえるようになるように、人類の経済的知識をゆっくりと増やしていくものだ。

それがデビッド・カードがわれわれの前に引いてくれた道筋であり、ジョシュ・アングリストとグイド・インベンスがさらにその道を進めてくれた。そして、これこそ進むべき正しい道筋だ。（2021年10月12日）。

第8章 Chapter. 8

The Achievements of Outstanding Female Economists

素晴らしい女性経済学者たち

1 マクロ経済学者エミ・ナカムラへのインタビュー

——Interview: Emi Nakamura, macroeconomist

エミ・ナカムラ

政策から理論まで影響力のある論文を量産

どのマクロ経済学者でも、「今、そちらの業界のスターは誰ですか？」と聞かれたら、きっとそのリストの筆頭かその次あたりにエミ・ナカムラの名前を挙げるはずだ。2019年、エミ・ナカムラはジョン・ベイツ・クラーク賞を受賞した。経済学でとびきり名誉ある2つの賞がノーベル賞とこのメダルだ。

そして、この賞がマクロ経済学者に贈られることは滅多にない。エミ・ナカムラはもともとカナダ出身で、現在はカリフォルニア大学バークレー校に勤務しながら、並外れたペースでトップ学術誌に論文を載せ続けている。

私が初めてナカムラに会ったのは、2011年のことだ。当時、私はまだ大学院生だった。ナカムラはミシガン大学にやってきて、論文「マネタリーユニオンにおける財政刺激――合衆国各地域からの証拠」[*11]について講演をした。

あの論文は、財政刺激が経済成長を後押しする最良の証拠の一角をなしていて、2008年以後の不況から経済を押し上げるために財政刺激を使うべきかどうかをめぐって交わされた学術論争に大きな影響を及ぼした。

その後も、ナカムラは政策論争に極めて意義の大きい研究を生産し続けている。ほんの一例だけ挙げれば、ナカムラのジョナサン・ヘーゼル、ヨン・スタイソン、ファン・ヘレーノとの共著論文「フィリップス曲線の傾き――合衆国の諸州から得られる証拠」[*12]は、現下のインフレについて私が考える際の主な手引きになってくれている論文だ。

それに、私はナカムラのワーキングペーパー「景気循環のプラッキング・モデル」[*13]の大ファンでもある。この論文は、今のアメリカの景気回復を理解する助けになる力を秘めていると思う。

ナカムラが2016年に中国について書いた論文（スタイソンとリウとの共著）[*14]は、世間の人たちが中国に向けている疑いに強力な実証的裏付けを与えてくれる。その疑いとは、自国の経済成長を実態以上によく見せかけるよう統計を誤魔化しているのではないか、という疑惑だ。

さらに、ナカムラが最近発表した論文のなかには、こんなことを示しているものもある。「人々が移住を余儀なくされたとき（この論文の場合には火山の噴火）、その人たちの経済状況は改善する」[*15]。

これは、アメリカ国内での地理的な人々の移住が減ってきていることに関して明らかな含意をもたらす。こんな具合に、ナカムラは政策に大きな意義のある研究を次々に発表している。

一方、マクロ経済学そのものの改善にナカムラがずっと取り組んできたことも、よく知られている。マクロの分野は、2008年以後に深刻な危機に陥っていた。金融危機と景気後退によって、マクロ経済学のなにかがおかしいことがわかり、理論がいかに実証的な現実からかけ離れてしまっているかを多くの人たちが指摘した（私もその1人だ）。

しかし、そのことに不平をこぼすことなく、ナカムラはとにかく修正することに着手した。彼女が取り組んだのは、次のようなことだ。

- 高頻度のデータで金融政策のショックを突き止める方法[*16]

- 様々な地域で異なる影響に着目することで、各種政策の効果を腑分けする方法
- マクロをより科学的にする研究手法の様々なイノベーション

2018年には、新しい実証的なマクロに関するサーベイ論文[*17]をスタイソンと共著で出した。これはきっと、経済学業界の方向性に非常に大きな影響をもたらすことになるだろう。

インタビューでは、インフレとその対処法、マクロ経済学で理論と証拠が相互に作用するあり方、そしてマクロの未来について聞いた。

(1) インフレについて

予想外の労働供給ショック

スミス　まず、インフレの話題から始めたい。今、みんなの頭のなかでインフレがマクロ経済の重大論点になっている感じです。米国が経験しているインフレ、さらに度合いは下がるものの、他の先進国が直面しているインフレは、主にどんな原因で起きていると思いますか？　自然に収束すると期待していい種類のインフレなのか、それとも鎮めるためになんらかの政策手段をとるべきなのか？

ナカムラ　このところのインフレは、過去の経験から予測される水準を大きく超えている。

歴史的に、大体、失業率が1％下がるごとにインフレが3分の1％下がると予想されます。ここで重要な要因はいくつかあるでしょうね。

最初に、長らくインフレで大きな役割を演じていなかった供給サイドのショックが、再来しました。そうしたショックの中でもとりわけ劇的なのは、労働市場の混乱ぶりです。

米国の労働参加率は、約1・5％下がりました。そして、これまでのところ、こうして下がった分はずっと戻っていません。しかも、労働供給ショックの影響は、労働参加率の低下を遥かに超えています。つまり、コロナ禍で多くの労働者は病気で仕事から離れていたり、隔離生活に入ったりしています。あるいは、そのリスクの中にあります。

労働参加率の低下は、ユーロ圏よりもずっと大幅です。これは、ユーロ圏諸国のほうがパンデミックの間に労働者たちを職場に引き留めておく政策をたくさん実施しているのが一因になっているのかもしれません。連邦準備制度（FRB）のデータからも明らかです。

パンデミックが長引いたことで労働参加率に影響が及ぶと予測した人はほとんどいませんでした。それに、これが来年、再来年にどう展開していくかは判断が難しいところです。

仕事から離れていた労働者の中には、復職する人もいるかもしれませんが、他方で、特に退職した人はもう仕事に戻らないかもしれません。コロナウイルスのためにとられている安全面の制限によって、以前よりもデイケアや工場の操業では費用が高くつくようになっています。

昔は学部生向けの経済学講義でマイナスの供給側ショックの好例を挙げるのに苦労したものですが、コロナ禍のケースは間違いなくその好例です。

財偏重の支出がインフレ圧力に

第二に、歴史上珍しいほど需要がサービスから財（モノ）に移っています。これもＦＲＢのデータから明らかです。２００８年の金融危機後の「大不況」では、財への支出の割合が減りました。コロナ禍では、その反対が起きています。つまり、財への支出割合が劇的に増えました。

これもまた、サプライチェーンにとてつもない圧力をかけている経済の大変動の１つです。在宅で勤務する人たちが大幅に増えました。そうした人たちはみんなコンピュータを必要とし、それはつまりコンピュータに組み込まれる半導体が必要とされるということです。

こうした財は海外から米国に輸送され、各家庭に届けられる。これは供給への「圧力」ではありますが、実は「供給側ショック」ではない。その究極の要因は需要の増加にあるからです。少なくとも、特定の種類の財に関しては。

しかし、最近発表されたジャクソン・ホール論文では、一般消費者の需要の変化によって供給側ショックと同じインフレ圧力がもたらされ得ることが指摘されています。ここでも、人々の消費パターンが平時に戻るまでどれくらいの時間がかかるのか、不確実性がたっぷりある。

恐らく、こうした消費の変化の中には、労働供給の変化に関連しているものもあるでしょう。通勤する場合には、仕事をサポートする各種のサービスを買います。職場に向かう途中でコーヒーを飲んだり、お昼にサラダを食べたり。ところが、多くを在宅勤務に切り替えると、さらには、そもそも働かない人たちが増えると、需要パターンに起きた変化の一部がずっと長く残りかねません。

長期インフレ予想は安定

第三に、景気回復が急速に進んできていて、政府も支援支出を数多く行い、家計の貯蓄は大きく増えました。

ＦＲＢのデータから、大規模な政府の支出支援が需要を増やしているのは間違いありません。概念のうえでは、こうした需要圧力を捉えるには失業率を見ればいいと思う人がいるかもしれません。失業率は未だにコロナ禍前の水準よりも高いところにあります。でも、失業率では、現在の労働市場の売り手市場ぶりをうまく捉え切れないという証拠がたくさんあります。

コロナ禍前より失業率は上がって就業率は下がっているにもかかわらず、求人件数も離

〈図表8-1〉
消費者物価の内訳*18

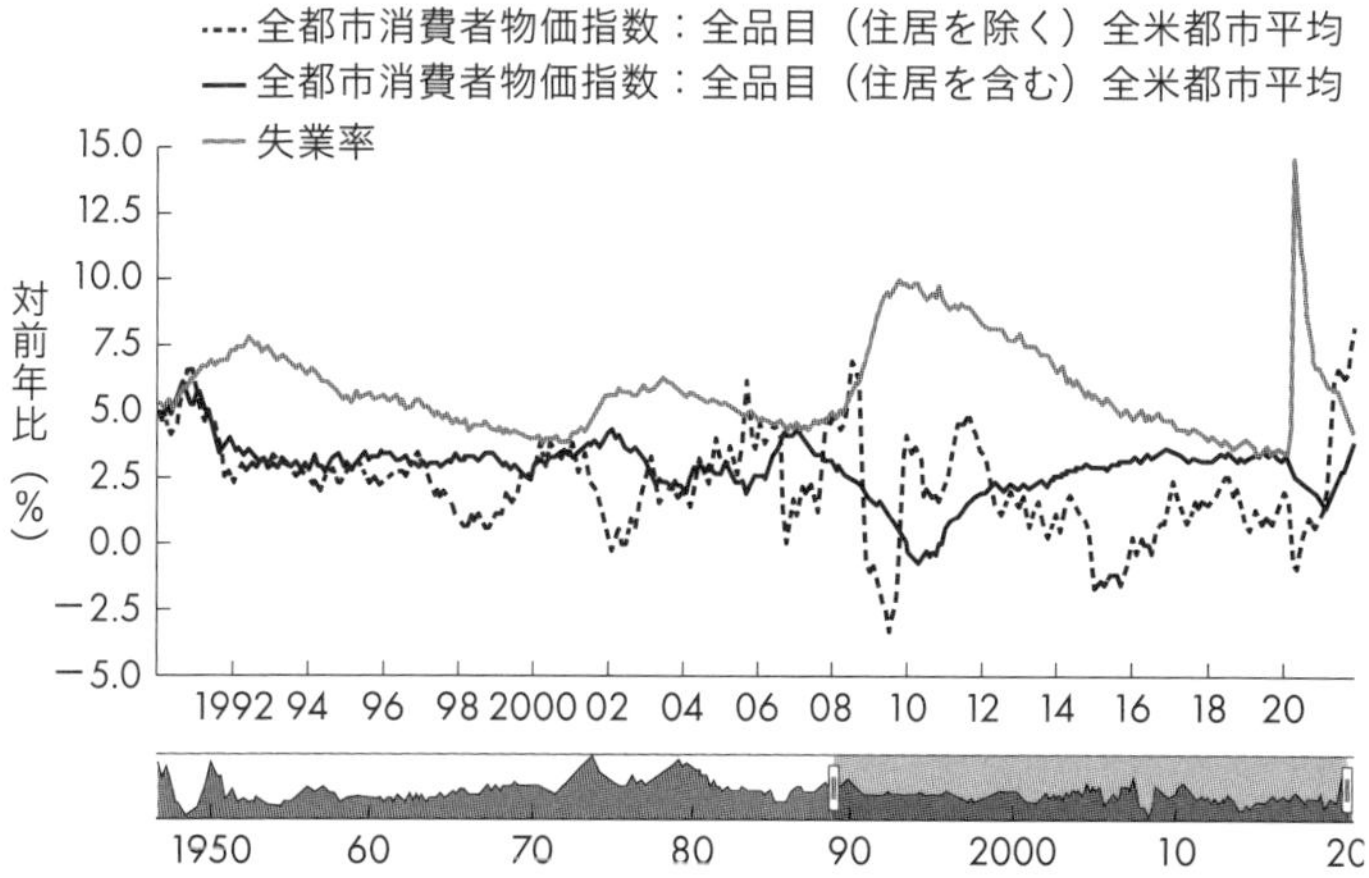

出所／米国労働統計局

職数もコロナ禍前に比べてかなり増えています。

こうしたいろんな要因が果たしている役割を評価するうえで興味を引いたグラフが１つあります。

上のグラフを見てもらうと、消費者物価指数（CPI）の品目のうち、住居とそれ以外の項目それぞれのインフレ率と失業率が見てとれます。こうした数値を１９９０年まで遡ってプロットしてあります。

なぜそこまで入れてあるかというと、米国で長期インフレ予想が安定しはじめたのが、ほぼ１９９０年頃だからです。消費者物価指数の住居品目はほどほどに安定しているのに対して、住居以外の品目はずっと上下変動が大きいのがわかります。例えば、２００８年には１次産品を主因に大きな変動がありました。

コロナ禍の時期に入ってからも、消費者物価指数の住居品目と失業率との関係はほどほど安定しているのに対し、住居以外の品目はかなり劇的に上昇しています。

ここで認識しておくべき大事な点は、米国における消費者物価指数の住居品目は賃貸コストに基づいているという点です。そのため、サプライチェーンにも労働市場の不足にも影響されていません。

というわけで、このグラフを解釈するなら、伝統的な総需要要因に比べて、私が強調した3つの要因のうち2つ〔供給側ショックと財への需要偏重〕が大きな役割を果たしていることが窺えます。ただ、賃貸価格もこれから大幅に上がって追いついてくると予測している人たちもいます。

こうしたパターンのなかには、住宅に関連した需要変動に関わっているものもあるのかもしれません。コロナ禍によって経済に根底からの変化を余儀なくされたのですから、過去に要因同士に見られた関係を将来に引き延ばして当てはめるときには、慎重にならなくてはいけません。

これまでのところ、インフレにそれほど寄与していない要因があります。それは、もっと長期のインフレ予想がずっと安定していることです。調査でも市場ベースの数値でも、より長期のインフレ予想はかなり安定して見えます。

〈図表8-2〉
米国の予想インフレ

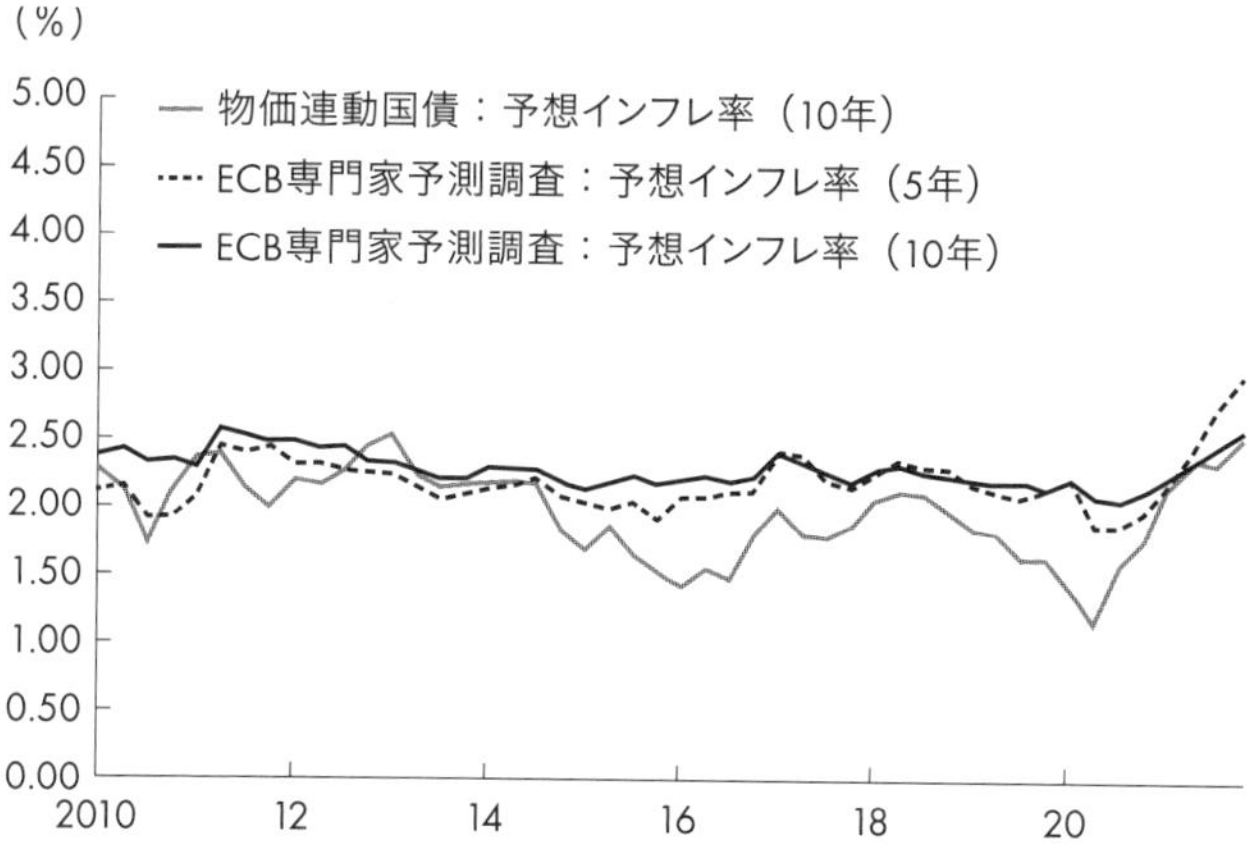

出所／FRB

ここまでのところ、ＦＲＢは長期のインフレ予想の安定化に大きな成功を収めています。これは大きな達成です。もちろん、その目標は、こうした供給側ショックや相対価格へのショックから１９７０年代後半に見られた自己成就的な高インフレになるのを避けることにあります。

ごく最近、長期インフレ予想に顕著な上振れがありましたが、今のところは小さいものです。長期インフレ予想をこんなふうに安定させておくのは、ＦＲＢの主要な目標の１つです。

スミス　労働供給ショックの話にちょっと混乱しているんですが。労働供給が減ったのがインフレの大きな要因になっているんだとしたら、実質賃金が上がるはずじゃないですか？　普通、不足したモノの価格は上がりますよね。ところが、実質の時間当たり賃金は下がってきてます。これはどう説明できるんでしょうか。

ナカムラ　すごくいい論点です！　実質ではなく、名目値の時間当たり賃金は、大きく上がっています（前年比5・75％）。ただ、インフレで調整すると十分に上がってはいません。そのため、実質賃金はあまり上がっていないわけです。

過去20年、時給は名目値と実質値の推移に大きな開きはありませんでした。FRBの時給のデータを参照してみてください。ところが、2021年から時給の名目値と実質値の差がすごく開いています。

名目賃金の他の数値を見てみますと、例えば、同じ労働者の賃金の推移に注目するアトランタ連銀の賃金上昇率を追跡した数値でも、同様に大きく開いています。

1つ大事な点を言いますと、賃金分布の一番下の層では実質賃金が上がっています。アトランタ連銀データのプロットを見てください。

コロナ禍が誰にも均等に影響したのではないことをこれは物語っています。コロナ禍後の景気回復で1つ明るいことを挙げると、どうやら格差がこれによって縮小したらしいのです。ただ、このプロットですら、実質値で見ると、最下層25％の人たちの賃金はあまり上がっていません。

マクロ経済ショックへの反応で賃金がとりわけ「硬直的」なのだとしたら、特に食料品・エネルギーのようなもっと変わりやすい価格に比べればなおさら「硬直的」なのだとしたら、このパターンは予想できるものでしょう。賃金硬直性に関するもっと古い学術文献は、景気循環に逆らう実質賃金の動きを予測してずいぶん批判されました。でも、もしかすると、コロナ禍での景気回復の一部で私たちが目にしているのは、まさにそれなのかもしれません。

（２）ＦＲＢの金融政策とインフレ予想

長期を考えた意思決定モデルへの疑問

スミス　インフレ予想の話もしましょう。私自身も考えるときに大いに頼りにしているのは、ヘーゼルとスタイソンとヘレーノとあなたの共著で最近発表された論文です。あの論文では、１９７０年代のインフレは石油ショックによる部分もありつつ、でもＦＲＢのタカ派度合いに関する世間の考えにおきたレジーム転換による部分があると説明しています。

そのおかげで、市場のインフレ予想と長期調査の予想の両方が安定して見えることにホッとしてます。では、ＦＲＢがいま十分なことをしていると考えていいんでしょうか？それとも、インフレを２％目標にまで戻すべく積極的にＦＲＢは動くべきなのでしょうか？

ナカムラ　長期インフレ予想がまだ抑え込まれていてホッとしてます（10年物インフレ連動債〈TIPS 10Y〉と専門家予測調査〈SPF〉の5年／10年インフレ予測の図表8－2参照）。数値の推移の最後に顕著な上振れが現れていますが、いまのところ、まだ小さなものです。

ただ、市場の予想は、FRBがどうすると市場が予想しているかに関する予想です。マクロ経済のいろんなものがそうであるように、ここには自己成就的予言の要素があります。インフレを封じ込めるのに必要なことをFRBがやると市場が予想している限り、長期のインフレ予想には大した動きはないでしょう。この点を維持するために、FRBは大変頑張っています。

ただ、これを当たり前に考える訳にはいきません。他の地域、他の時代には、ここアメリカですら長期インフレ予想はこんなにアンカーされていません。FRBにとって大きな課題は、うまくいった場合には、そうやって回避できた危機は決して実現しないという点です。

例えば、長期インフレ予想にみんなが信用をなくす「悪しき均衡」を目下の政策変更によってうまく回避できても、その〔回避できなかった場合の〕反実仮想を決して目にすることはないわけです。

例えば、パンデミック初期にFRBが行った各種の流動性政策のおかげで、金融危機が回避されたのかもしれない〔そうした政策がなかったら、金融危機に陥っていたのかもしれない」。しかし、その反実仮想はけっして見えない。

スミス　このところ、ジェレミー・ラッドの論文[19]が大きな話題になっています。この論文では、「インフレ予想がインフレそのものにどう影響するか、自分たちは本当に理解できている」という考えが本当なのか、疑っています。マクロ経済学者は、予想の力をあまりに強く信じすぎているのでしょうか？

なんといっても、あなたのアリスデア・マッケイとヨン・スタインソンとの共著論文[20]では、みんなが思っているほどフォワード・ガイダンスが効果的でないと示している訳です。なんで効果的でないかと言えば、消費者や企業の力は限られていて、はるか遠くの未来に起こることに反応できないからという理由でした。

「誰も彼もが、長期のことを考えて経済的な意思決定をやっている」という考えを疑う理論文献はだんだん増えてきているし、あの論文はそれに合致するように思えます。こうした考え方をとって、今のインフレに関するわれわれの考えを形づくるべきなんでしょうか？

ナカムラ　インフレ予想の役割を考えずに、本当に大きなインフレ上昇の事例を理解するのは難しいと思います。一体、どうやって1年で数十%、数百%にまでインフレ率が上がって、それからまたゼロ%に戻るのか。フィリップス曲線だけにもとづいて理解するのは難しいでしょう。

理論的な観点から見れば、インフレ予想が果たす役割を組み込むというのは、要するに企業の重役たちが製品の価格を設定するときに将来について考えるということです。

「賃金はどれくらい上がる？」

「競合他社は製品価格をどれくらい上げてくる？」

「サプライヤーはコストをどれくらい上げる？」

といったことを考えて価格を決めるという、ただそれだけの話です。

こうした問題は、インフレ率が高い時期にはかなり顕著です。例えば、賃金交渉で大きな問題になります。これについては、元FRB議長ポール・ボルカーのインタビューでちょっとした逸話があるんです。

賃金交渉を終えて戻ってきた実業家に会ったところ、その人が興奮した様子で言ったそうです。

「うちの従業員の賃上げを13％に抑え込んでやったぜ」

おそらく、高いインフレ予想を踏まえての発言だったのでしょう。

インフレ率が本当に低いとき、例えばアメリカでコロナ禍が始まるまでのかなり長い期間、人々はインフレ率に対して注意を向けていないという証拠がたくさんあります。なにしろ、企業にとっても労働者にとっても、インフレ率が大して問題になりませんから。

学生に教えていると、気がつくんです。往々にして、アメリカの学生はインフレがなんのことやらほとんど知らないまま、講義を受け始める。でも、ラテンアメリカの学生たちは生まれつき知っていたかのようにインフレを理解しているように見えます。おそらく、彼らが育った環境のせいでしょうね。

「長期均衡の要因が現在の行動を決定する度合いをマクロ経済のモデルは重視しすぎている」という考えに共感を覚えています。さきほど言われたような路線ですね。限定合理性を入れると、モデルから出てくる予測がどう変わるのかについて考えることには非常に価値があります。

（３）マクロ理論とミクロデータ

ミルトン・フリードマンの見解

スミス　そこのところなんですが、いまどきのマクロの理論でとりわけ興味深い傾向や、重要な傾向はなんだと思いますか？

ナカムラ　私は実証畑のマクロ経済学者なので、理論的な仕事とミクロデータからの証拠の繋がりが強くなっていることにわくわくしています。それに、マクロ経済学のいろんな領域で、実験に近い実証的な手法がとられるようになったことにも興奮を覚えます。

自分たちのモデルから出てくる規範的な含意をもっと説得力のあるものにするには、理論をデータに関連づける方法をもっと見つけることが前提条件です。

ミルトン・フリードマンがノーベル賞受賞講演で強調したように、説得力ある形で事実を打ち立てる方法が進歩すればするほど、どんな理論が最も有用なのか、もっとうまく評価できるようになります。それに、予想されていなかった実証的な研究結果が見つかったときには、これが新しいモデルや理論的な考えを触発することもあります。

スミス　理論とデータを繋ぐ考えを裏付ける話に、フリードマンの『実証経済学論集』を持ち出されたのは面白い。ビリヤードボールの名手によるショットにマクロ経済学を擬《なぞら》える類推をフリードマンが述べたのはあの論集でしたよね。

ビリヤードでうまくショットを決めるのに物理学を理解しておく必要はないのと同じく、人々がとる行動のモデルをつくるのに経済的な意思決定が具体的にどうなされているのかをマクロ経済学者が理解しておく必要はない。フリードマンはそう言います。

つまり、ミクロのデータにマクロのモデルが合致する必要はなく、総計のデータだけあればいい、とフリードマンは主張しているように見えます。ですが、近年、マクロ経済学の業界は、フリードマンの考えに強く逆らいつつあるように思えます。

というか、私の知る限り、あなたの2018年の論文〝Identification in Macroeconomics（マクロ経済学における一意特定）〟[*21]こそ、ミクロデータに照らしてマクロのモデルを検証しようという傾向を誰よりもうまく要約しています。これが大きな転換だという点に同意されますか？

ナカムラ　ビリヤードボールの類推には、真実もいろいろ含まれていますが、私ならデータを放り投げていいという論拠にこれを採用しません。関連する各種の変数が無作為にいろいろと異なっている大規模データセットがあれば、もしかしたらマクロのデータだけに関心を集中できるかもしれません。

でも、実際に私たちの手元にあるのは大抵、変異が無作為でない小さなデータセットです。マクロのデータでは、いろんな構造の変化や制度の変化によって交絡（因果関係の判断を惑わせる要因）が生じていることがよくあります。

それに因果関係を推測するのに伴うありとあらゆる課題もあります。なにしろ、無作為化した実験を実施できませんから。だから、ミクロとマクロの両方のアプローチを組み合わせようと試みるのは、理にかなっていると思います。

観察されたデータに等しくうまく合致するとしても、それまで各種の効果を分析できていなかった文脈では、非現実的な仮定を置いているモデルを用いた場合より現実的な仮定を置いているモデルを使ったほうがうまくいくだろうと自信を持てます。

別の主題で例を挙げると、鉛が人々の行動に及ぼすマイナスの影響についてはっきりしたことを知りたいと思ったら、例えば鉛の摂取量がより多い地域の犯罪に関する「マクロ」の証拠だけを観察するのではなくて、鉛を摂取したとき細胞に起こることに関する生物学的な証拠も見るほうが有益です。

私が言うまでもなく、このような見解を言った人はとっくにいたことでしょう。こうした観点がどう盛衰してきたかについてなにか言えるほど、経済思想史についてよく知らないんです。これまで多くの論争では、もっぱら理論に関心が集中していたように思います。例えば、マクロ経済学のミクロ的基礎の関係がそうです。しかし、ここ数十年でミクロデータの入手と利用が大変容易になりました。これは実証側にとって絶好の機会です。

「Question Assumptions」

スミス　まあ、そうですね。間違いなく私はそちら側に与みしていますし、大半の若手マクロ経済学者たちも同様という印象があります。ミクロデータを使ってあれこれのマクロモデルを検証することで、マクロ分野が急速に進歩する黄金時代が到来してもおかしくないように思えます。

そこで、次の質問です。

（１）いまマクロ界隈で研究者たちが追究している研究路線の中で、最も興奮を覚えるものはどれか？

（２）まだ十分に注目されていない重要な研究路線は何か？

ナカムラ　大不況以降の金融経済学の研究は、とりわけ興奮を覚えました。なにしろ、政策問題が非常に重要になっていましたし、新しいデータがたくさん出てきて、しかも金融政策ツールが変わってきているので、今後について言いますと、基本的な問いをコツコツやる「退屈な」仕事の長所を主張する場面が多いことに気づきます。

ある問いがこれまで長いこと研究されてきたからといって、その答えにみんなが納得しているかというと、そうでもありません。複数の研究が、それぞれに異なる手法を使って、望み得るなら、ますます説得力を強めている手法を使って、同じ結論に到達すれば、その主題に関する私たちの考えを固めるうえで大いに価値があり得ます。

例えば、限界消費性向に関して経済学者たちの考えを変えるのに貢献した多くの論文を思い浮かべてみてください。

また、私はマクロ経済の数値計測の研究の大ファンでもあります。

スミス　では、ちょうどこれからキャリアを始めようとしている若手マクロ経済学者になにか助言ができるとしたら、それはなんでしょう?

ナカムラ　プリンストンでの学部生時代に、指導教員の1人だったボー・オノレの研究室に座っていたときのことを思い出します。壁の貼り紙に、こんな言葉が書かれていたんです。

「Question Assumptions」（仮定を疑え）

一体、どういうことだろうと、そのときは思案しました。それから数年後、バークレーで採用面接を受けたとき、当時の学部長ジム・パウエルのオフィスが面接室でした。そこに座って、ふと見上げたら、まったく同じ貼り紙が目に入りました。

「Question Assumptions」

既視感から我に返って、パウエルに尋ねてみたところ、ボーもジムもバークレーの繁華街でたむろしていた頃、カウンターカルチャーのヒッピーからこの言葉を教わったとわかりました。

きっと、もともとは意欲に燃えている経済学者のための研究上の助言を意図した言葉ではなかったんだと思いますが、これまでもらった助言のなかで最高の部類の助言だと今でも思っていますし、私から伝えられる最高の助言でもあります。（２０２２年２月21日）

2　働く女性たちの物語にノーベル経済学賞
——A Nobel for the story of women in the workforce

クラウディア・ゴールディン

信頼性革命の先駆者

2023年のノーベル経済学賞は、クラウディア・ゴールディンに贈られた。労働市場で女性に生じた変化に関する研究が受賞理由だ。彼女が受賞してもそれほど驚いたということはない。経済学者の間では、ゴールディンは実証経済学で進んだ「信頼性革命」（credibility revolution）の主要な先駆者の1人と広く認められているからだ。

ノーベル経済学賞（お好みなら、「アルフレッド・ノーベル記念経済学スウェーデン国立銀行賞」と呼んでもいい）について、是非理解しておいたほうがいいのは、これが典型的に研究手法に対して贈られた賞だということだ。

ノーベル経済学賞では、化学や医学みたいに特定の発見を讃えるのではなく、いろんな発見をするための新しい方法を開発した研究者たちが讃えられる。近年は、純粋な理論ではなく、実証分析に主な関心を絞った研究者たちがますますこれを受賞するようになっている。

大半は、経済学という分野全体の方向性を反映したものだ。過去30年で、経済学は明確に実証的な方向へと転換してきた。１９７０年代から１９８０年代に主流だった理論偏重の研究から大きく変わっている。

この転換で大きな部分を占めているのが、「信頼性革命」というやつだ。ややこしい理論にデータを合わせようとする代わりに、自然実験を活用して単純な仮説を検証する方向に変えていく運動だ。

つまり、経済学はますます科学的になってきている。しかも、これによって科学全体ができることを拡大する形になっている。というのも、実験室で処置群と統制群を比較する訳にいかない物事について科学をやる新しい方法をあれこれと見つけ出していっているからだ。これは最高に素晴らしい。

避妊テクノロジーと社会の変化の因果関係

ともあれ、２０２１年にノーベル経済学賞を受賞したカードとアングリストとインベンスの３人は、信頼性革命の先駆者たちだった。同様に受賞する候補として、ゴールディンは当然の選択だった。彼女が発表した主要な論文は多数ある。その１つは、ローレンス・カッツとの共著による２００２年の有名な論文「ピルの力――経口避妊薬と女性のキャリアおよび婚姻意思決定」だ。これは、避妊テクノロジーが女性のキャリアに及ぼす影響に関する研究だった。

その仕組みを理解するために、同論文を見てみよう。

一般に、（A）避妊手段の利用が増加していて、（B）教育を受けて結婚を遅らせる女性が増えているとき、この2つが相関しているとき、一体、因果関係がどっち向きに働いているのか、疑問が浮かぶ。

「もしかすると、フェミニスト的な文化的価値観ゆえに避妊手段を女性たちが利用し始めて、同じ理由から教育を受け、結婚を後回しにし始めたのかも？」

「いや、教育を受けることで、女性は避妊手段を利用したいと思うようになったのかも？」

新たなテクノロジーを利用し始めたから、社会に変化が起きたのか、その逆なのか、どうしたらわかる？

ゴールディンとカッツは、因果関係がどっち向きに働いているのかを突き止める方法を考案した。避妊薬が開発されたあと、これを入手する難易度は州ごとの法律によって違っていた。

ゴールディンとカッツは、これに着目した。これによって、避妊薬という新テクノロジーが決定的に重要だということを経済学者たちは明らかにできた。私はよく冗談で自分のことを「テクノロジー決定論者」と称しているが、その理由はまさにこういうことが起こるからだ。

もちろん、社会運動や文化的要因が重要なことは認識している。ただ、われわれの社会では何かにつけて文化や変革運動によって変化が起きたと言われがちで、そういう文化や運動が達成できることの範囲はテクノロジーによって設定されることが無視されやすい。

避妊薬に関するゴールディンとカッツの論文は、テクノロジーの発明が発揮する必須の力を改めて思い出させてくれる。

職場における女性の役割の変化を物語に

ともあれ、ゴールディンのノーベル経済学賞に話を戻そう。今回の授賞が、純粋に2021年の信頼性革命の先駆者たちの続きだと思ったら間違いだ。なぜなら、ゴールディンは単に自然実験の分析をやっただけにとどまらず、他に多くのことを成し遂げたからだ。

彼女の本当の強みは、多岐にわたる理論と事実を総合して重大な現象について首尾一貫した物語をつくりだすところにある。その物語とは、職場における女性の役割の変化だ。いかにもバラバラな糸をゴールディンがどんなふうに紡ぎ合わせたのか、あらましを知りたければ、アリス・エヴァンズによる記事「クラウディア・ゴールディンのノーベル賞受賞」記事がお勧めだ。[*22]

〈図表8-3〉
女性の労働参加の推移

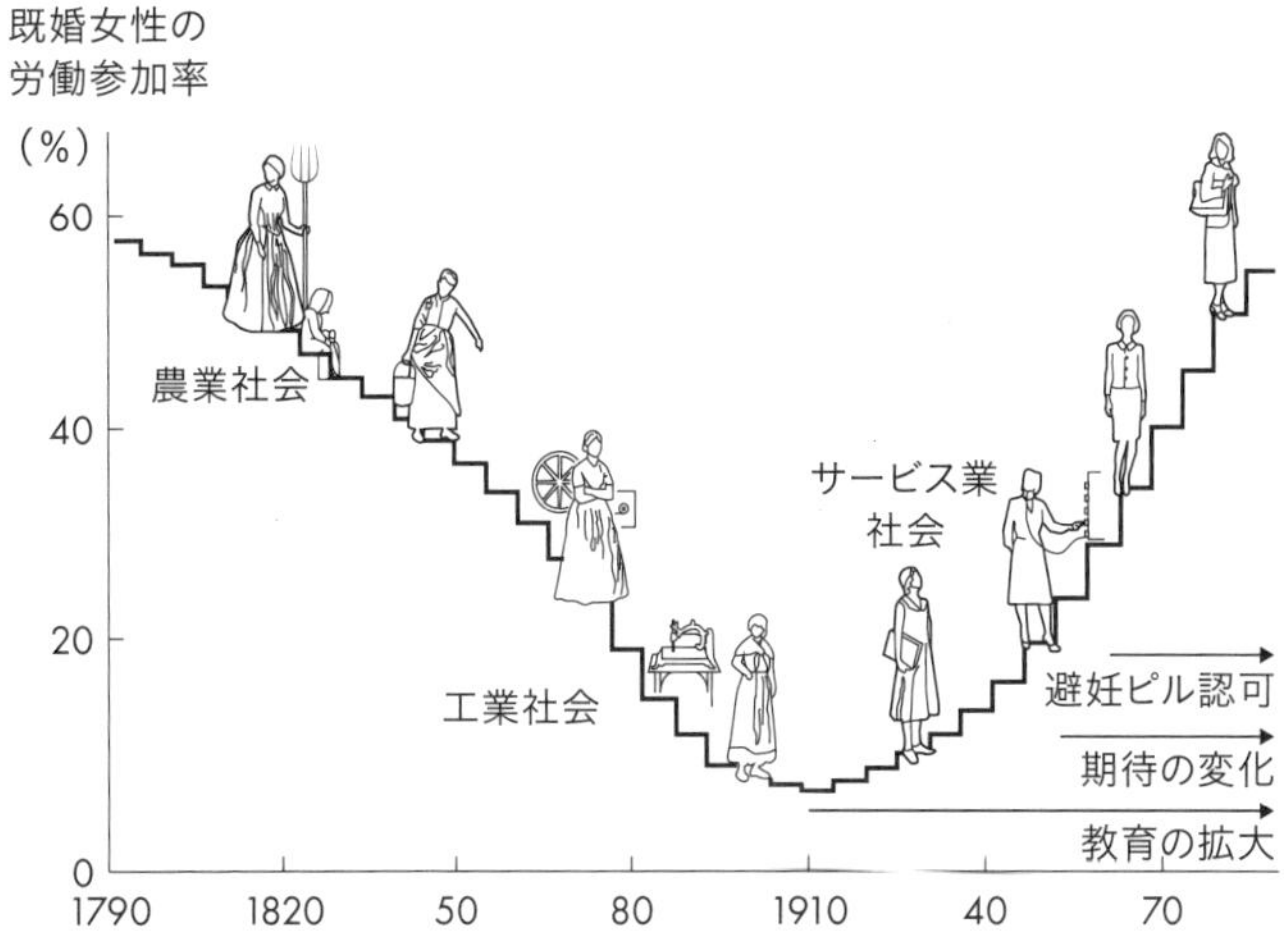

出所／スウェーデン王立科学アカデミー

また、ダニエル・カーツレーベによるゴールディンの２０１４年のインタビューもお勧めしたい。[23] タイラー・コーエンが自分のポッドキャストで行ったインタビュー「不平等の経済学」も聞いてみるといい。[24]

ここでとびきり際立つのが、ゴールディンがとった手法がいかに広範で折衷的かという点だ。女性の労働者たちは合理的な意思決定主体で市場の需要に反応して動いているという理論を彼女は考えた。でも、それと同時に、文化的規範や政治事情やいろんな考えの普及も考慮している。

ゴールディンは、自然実験も調査研究も経済史も活用している。まるっきり新しいデータセットを作り出し、19世紀にまで遡る女性の雇用のいろんな傾向を明るみに出した。

これによって、女性は近年になって仕事に就くようになったのではなくて、いったん仕事に就かなくなった時代を挟んで、また仕事に就くようになったことを突き止めることができた。ノーベル賞財団がつくったインフォグラフィックの図表８－３を見るとわかりやすい。

仕事と家庭とのトレードオフ

こういう統合的で折衷的なアプローチがなぜ重要かと言えば、職場における女性の役割の変化は非常に複雑で、変数がいっぱいあるからだ。

まず、広範におよぶ経済の「構造的な」変化による影響がある。主要な産業が農業から製造業に変化し、さらにサービス産業に変化していくことで、女性の仕事にも影響が生じる。教育の拡大のような政策の変化は、職場で女性に開かれている機会に影響を及ぼす。避妊薬や家電製品のようなテクノロジーの発明は、仕事と家庭生活とのトレードオフに影響する。フェミニズムのような社会運動や反差別の法律制定といった政治的変化もある。

こうしたあれやこれやが一度に起こって、しかも相互作用を起こす。

ゴールディンが積み重ねた仕事から浮かび上がる単純な物語があるとすれば、それはこういうものだ。

「女性の経済状況に影響する主な要因は、仕事と家庭とのトレードオフである」

仕事か家庭のどちらかを選ばざるを得ない経済では、女性が働くことは難しい。工業時代には、働くとなれば家から遠い工場で長時間過ごすことになる。さらに家事はもの凄い重労働だったし、家族計画は難しかった。

教育の機会は滅多になかったし、男女で役割を分けるいろんな伝統を家族が継承していた。そのため、工業時代に女性が外に出て市場で生計を立てるのは格別に難しかった。

新しいサービス経済になると、過去1世紀に生まれた新しいテクノロジーや文化の発明もあって、家族の世話をしつつ、外に出て仕事に就くことがもっと容易になる。こうして、われわれは昔よりずっと男女が平等な時代に暮らしているわけだ。

君たちのことだぞ、日本と韓国！

ただ、「昔よりずっと男女が平等」だからといって、格差がなくなったわけではない。

ゴールディンが書いた特に有名な論文の1つに、カッツとマリアンネ・バートランドとの共著による2010年論文[*25]がある。

この論文では、今でも女性が子育てとキャリアの選択に直面していることを示している。最難関のビジネススクールでＭＢＡをとった人々のキャリアを追跡したところ、子供を抱えた母親になることと、キャリアの中断や労働時間の減少との間の相関をこの研究は見出した。

ここで重要な点は、大半の家庭で女性が「いつでも電話に出られる親」になっていることだ〔例えば、「学校でお子さんの具合が悪くなりまして」とか急な電話を受けてそれに対応する役回りを大抵は女性が引き受けている〕。そうした女性は、より柔軟で融通が利く働き方を選択しなくてはいけない。そうなると、高所得で重責を担うキャリアは選びにくい。

この研究結果を見たとき、残りの男女賃金格差を縮める2つの方法を私は思いついた。1つは、男性に子育てを負担させる選好の変化だ。

ゴールディンが見出しているように、こういう文化的な変化は大いにものを言う。ただ、テクノロジー決定論者である自分としては、新しい発明のほうをより有効だと見ている。それがリモートワークだ。

2014年論文では、男女平等を進めるためのカギは仕事をもっと柔軟で融通の利きやすいものにすることだ、とゴールディンは書いている。[*26]

労働市場に平等をもたらすための「最終章」では、どんなことがなされるべきだろうか？

答えは、意外かもしれない。解決策には、（必ずしも）政府介入はいらないし、男性がもっと家庭での負担を引き受ける必要もない（引き受けても害はないが）。

必要なのは労働市場の変化であり、特に時間の融通を利かせやすくする仕事の構造や労働報酬の出し方を変えることだ。長時間働く人々や特定の時間帯に働く人々に偏重して報いるインセンティブを企業がもたなければ、給与の男女格差は大きく縮まるだろう。もしかすると、完全に消え去るかもしれない。

そうした変化は、テクノロジー・科学・医療など様々な部門で始まっている。だが、大きな企業や金融業界や法曹界ではそれほど顕著ではない。（傍点は引用者）

どうすれば職場で働く時間に融通を利かせやすくできるのか。ゴールディンはあまり自信をもっていなかった。しかし、論文は２０１４年のものだ。当時はコロナのパンデミック前で、ちょうど必要なときにZoomとSlackとGoogle Docsが揃ってリモートワーク革命をもたらすには至っていなかった。

避妊薬や皿洗い機と同様、リモートワークというテクノロジーの発明も、今後、消えずに残りそうに見える。月日の経過とともに、リモートワークがもたらす生産性の向上は少しずつ明らかになってきている。

この間に地理的にバラバラなところにいて働く時間も違っているチームメンバーに割り当てる生産プロセスを改編して利益を上げる方法を企業が徐々に学んできたおかげだ。

いろんな利点があるなか、私から見てゴールディンの研究から導かれる最大の利点は、リモートワークはさらなる恩恵になるだろうということだ。規範は変わる。でも、変化は遅く、困難も伴う。

女性が「いつでも電話に出られる親」になるしかない状況は望ましくないが、女性がその役割を望むなら、リモートワークによって重責を担うキャリアを維持しつつ、その役割を果たすのはずっと楽になるはずだ。男女平等を改善する必要がある国々は——君たちのことだぞ、日本と韓国！——リモートワークを後押しする試みをいますぐ実行すべきだ。

知識は力なり

ともあれ、クラウディア・ゴールディンはノーベル経済学賞を与えられる資格に溢れている。彼女は、経済学をやる新しい方法を実地に示した。多岐にわたる多数の手法・理論・データソースをまとめあげて、大きくて困難な問いに挑む方法をみずからやって見せた。彼女がノーベル賞財団のインタビューで話したように、これは探偵の仕事としての経済学だ。

とはいえ、ゴールディンの研究は単に過去を理解するだけで終わるものではない。彼女の研究は、未来を変えることをめざしている。

男女格差のような社会問題を真っ向から攻撃しがちな傾向は至るところに見られる。社会問題があったら、それについて喚いて、嘆いて、路上でデモ行進をしがちな傾向がある。ときに、それでうまくいくこともあるし、そうならないこともある。

ゴールディンが示したのは、次のようなことだ。

「社会問題をそれが生まれる仕組みから理解しようと試みる冷静で知的なアプローチをとれば、直接的なアプローチを補完できる。テクノロジーや需要・供給やインセンティブがどういうふうに社会規範や法律を補完しているかを理解することで、自分たちが望む姿に世界を改めるわれわれの能力を向上させることができる。知識は力なり、だから。」

（２０２３年10月12日）

24 Tyler Cowen. Claudia Goldin on the Economics of Inequality (Ep. 133). October 6, 2021

https://conversationswithtyler.com/episodes/claudia-goldin/

25 Marianne Bertrand, Claudia Goldin, and Lawrence F. Katz(2010). Dynamics of the Gender Gap for Young Professionals in the Financial and Corporate Sectors, *American Economic Journal: Applied Economics*, vol. 2, no. 3, July 2010(pp. 228-55)

26 Claudia Goldin(2014). A Grand Gender Convergence: Its Last Chapter, *American Economic Review*, vol. 104, no. 4, April 2014(pp. 1091-1119)

Evidence from U.S. Regions, *American Economic Review* vol. 104, no. 3, March 2014 (pp. 753-92).

12 Jonathon Hazell, Juan Herreno, Emi Nakamura, and Jon Steinsson(2022). *The Quarterly Journal of Economics*, Volume 137, Issue 3, August 2022, Pages 1299-1344

13 Stephane Dupraz, Emi Nakamura & Jon Steinsson(2021). A Plucking Model of Business Cycles, *Working Paper* 26351, National Bureau of Economic Research.

14 Emi Nakamura, Jon Steinsson, and Miao Liu(2016).Are Chinese Growth and Inflation Too Smooth? Evidence from Engel Curves, *American Economic Journal*: Macroeconomics, vol. 8, no. 3, July 2016, (pp. 113-44)

15 Emi Nakamura, Josef Sigurdsson, and Jon Steinsson(2022). The Gift of Moving: Intergenerational Consequences of a Mobility Shock. *The Review of Economic Studies*, Volume 89, Issue 3, May 2022, Pages 1557-1592.

16 Emi Nakamura, and Jon Steinsson(2018). High-Frequency Identification of Monetary Non-Neutrality: The Information Effect. *The Quarterly Journal of Economics*, Volume 133, Issue 3, August 2018, Pages 1283-1330.

17 Emi Nakamura, and Jon Steinsson(2018). Identification in Macroeconomics. *Journal of Economic Perspectives*, vol. 32, no. 3, Summer 2018(pp. 59-86)

18 アメリカの消費者物価の内訳（出典：FRB）
https://fred.stlouisfed.org/graph/?g=Lo1x

19 Jeremy B. Rudd(2021). Why Do We Think That Inflation Expectations Matter for Inflation? (And Should We?). *Finance and Economics Discussion Series,* Divisions of Research & Statistics and Monetary Affairs, Federal Reserve Board, Washington, D.C.

20 Alisdair McKay, Emi Nakamura, and Jon Steinsson(2016). The Power of Forward Guidance Revisited, *American Economic Review*, vol. 106, no. 10, October 2016,(pp. 3133-58).

21 Emi Nakamura, and Jon Steinsson(2018). Identification in Macroeconomics. *Journal of Economic Perspectives*, vol. 32, no. 3, Summer 2018(pp. 59-86)

22 Alice Evans. Claudia Goldin: Nobel, Oct 10, 2023
https://www.ggd.world/p/claudia-goldin-nobel?utm_campaign=post&utm_medium=web

23 Danielle Kurtzleben. Why your pharmacist has the key to shrinking the gender wage gap. Aug 19, 2014
https://www.vox.com/2014/8/19/6029371/claudia-goldin-gender-wage-gap-temporal-flexibility

reforms) の背後にあるのも、これと同じ原則だ。

17 Cecilia D'Anastasio, "What Black Anime Fans Can Teach Us About Race in America," *Vice*, August 5, 2015.

18 Stephanie Pichardo, "The New Age of the Black Weeaboo," *Medium*, November 15, 2020.

第 3 部

1 「本物のノーベル賞」かどうかという話とは一切関わりがない。19世紀の火器製造業者が自分の名前を冠した賞をどの分野に授けるべしと遺言で言ったかということは、その賞がどれほど権威あるものかを考える手引きとしては大して意味がない。

2 あり得なくはない。でも、それには酌量すべき状況がないといけない。アンドレ・シュライファーのほうがアセモグルよりもさらに多く引用されているが、1990年代にロシアに関わる不正スキャンダルを起こしてしまった。このため、おそらくシュライファーがノーベル賞をとる機会は回ってこないだろう。

3 まあ、これを人種の観点で考える人はきっといるだろうが、人種の問題でないといけないわけではない。

4 経済学用語で「粘着的」という。

5 もちろん、彼らもまた、制度的な知識をみずから持ち込んだ。制度仮説と人的資本仮説を決して切り分けられない理由がここにもう1つある。

6 こういう路線に不満がある人たちも一部にいる点は留意しよう。ここでは、そういう不満の解消は試みない。

7 David Card and Alan B. Krueger (1993). Minimum Wages and Employment: A Case Study of the Fast-Food Industry in New Jersey and Pennsylvania, *American Economic Review*, Vol. 84, No. 4, pp. 772-793

8 https://x.com/profstonge/status/1447526187396472832

9 出典：Peter J. Walker. *Finance & Development*, March 2016, Vol. 53, No. 1（国際通貨基金）

https://www.imf.org/external/pubs/ft/fandd/2016/03/people.htm

10 アレックス・タバロック「ノーベル経済学賞は信頼性革命に」（2021年10月11日）

https://econ101.jp/the-credibility-revolution/

11 Emi Nakamura & Jon Steinsson(2011). Fiscal Stimulus in a Monetary Union:

5 Reiji Yoshida, "Coming of age: 1 in 8 new adults in Tokyo are not Japanese, ward figures show," *The Japan Times*, January 10, 2018.

6 Jay Shambaugh, Ryan Nunn, & Becca Portman, "Lessons from the rise of women's labor force participation in Japan," *Brookings Institution*, November 1, 2017.

7 Noah Smith, "Stop Blaming America's Poor for Their Poverty," *Bloomberg*, July 30, 2019.（訳注：このコラムでは、アメリカの保守派の間で言われる「貧困は本人の問題であって、勤勉に働いてドラッグ・アルコール・暴力をやめて、結婚しないまま子供をもうけるのを避ければ貧困は少なくなるはずだ」という意見に対して、日本人はまさしく勤勉に働いてドラッグ・アルコール・暴力をやらず結婚しないまま子供をもうけたりしていないが貧困率が高いことを指摘している。なお、「日本の貧困者は世界的にも例のない完全な「政策のミス」による貧困だとカナダの大学の経済学で取り上げられた」という出典不明のツイートが大きく注目を集めたことがあったが、このコラムは、ちょうどそれに類似した内容となっている。）

8 Marika Katanuma, "Japanese Women Face a Future of Poverty," *Bloomberg*, January 12, 2020.

9 都市レイアウトの図は以下の論文からの引用：Joseph McReynolds, "Understanding Tokyo's Land Use: The Power of Microspaces," *Mercatus Research Paper*, January 18, 2023.

10 Joseph McReynolds, "Understanding Tokyo's Land Use: The Power of Microspaces," *Mercatus Research Paper*, January 18, 2023.

11 "Japanese zoning," *urban kchoze*, April 6, 2014.

12 Richard Koo & Masaya Sasaki, "Obstacles to affluence: Thoughts on Japanese housing," *NRI Papers* (Nomura Research Institute), No.137. December 1, 2008.

13 URL: https://twitter.com/bilalmahmood/status/1674471227589804033（なお、2024年12月17日現時点で当該ツイートはなくなっている）

14 こういう看板をよく「ネオンサイン」と呼ぶけれど、いまどき、そう呼ばれているものはまずまちがいなくネオンではない。ほぼすべて、ただのLEDだったり、色のついたプラスチックに電球を仕込んでいるだけだったりする。ただ、香港にはいまでもわずかながら古典的なネオンサインがある。

15 Jeffery Tompkins, "Unlocking Urban Potential: How Indianapolis Could Learn from Japan's Zakkyo Buildings," *Building Excellence*.（初出の日時は不明）

16 アメリカ各地で人気が高まってきている「単一階段」改革 (single-stair

たちのナマの生活を描いた番組は話題になる可能性を秘めている（1990年代から放送された日本のTV番組『はじめてのおつかい』は、“Old Enough!“というタイトルでネットフリックスで配信され、話題になった）。

65 政府が各分野につき1社ずつと提携するのではなく、さまざまな企業と提携することが欠かせない。そうすることで競争が促され、各社のサービス品質が向上するはずだ。民間企業・サービス業者1社だけと提携すると、低品質になりやすい。

66 https://yaaay.jp/yaaay-notes/opening-a-bank-account-in-japan/

67 移民が住み着いた飛び地は、時として移民たちをそこに孤立させ、いろんな機会を制限してしまうことがある。ただ、日本の高密な都市形態のおかげで、東京などの大都市の飛び地が高技能移民たちを他の住人たちから孤立させてしまう見込みは薄い。

68 アメリカでは大抵、「ベッドルーム・コミュニティ」と呼ばれている。古典的な実例は、カリフォルニア州フリーモントだ。ここには、シリコンバレー辺りで働くエンジニア・研究者たちが大勢住んでいる。フリーモントにある高校は、どれも全米でとりわけ学業優秀な学校だ。

69 マット・アルト『新ジャポニズム産業史 1945-2020』（日経BP、2021年）。原書は、Matt Alt, *Pure Invention: How Japan's Pop Culture Conquered the World*. Crown, 2020）。

70 実は良質のアメリカ SF 小説の手引きがほしいときには、ヒューゴー賞やネビュラ賞といったアメリカの賞より、日本の「星雲賞」の翻訳小説部門のほうが頼りになる。

第 2 部

1 Rupert Wingfield-Hayes, “Japan was the future but it's stuck in the past,” *BBC*, January 21, 2023. 日本語版は、ルーパート・ウィングフィールド＝ヘイズ「日本は未来だった、しかし今では過去にとらわれている　BBC東京特派員が振り返る」（BBC、2023年1月22日）

2 Gearoid Reidy, “The Fertility Crisis Started in Japan, But It Won't Stay There,” *Bloomberg*, June 22, 2022.

3 Noah Smith, “Japan Begins Experiment of Opening to Immigration,” *Bloomberg*, May 23, 2019.

4 “Japan eases immigration rules for workers,” *BBC*, December 8, 2018.

55 日本での在日コリアンたちの起業活動は近年、減少してきている。雇用差別が減少してきたことが、その背景にある。世代を重ねるにつれて移民集団は現地に同化していく。新しく移民が入り続けることが活発な起業活動に重要である理由がそこにある。

56 https://asia.nikkei.com/Spotlight/Datawatch/Japan-s-startups-struggle-to-grow-past-2nd-death-valley

57 https://asia.nikkei.com/Business/Startups/Foreign-venture-capital-funds-increase-Japan-investment-70

58 https://www.luxcapital.com/news/our-investment-in-japans-sakana-ai-to-build-nature-inspired-ai-foundation-models

59 https://www.eb5investors.com/blog/japan-launches-new-fast-track-residency-system-to-attract-skilled-workers/

60 https://www.levels.fyi/?compare=Google,Facebook,Salesforce&track=Software%20Engineer

61 https://www.levels.fyi/t/hardware-engineer?compare=Nvidia%2CQualcomm%2CIntel%2CAMD&modal=nvidia%26ic1

62 当然、日本の伝統的な終身雇用制度の場合に比べると、こうした給与はキャリアを続けていく過程でそんなに上がっていかない。そのため、企業によっては伝統的な終身雇用制度を採用しても、競争力を維持できているところもある。日本の従業員は、年齢が上がったときに給与を多く払ってくれるところを選ぶ場合があるからだ。ただ、1つの国に何十年もとどまる見込みの薄い外国人を獲得するには、採用からすぐ高い給与を払うのが唯一の方法だ。

63 実際のところ、マッケンジーが日本のビジネスを描写するとき、伝統的な終身雇用制度に対する批判と苛立ちに満ちている。ただ、そうした批判がありつつ、マッケンジーの著作をきっかけに、それまで考えもしなかった日本への移住を検討しはじめたアメリカ人は多い。このことは、日本のブランド大使がいつも「親日」という著作スタイルをとる必要がないことを証明している。単に日本移住というアイデアを人々に抱かせるだけで十分だ。

64 さらに野心的なアイデアを挙げるなら、日本に暮らす外国人起業家たちを取り上げたリアリティTVを製作する案はどうか。アメリカ人には日本のテレビ番組の『テラスハウス』や『はじめてのおつかい』が大人気だし、日本での生活を語る配信者たちも人気を博している。ネットフリックスのシリーズとして製作してもいいし、YouTube 動画で公開してもいい。外国人の労働者や起業家

45 https://www.luxcapital.com/news/our-investment-in-japans-sakana-ai-to-build-nature-inspired-ai-foundation-models

46 https://urbankchoze.blogspot.com/2015/11/commercial-or-residential-density-which.html

47 ホルヘ・アルマザンとジョー・マクレイノルズをふくむ建築系ウィーブのグループが、東京の高密商業空間について優れた本を書いている。タイトルは,『東京の創発的アーバニズム　横丁・雑居ビル・高架下建築・暗渠ストリート・低層密集地域』(学芸出版社)。原書は、Jorge Almazán, Joe McReynolds, Naoki Saito, & Studiolab, *Emergent Tokyo: Designing the Spontaneous City*. ORO Editions, 2022. 同書では、雑居ビルも詳しく紹介していて、雑居ビルの誕生に繋がった法律の歴史も書かれている。また、「横丁」や高架下開発といった他の空間類型も取り上げられている。

48 この究極の譬えと言えそうなのが、渋谷の松濤だ。地球上でも指折りに歩行者の往来が密な地域のSHIBUYA109辺りから徒歩わずか数分の距離にありながら、外界から孤絶した郊外住宅地のような雰囲気を醸し出している。

49 実は私のアパートメントの壁には、新宿・靖国通りの雑居ビル群を撮った写真を飾ってある。いつか自分で撮った写真に入れ換えるつもりだ。「靖国通りの写真なら、様になる」と思って飾っている。

50 世界中で日本への関心が高まるきっかけになったのは、2003年に公開された映画『ロスト・イン・トランスレーション』だったと言っても間違いではない。ソフィア・コッポラが監督したこの作品では、東京に暮らす2人のアメリカ人のロマンスが描かれていた。日本文化はあまり描写されていなかったが、映画に映された東京の情景は、他ではなかなか得られないロマンスの質感を物語にもたらしていた。

51 例えば、ウィーブのガチ勢と違って、私はそんなにアニメに熱を上げたことがない。ウィーブ文化で圧倒的に人気を博している少年・少女漫画のアニメのファンでないのは確かだ。その代わり、これまでずっと魅力を感じてきたのは、アンダーグラウンド・シーンだ。ストリートファッション、アマチュアアート、独立系映画、アンダーグラウンド音楽にずっと惹かれ続けている。

52 https://www.cbr.com/crunchyroll-ceo-anime-inherently-japanese/

53 https://www.aeaweb.org/articles?id=10.1257/aeri.20200588

54 https://nfap.com/wp-content/uploads/2019/01/2018-BILLION-DOLLAR-STARTUPS.NFAP-Policy-Brief.2018-1.pdf

33　総じて日本の情報技術産業が弱いのを映し出すかのように、内閣府のINVEST JAPANウェブサイトから張られているリンクは切れていて、しかも翻訳がときにぎこちなかった。ただ、JETROのFDI促進ウェブサイトはまともに機能していて見栄えもかなりいい。また、日本へのFDIを促進すべくJETROがBloombergに出した広告も、見事な見栄えで言葉遣いも的確だった。こういうプロジェクトで政府機関同士がもっとうまく協力するのは、いいアイデアだろう。日本の政府機関は、自分たちのウェブサイト製作にアメリカ人ウェブデザイナーを雇ったほうがいい。興味があれば、優秀なデザイナーを何人か推薦してもいい。

34　日本が2007年以降に国際的な競争力を失った理由は、さらにもう1つあり得る。2000年代終盤から2010年代に国家安全保障上の理由から日本企業による中国投資が、韓国・台湾・ヨーロッパの企業による中国投資ほど大きくならなかったことがそれだ。

35　https://www.polygon.com/c/2024/1/22/24034466/anime-viewer-survey-research

36　笑い話だが、私のアメリカ人の友人たちは、牛肉ならとにかく「A等級の和牛」に限ると言い張っているのに、その等級がどういう意味なのか理解していなかったりする。「最高の肉がどういうものかを日本人は知っていて、その知識にもとづいて評価しているに違いない」と、アメリカ人は単純に信頼しているのだ。

37　2015年にニューヨークのセントマークス・プレイスを歩いていたら、そこら中に日本語の看板が立っていたため、一瞬、自分が日本にいるような錯覚を覚えてしまったことがある。

38　https://www.ipsos.com/en-us/nation-brands-index-2023

39　https://www.bbc.com/news/world-europe-22624104

40　https://www.usnews.com/news/best-countries/rankings

41　https://www.sankei.com/article/20241002-PZAJAAETSFIVPAP2RNGJ5SDFOY/

42　実はAIスタートアップSpellbrushは、このカテゴリーに入る。同社オフィスはアニメのポスターとフィギュアに埋め尽くされていて、私が訪問したときには、「異世界」ジャンルについて熱量たっぷりに詳しく解説してくれた。

43　https://www.timeout.com/tokyo/news/japan-is-the-second-most-popular-destination-for-people-looking-to-move-overseas-120920

44　https://www.mansionglobal.com/articles/whats-driving-wealthy-americans-to-tokyo-5c1c509a

異なる。一般的には、FDI は「水平型」「垂直型」「コングロマリット型」に分けられる。この分け方は企業戦略を考えるときには役に立つが、国家の発展戦略を考えるときには私の分け方の方が便利だと考えている。

22 https://www.wsj.com/articles/japan-inc-s-message-to-foreign-firms-keep-out-1453441206

23 https://www.sciencedirect.com/science/article/pii/S0922142523000130（伊藤萬里、田中鮎夢、神事直人著Why do people oppose foreign acquisitions? Evidence from Japanese individual-level data, *Japan and the World Economy,* Volume 66, June 2023）

24 これは2020年代に中国が取った「過剰生産能力」戦略に似ているが、相違点もある。中国は低利の銀行融資に加えて、巨額の政府補助金を投じて生産を奨励している。対照的に、日本の経産省は日本企業同士の競争や生産が行き過ぎているとみたときには、これらを抑制しようと試みていた。

25 https://www.cnbc.com/2024/07/31/japan-confirms-36point8-billion-yen-intervention-as-boj-hikes-rates.html

26 もっと正確に言えば、一国の輸出への需要が増えると、交易条件は改善して実質為替レートが上昇する。

27 https://www.mizuhogroup.com/americas/insights/2021/06/galapagos-syndrome-when-isolation-breeds-deviation.html（Galapagos Syndrome: Unique innovator or progress prohibitor by Edward Butterman）

28 https://www.rieti.go.jp/jp/publications/dp/17e099.pdf（大久保敏弘、アレックス・ワグナー、山田和郎著「労働者・資本家間の企業利潤の分配に関する実証研究」独立行政法人経済産業研究所）

29 https://www.boj.or.jp/en/research/wps_rev/wps_2018/data/wp18e10.pdf（中村康治・開発壮平・八木智之「生産性の向上と経済成長」日銀ワーキングペーパーシリーズ）

30 ずっと後年になって、佐々木の提案からインテルが初のマイクロプロセッサを着想することになり、佐々木はその恩に報いる形になった。

31 https://www.sciencedirect.com/science/article/abs/pii/S1049007806001369（戸堂康之著Knowledge spillovers from foreign direct investment in R&D: Evidence from Japanese firm-level data）

32 https://ideas.repec.org/p/eti/dpaper/06001.html（清田耕造著Reconsidering the Effects of Intranational and International R&D Spillovers on Productivity Growth: Firm-level Evidence from Japan）

10 https://asia.nikkei.com/Spotlight/Work/Japan-s-midcareer-hires-jump-to-37-of-all-new-jobs-survey

11 Richard Katz, *The Contest for Japan's Economic Future: Entrepreneurs vs Corporate Giants*. Oxford University Press, 2023.

12 https://www.bloomberg.com/view/articles/2016-01-20/japan-must-let-zombie-companies-die

13 実際、前掲書第4章で、カッツは図らずもシェーデ説を裏付ける証拠を提示している。カッツによれば、2018年時点で日本がニッチ製造業の製品で占めていた世界市場シェアは、全世界の製造販売量の3%に過ぎなかった。この数字は中国と同程度で、ヨーロッパをわずかに上回るが、アメリカを下回っていた。だが、日本の人口は中国の10分の1未満、ヨーロッパの3分の1、アメリカの半分でしかない。つまり、ニッチ製造業で日本がその規模にしては大きな競争力を発揮しているというシェーデの結論をカッツの示したデータは裏付けている。ただ、同時にニッチ製造業だけでは経済を支えるのに不十分であることもカッツのデータは示している。これは、複数戦略による発展が必要だという結論をさらに裏付けている。

14 この比較は、いくぶん不公平なところがあるかもしれない。TSMCのアリゾナ工場は、日本で建設中の2つの工場よりも先進的な施設なので、その建設はより難しく、複雑だ。また、TSMCアリゾナ工場の遅延は当初懸念されていたほど長引かなかった。アメリカの労働組合と首尾よく合意に至り、台湾からの建設支援もあったためだ。とはいえ、熊本工場の建設の順調な進捗は目覚ましく、工期が予定通りになるかが疑問視されることは一度もなかった。

15 「『日本半導体のルネサンスへ』TSMCカリスマ創業者が11分間のスピーチに込めた思いとは　経済記者が見た2・24熊本工場開所式」『熊本日日新聞』2024年2月28日（電子版）.

16 実はマイクロンの工場はこれが日本初というわけではなく、2013年から同社は日本にかなりの規模で投資を続けている。

17 https://arxiv.org/abs/1706.03762

18 https://spellbrush.com/

19 https://nijijourney.com/

20 https://www.nytimes.com/2024/09/23/technology/ai-jim-covello-goldman-sachs.html

21 海外直接投資（FDI）の一般的なカテゴリー分けは、私の分け方と少しだけ

注

第 1 部

1 https://www.wired.com/2001/09/gibson/

2 この危機で日本が打撃を受けた理由は円高にあると、経済産業研究所（RIETI）のウィレム・ソーベック は考えている。彼の説では、円高によって日本の輸出企業は短期的な市場シェアを維持するために価格の引き下げを余儀なくされ、それに伴い、研究開発を続けるのに必要な収益が失われてしまった。これが、最終的には中国や韓国の競合企業に技術的なリードを許す結果につながったと彼は言う。

3 原書は、Alex Kerr, *Dogs and Demons: The Fall of Modern Japan*. Penguin, 2002.

4 https://asia.nikkei.com/Business/Business-trends/Weak-yen-and-lower-costs-lure-factories-back-to-Japan

5 実は安倍政権下では、財政政策よりも金融政策のほうが遥かに重要だった。政府債務に関する懸念があるため、大型の財政刺激をとる余地はなかった。実際、安倍政権で実施された「刺激策」は、非効率な倒産企業の救済措置の形をとる場合が多かった。こうした救済措置は、いくぶん生産性の伸びを弱めたかもしれない。また、金融緩和によって、日本企業があまりに安価に資金を借り入れて経営再建を回避できるようになったため、生産性の伸びを弱めたと主張する人たちもいる。私の考えでは、それは理論上ではあり得るものの、日本の生産性事情で大きな部分を占めているかというと、とても疑わしい。2010年代まで、日本企業は総じて借り入れの削減を進めていたため、生き残りのために安く資金を借り入れる必要はなくなっていた。

6 https://en.wikipedia.org/wiki/Developmental_state

7 原書は、Chalmers A. Johnson, *MITI and the Japanese Miracle: The Growth of Industrial Policy*, 1925-1975 (1st edition). Stanford University Press, 1982.

8 原書は、Bob Johnstone, *We Were Burning: Japanese Entrepreneurs And The Electronic Revolution*. Basic Books, 1998.

9 原書は、Ulrike Schaede, *The Business Reinvention of Japan: How to Make Sense of the New Japan and Why It Matters*. Stanford University Press, 2020.

［著者］

ノア・スミス（Noah Smith）

アメリカのエコノミスト。急成長中の米国のコンテンツ配信プラットフォーム Substack で人気ニュースレター Noahpinion を運営。2003年、スタンフォード大学（物理学）卒業。2012年、ミシガン大学でPh．D（経済学）取得。同年、ニューヨーク州立大学ストーニーブルック校助教（行動ファイナンス）。2016年、大学を辞めてブルームバーグに入社。2021年、ブルームバーグ退社後、Noahpinion で執筆活動に。学部、大学院時代には日本に計4年間暮らし、その後も頻繁に来日。現在、ウサギとともにサンフランシスコで暮らす。日本への移住を検討中。

［訳者］

片岡宏仁（かたおか・ひろひと）

大阪公立大学非常勤講師。関西外語大学で博士号（英語学）取得。訳書にジェフリー・ミラー『消費資本主義』、ティモシー・ウィリアムソン『テトラローグ　こっちは正しくて、あんたは間違っている』（以上、勁草書房）ほか。

経済学101

経済学に基づいた分析や論説をオンラインに無料公開することを目的に設立された一般社団法人。運営資金は寄付などで賄われている。2008年から活動を始め、これまでにポール・クルーグマン、ポール・ローマー、タイラー・コーエン、ダイアン・コイルなどの記事を紹介している。

ウィーブが日本を救う

日本大好きエコノミストの経済論

２０２５年３月24日　第１版第１刷発行

著　者　ノア・スミス
訳　者　片岡宏仁＋経済学１０１
発行者　中川ヒロミ
発　行　株式会社日経ＢＰ
発　売　株式会社日経ＢＰマーケティング
〒１０５－８３０８　東京都港区虎ノ門４－３－12
https://bookplus.nikkei.com/
装　丁　新井大輔
製　作　マーリンクレイン
印刷・製本　中央精版印刷

ISBN978-4-296-00209-2

本書に関するお問い合わせ、ご質問は左記にて承ります。
https://nkbp.jp/booksQA